Giacomo Casanova:
Die schöne Frau von Roll

Galanter Roman

PRONG PRESS

Boris Schneider hat sich erlaubt, einige Passagen im Text erotisch auszuschmücken, so die von früheren Verlegern erfolgte Zensur rückgängig zu machen; puritanische Leser*innen mögen dies verzeihen. Ein paar logische Lücken im Text sind originalgetreu übernommen worden.

Impressum

Text: Giacomo Casanova, Venedig, IT
Nacherzählung: Boris Schneider, ZH, CH
Lektorat: Rolf Bächi, Embrach, CH
Korrektorat: PRONG PRESS
Cover: Anaëlle Clot, Lausanne, CH
Illustrationen: Katja Möltgen, Mönchengladbach, DE
Layout: Rolf Bächi, Embrach, CH
Layout II: Katja Möltgen, Mönchengladbach, DE
Druck: Medico Druck, Embrach, CH
ISBN: 978-3-906815-44-2
1. Auflage Juni 2022

Inhaltsverzeichnis

Kapitel 1
Meine Ankunft in Zürich

Den Bütteln und Gerichtsschreibern in Stuttgart war ich knapp entronnen. Da nahm ich in Fürstenberg, wo ich mich noch längst nicht in Sicherheit glaubte, die Postlinie nach Schaffhausen und stieg dort auf eine Mietskutsche um, weil es in der Schweiz damals noch keine Poststationen gab. Mein spanischer Diener Leduc begleitete mich dabei treu.
In Zürich stieg ich im Hotel «Schwert» ab, und fand ein ausgezeichnetes Zimmer dort. Ganz allein sass ich im prächtigen Speisesaal, fühlte mich wie ein Eindringling, und sann über meine gegenwärtige Lage wie auch über mein bisheriges Leben nach. Freud und Leid teilten sich die Stunden, und mir wurde bewusst, dass sämtliches Unglück, das mich betraf, von mir selbst verschuldet worden war, auch, wie oft ich die Gunst des Schicksals verschmäht hatte. Im Gedanken an die Gefahr, der ich in Stuttgart im letzten Moment entrinnen konnte, beschloss ich in vernünftiger Weise, von nun an nicht mehr Fortunas Spielball zu sein, sondern mein Schicksal in die eigene Hand zu nehmen.

Die vielen Taler - es waren an die 100'000 - sollten mir helfen, ein ungefährliches Dasein zu führen, und ich begriff, dass innerer Frieden mehr wert war, als alle Schätze der Welt.
Diese Gedanken prägten meine Träume, in denen ich mit lebendigen Bildern voller Ruhe und Frieden beglückt wurde. Eine schöne ländliche Gegend, die mir gehörte, lud mich ein, meine neue gewonnene Freiheit zu geniessen - ohne jede unnötige Gesellschaft, die immer alles komplizierte. «Du träumst ja gar nicht», sagte ich, im Traum zu mir selber, als mich das Tageslicht jäh aus meiner ländlichen Idylle riss. Umso stärker war ich entschlossen, diesen Traum Wirklichkeit werden zu lassen, ich stand auf, kleidete mich an und ging erst mal hinaus, wohin, wusste ich nicht ...
Eine Stunde Fussmarsch später befand ich mich zwischen sanften Hügeln und hätte mich wohl verirrt, wenn mir nicht immer wieder tätige Handwerker durch ihren Gang den Weg hin zu einer möglichen Gaststätte gewiesen hätten. Fragen wollte ich weder sie, noch die überall fleissigen Bauern, sondern schritt unaufhörlich vorwärts. Plötzlich befand ich mich in einem Tal mit vier prächtigen Berggipfeln. Links entdeckte ich eine malerische Kirche, mit einem grossen Anbau. Beim Näherkommen ging mir auf, dass es ein Kloster sein musste. Hatte ich es also bis zu einem katholischen Kanton geschafft, das freute mich ausserordentlich. Ich betrat die Kirche und bestaunte die Marmorpracht und den üppigen Altarschmuck. Andächtig wohnte ich der Messe bei, ging dann vor in die Sakristei, um dort einige ältere Benediktinermönche vorzufinden. Der Abt, den ich anhand des Kreuzes auf seiner Brust ausmachen konnte, fragte mich höflich, ob ich die Sehenswürdigkeiten der Kirche besichtigen wolle, was ich bejahte. Und schon übernahm

er selbst die Führung, um mir prächtige Teppiche, wunderbar fein gestickte Messgewänder und mit Edelsteinen besetzte heilige Gefässe zu zeigen.

Meine wenigen Deutschkenntnisse - Schweizerdeutsch kannte ich kein einziges Wort - liessen mich den Abt auf Lateinisch fragen, ob die Kirche schon sehr alt sei. Der Abt war hocherfreut und berichtete mir in weitschweifigen Sätzen davon, dass diese Kirche wohl die einzige auf der ganzen Welt sei, die von Jesus Christus persönlich geweiht worden war. Verwundert blickte ich ihn an, und als er meinen Unglauben gewahrte, führte er mich sogleich ins Innere der Kirche zurück, um mir auf der Oberfläche eines Marmorbeschlages fünf eingedruckte Fingerspuren zu zeigen. Diese habe die weihende Hand Christi hier zurückgelassen, wohl, damit man den zuständigen Bischof gar nicht für die Einweihung habe aufbieten müssen. Der damalige Prior selbst habe dies alles im Traum direkt von Gottes Stimme erfahren, und der Beweis dafür waren eben diese fünf Fingerabdrücke, die der Vorsteher dann an der genannten Stelle gefunden habe. «Der Prior ging hin, sah das Wunder und dankte dem Herrn dafür», schloss der Abt seine Erzählung.

Aufmerksam hatte ich ihm zugehört, und wäre wohl in lautes Gelächter ausgebrochen, wenn ich mir nicht auf die Zunge gebissen hätte, um ruhig zu bleiben. Diese Höflichkeit gefiel dem Abt ausserordentlich, so dass er mich fragte, wo ich denn abgestiegen sei. «Nirgends», gab ich ihm zur Antwort, «ich bin zu Fuss von Zürich hierhergekommen und dann gleich in die Kirche eingetreten.» Dies beeindruckte den Abt noch mehr, er dankte Gott für die Gnade, mit der dieser mein Herz gerührt habe und sah mich als wallfahrenden Büsser vor sich. Da es gerade Mittag schlug, lud mich der Abt zu Tisch, was ich

dankend annahm. Ohne zu fragen, wohin es mich verschlagen habe - ich wollte meine Bussfahrt nicht zerstören - folgte ich ihm. Unterwegs erklärte er mir, dass die Mönche heute fasten würden, er aber, im Besitz eines Brevets von Benedikt dem XIV., dürfe jeden Tag zwei Gäste an seine Tafel bitten. Gerne nahm ich an diesem Privileg teil. In seinem Zimmer zeigte mir der Abt sogleich das Brevet, das dort unter Glas aufbewahrt wurde. Auf dem Tisch standen schon zwei Gedecke, ein livrierter Diener legte sofort noch ein drittes hinzu. Den anderen Gast stellte mir der Abt als seinen Kanzleivorsteher vor. «Nun, ich muss eine Kanzlei unterhalten, weil ich Abt von Maria-Einsiedeln und so zugleich ein Fürst des Heiligen Römischen Reiches bin», erläuterte mir mein Gastgeber bescheiden.
Ich atmete auf, von Einsiedeln und seinem Kloster hatte ich schon viel gehört und gelesen. Man nennt es auch das 'Loreto' diesseits der Alpen. Beim Essen fragte mich der Fürst-Abt aus, woher ich stamme und ob ich verheiratet sei. Auch bot er mir an, Empfehlungsschreiben für verschiedene Gegenden mitzugeben. Ich offenbarte ihm, dass ich Venezianer sei, und dass ich seine Briefe dankend annehmen würde. Auch bat ich meinen Gastgeber aus einer Laune heraus, mir die Beichte abzunehmen. Ich glaubte gar, ich tue so Gottes Willen. Mein Beichtvater hielt eine langweilige, aber salbungsvolle Rede, die ich zu den köstlichen Gerichten gerne ertrug, die man uns auftischte. Als ich von ihm wissen wollte, woher er denn zu dieser Jahreszeit das exzellente Wildbret herhabe, meinte er vergnügt: «Ich bewahre es, luftdicht abgeschlossen, jeweils ein halbes Jahr auf!» Der Abt-Fürst war ein wahrer Gourmet, selbst seine Rheinweine waren auserlesen. Nach dem Essen entliess der Abt seinen Kanzler und führte mich beschwingt im ganzen Kloster

herum, bis hin in die Bibliothek, woselbst ich ein Bildnis des Kurfürsten von Köln entdeckte. Ich merkte an, dass das Gemälde zwar ähnlich sei, aber in Wirklichkeit sei der Mann doch um einiges schöner. Dabei zeigte ich ihm meine Tabakdose, worauf man den Kurfürsten in den Kleidern des Deutschen Ordens abgebildet sah. Der Abt musste über den Einfall lachen und bewunderte meine Dose sehr, ja, ich bemerkte, wie ich in seiner Achtung immer höher stieg. Zum Glück war ich in der Bibliothek nicht allein, denn alle diese Folianten - die jüngsten waren sicher schon mindestens hundert Jahre alt - bedrückten mich. Alles Abhandlungen über die Religion. «Aber die Mönche haben doch sicher auch Bücher über Physik, Geschichte oder andere Themen in ihren Zellen?», fragte ich naiv. «Oh nein», kam prompt die Antwort, «das sind alles brave Leute, die tun nur ihre Pflicht und brauchen nichts anderes.»
Nach und nach bekam ich Lust, Mönch zu werden, behielt aber alles für mich. Ich bat den Abt nur, dass ich ihm meine Sünden und Verwirrungen beichten dürfe. Er führte mich in einen kleinen Pavillon, verbot mir aber, mich niederzuknien, sondern hiess mich, ihm gegenüber Platz zu nehmen. Über drei Stunden lang erzählte ich ihm eine skandalöse Geschichte nach der anderen, mit monotoner reuiger Stimme. Das beweise meine Bussfertigkeit, versicherte er mir, denn ohne Gnade sei es unmöglich, eine solche Zerknirschung zu empfinden. Er enthob mich meiner Sünden und riet mir, zurück in mein Zimmer zu gehen und dort im Gebet zu verweilen. Ich solle mich zeitig hinlegen, damit ich am nächsten Morgen das Sakrament empfangen könne. Ich tat, wie er mir geheissen, war völlig folg- und fügsam ...
In der Einsamkeit des Zimmers spann ich meinen Plan, Mönch

zu werden, immer weiter. Ich war mir ganz sicher, dass der Abt zustimmen würde, denn ich hatte ihm eine Leibrente von 10'000 Franken in Aussicht gestellt. Viel mehr als eine Bibliothek würde ich nicht brauchen, wenn man mir nur gestattete, eine solche nach meiner eigenen Wahl zusammenzustellen. Nach meinem Tod würde sie dann ans Kloster übergehen. Die Gesellschaft der klatschenden Mönche wäre mir egal, und ohne Begierde und Ehrsucht könnte ich auch ein Leben ohne Eifersucht führen.
Gewisse Bedenken konterte ich mit der Eingabe von einer Frist von zehn Jahren, während der ich meinen Eintritt in den Benediktiner-Orden jederzeit widerrufen konnte. Falls die Reue während dieser Zeit nicht eintreten würde, dann wäre sie wohl für immer vorbei. Auch wollte ich weder Amt, noch Würde im Orden anstreben, ich wünschte allein meinen Seelenfrieden und jene Freiheiten, die mir der Orden gewähren würde. Um den Abt für mein Noviziat von zehn Jahren einwilligen zu lassen, schlug ich vor, die Leibrente von 10'000 dem Kloster sofort zu übereignen, falls ich vorzeitig aus dem Orden austreten wolle. Ich schrieb mein Gesuch nieder, schlief darauf beruhigt ein und legte es dem Abt nach Empfang des Abendmahls bei einer Tasse Schokolade, die er mir offerierte, vor.
Am Morgen, noch vor dem Essen, las der Abt mein Gesuch durch, ging auf und ab und las und sprach, er werde mir nach Tisch antworten. Neugierig wie ein Kind, dem man ein bestimmtes Spielzeug zum Geburtstag versprochen hat, erwartete ich seine Entscheidung. Doch stattdessen erklärte er mir, dass mich ein Fuhrwerk nach Zürich in die Stadt bringen werde, woselbst dann in vierzehn Tagen seine Antwort eingehe, die er mir selber überbringen wollte. Zwei Briefe musste ich ihm als

Bote noch mitnehmen. Ich bedankte alles und küsste dem Abt zum Abschied sogar seine Hand. Am nächsten Tag übergab ich die beiden Briefe eigenhändig an ihre Empfänger. Es waren die Herren von Orelli und Pestalozzi. Ich traf sie leider nicht zu Hause an, aber sie machten mir dann ihre Aufwartung. Sie luden mich zu Tisch und ins Konzert ein - Schauspiel gab es damals in Zürich keines. Bürger konnten es im Abonnement besuchen und Fremde gegen einen Taler eine Eintrittskarte lösen. Sowohl von Orelli, als auch Pestalozzi überschlugen sich im Lob für den Abt-Fürsten von Einsiedeln.

Wie unglaublich schlecht doch in diesem Konzert gesungen wurde! Ich langweilte mich schrecklich. Die Männer sassen alle auf der einen, die Frauen auf der anderen Seite, und ich, zwischen meinen beiden Gastgebern inmitten der ersteren. Ich betrachtete ungeduldig die andere Seite, entdeckte da auch drei oder vier, die mir gefielen - trotz meiner 'Bekehrung'. Da sie mich ebenfalls anschauten, hätte ich gerne ein wenig mit ihnen geplaudert. Beim Hinausgehen stellten mir meine beiden Begleiter ihre Gattinnen und Töchter vor, die alle sehr liebenswürdige Mädchen aus Zürich waren. Doch der Spuk war nur sehr kurz, ich verabschiedete mich höflich und kehrte ins Hotel zurück. Als ich am nächsten Tag bei Herrn von Orelli tafeln durfte, genoss ich die Gesellschaft seiner reizenden Tochter, ohne jedoch mein besonderes Interesse an ihr zu offenbaren. Noch einen Tag später spielte ich dasselbe Spiel bei Herrn Pestalozzi. Dessen Tochter war noch reizender, aber auch hier hielt ich meine Begierden im Zaum. Verständig und sehr gesetzt verhielt ich mich tadellos, so dass nach vier Tagen ganz Zürich um meine Ehrbarkeit wusste. Jedermann achtete mich auf meinen Spaziergängen, was ich mir gar nicht gewohnt

war. Immer noch redete ich mir ein, dass mein Plan, Mönch zu werden, eine Eingebung des Himmels sei. Zwar langweilte ich mich, doch wenn man sein Leben plötzlich derart umstellt, ist dies wohl unumgänglich.
Jeden Morgen lehrte mich ein Genueser namens Giustiniani Deutsch. Dieser ehemalige Kapuziner betrachtete mich als rettenden Engel, da ich ihm jeden Tag sechs Franken einbrachte. Ich hingegen sah ihn als höllischen Versucher an, weil er mir täglich alle religiösen Bruderschaften schlecht redete.
Und dann, am vierzehnten Tag meiner Bekehrung, am Vorabend des vom Abt versprochenen Entscheides, stehe ich gegen sechs Uhr an meinem Hotelfenster und schaue auf eine Brü-

cke hinaus, die Passanten musternd. Genau da hält eine Kutsche vor dem Gasthof, der Kellner öffnet deren Schlag und ich sehe, wie vier gut gekleidete Damen aussteigen. Die drei ersten übersehe ich, aber die vierte und letzte, eine feurige Brünette mit schwarzen grossen Augen unter kühn geschwungenen Brauen, sticht mir sofort ins Auge. Ihre Wangen sind wie Rosen gerötet, auf dem wallenden Haar thront ein blauseidenes Hütchen, von dem eine silberne Quaste herunterbaumelt. Sie bannt mich - einem Zauberbild gleich. Ich merke, wie sich mein Geschlecht zu regen beginnt, beuge mich, soweit es geht, über die Fensterbrüstung, um sie noch besser zu sehen. Da hebt sie - wie gerufen - ihren niedlichen Kopf und betrachtet mich wohl eine ganze Minute lang höchst interessiert. Zu lange für eine wirklich sittsame Frau! Sobald sie unten eingetreten ist, eile ich zum Fenster meines Vorzimmers, um sie im Treppenhaus zu sehen, wo sie sich beeilt, ihre Gefährtinnen wieder einzuholen. Vor meiner Luke dreht sie - wie zufällig - den Kopf. Als sie mich erblickt, weicht sie - einen kurzen Schrei ausstossend - einen Schritt zurück, als ob sie ein Gespenst gesehen hätte. Dann eilt sie kichernd vorbei und verschwindet im Zimmer ihrer Begleiterinnen.

Wappnet euch, ihr Sterblichen, panzert eure Brust, ihr Fanatiker, wenn ihr's denn könnt! Und eben noch dachte ich, mich lebendig in einem Kloster zu begraben, aber nun sowas! Dieser lichte Tag, der 23. April 1760 in Zürich wird mir ewig und lebhaft im Gedächtnis bleiben.

Der Sturm in meiner Brust tobte, selbst als ich mich aufs Bett warf. Nach fünf Minuten kehre ich ans Korridorfenster zurück, sehe den Kellner gerade das Zimmer der neu Angekommenen verlassen. Ich spreche ihn an, sage ihm, dass ich am nächsten

Morgen mit den Damen gerne an einem Tisch speisen würde. «Das wird kaum möglich sein», meint er, «sie essen heute um acht Uhr abends auf dem Zimmer, denn morgen früh bei Tagesanbruch wollen sie weiterreisen.» - «Wohin gehen sie denn?» - «Nach Einsiedeln, sind alle vier katholisch.» - «Wo kommen sie denn her?» - «Aus Solothurn.» - «Wie heissen sie denn?» - «Weiss ich doch nicht ...»
Ich wollte auch nach Einsiedeln, nur, was sollte ich dort? Beichten, das Abendmahl nehmen, waren die Ziele der Damen, was für eine Rolle würde ich dabei spielen? Und wenn ich dem Abt begegnen würde, müsste ich umkehren ... Da kommt mir ein glücklicher Gedanke, ein wahrer Einfall: Ich gehe zu meinem Korridorfenster und warte auf den Kellner. Als er wieder vorbeikommt, rufe ich ihn in mein Zimmer, gebe ihm fünf Franken, bitte ihn, mir eine Schürze, eine grüne, wie seine, zu leihen. «Ich möchte die Damen bei Tisch bedienen», erkläre ich. Er lacht nur. «Was lachst du?», frage ich. «Nur über Ihre Laune; die Schürze können Sie haben», grinst er. Und: «Die hübscheste der Damen hat mich gefragt, wer Sie denn seien ...» Ich denke nach: «Nun, sie wird mich gesehen haben, beim Vorbeigehen; aber mit der Schürze wird sie mich nicht wiedererkennen. Und, was hast du ihr gesagt?» Er grinst: «Dass Sie Italiener sind, nichts sonst.» - «Wirst du verschwiegen sein?» Er nickt und meint: «Habe ihren Spanier gebeten, das Servieren zu übernehmen, bin unten schon genug eingedeckt, mit Arbeit.» Ich schüttle den Kopf: «Auf keinen Fall, der soll wegbleiben, wenn ich meine Rolle spiele, sonst verdirbt sein Lachen alles ... Ruf ihn her, er soll die Schüsseln holen, ich nehme sie ihm dann vor der Türe ab.»
Der Kellner brachte die Schürze, ich instruierte Leduc, er

lachte zwar, versprach aber, meine Befehle zu befolgen. Ich liess mir das Tranchiermesser geben, brachte meine Haare in Ordnung, band die Schürze über meiner goldbestickten Weste fest, und schon stand der neue Kellner vor dem Spiegel und musste über sich selbst lächeln. Ich jubilierte vor Freude: Aus Solothurn, also sprechen sie Französisch! Dann meldete mir Leduc, dass nun das Essen aufgetragen werden solle. Ich betrete ihr Zimmer, frage: «Meine Damen, ist es gefällig?» Die Hässlichste ruft: «Geschwind, geschwind, wir müssen morgen ganz früh auf!» Ich rücke die Stühle zurecht, schiele verstohlen nach der Schönen, die baff vor Verwunderung ist. Ich gehe dem Kellner entgegen, helfe ihm, die Speisen aufzutragen. Schon geht er wieder ab, meint: «Bleib du da, ich muss unten weiter bedienen.»

Ich trete vor meine Amazone, die mich immer noch völlig erstaunt anschaut. Die anderen nehmen gar keine Notiz von mir. Ich wechsle die Teller, lasse das Ragout herumreichen, tranchiere geschickt den Fasan. «Na, endlich ein guter Service», meint die Schöne. «Arbeiten Sie schon lange hier?», fragt sie mich neugierig. «Erst seit kurzer Zeit, Madame.» Dann entdeckt sie meine Manschetten: «Ach, zeigen Sie doch her, das sind ja wunderschöne Spitzen!» - «Danke, Madame, ich weiss, aber sie sind uralt, ein italienischer Gast hat sie mir geschenkt, der hier einige Zeit logierte.» Ganz langsam zog sie eine Manschette aus meinem Ärmel, gab mir die Zeit, den Anblick ihres reizenden Körpers zu geniessen. Was für ein seliger Augenblick! «Sie hat dich erkannt», sagte ich zu mir, «und sie verrät dich nicht, grossartig.» Aber ich wusste auch, dass ich meine Maskerade nicht zu weit treiben durfte; da beendete sie ihre Manschetten-Untersuchung auch schon. «Wie kann man so

neugierig sein?», lachte sie mich an. «Du hast sicher schon mehr Spitzen gesehen», gab ich zurück, so dass meine Angebetete sofort errötete.
Nach dem Essen zogen sich die Damen in ihr Schlafzimmer zurück, um sich auszukleiden, während ich den Tisch abräumte. Nur meine Schöne setzte sich noch hin, um zu schreiben; ich glaubte schon, es sei ein Brief für mich ... Nachdem ich alles abgetragen hatte, blieb ich an der Türe stehen. «Worauf warten Sie denn noch?», fragte sie leise. «Ihre Stiefel, Madame, Sie wollen doch nicht gestiefelt zu Bett gehen, oder?» Sie wurde rot: «Ach ja, wahrhaftig, Sie haben recht. Darf ich Sie bemühen?» Ich nickte galant: «Das ist doch mein Beruf, Madame.» Schon kniete ich vor ihr nieder, als sie mir ungeniert ihre Beine und Füsse entgegenstreckte. Ich schnürte ihr flink die Stiefel auf, schnallte die Bänder ihrer Beinkleider los, und gönnte mir die Lust, ihre Waden zu sehen, zu verschlingen, zu berühren. Da drehte sie sich um und sagte: «Genug, Sie müssen sich nicht soviel Mühe geben, morgen Abend werden wir uns ja wiedersehen.» Ich atmete auf: «Sie werden wieder hier essen, Madame?» - «Aber gewiss, mein Herr.»
Ich ergriff ihre Stiefel und wollte beim Verlassen des Zimmers von ihr wissen, ob ich es von aussen abschliessen solle, oder ob sie dies von innen tue. Sie beharrte auf dem Letzteren und schloss dann unmittelbar hinter mir zu. Leduc nahm mir die Stiefel ab und meinte lachend: «Sie haben ihre Rolle bravourös gespielt, Senor Casanova, und ihr Trinkgeld wird fürstlich sein, wobei es mir gehört, denn ansonsten verrate ich der Gesellschaft alles.» Ich musste ebenfalls lachen und sagte zum Spanier: «Da, du Halsabschneider, nimm deinen Obolus im Voraus und besorg mir jetzt mein Abendessen.»

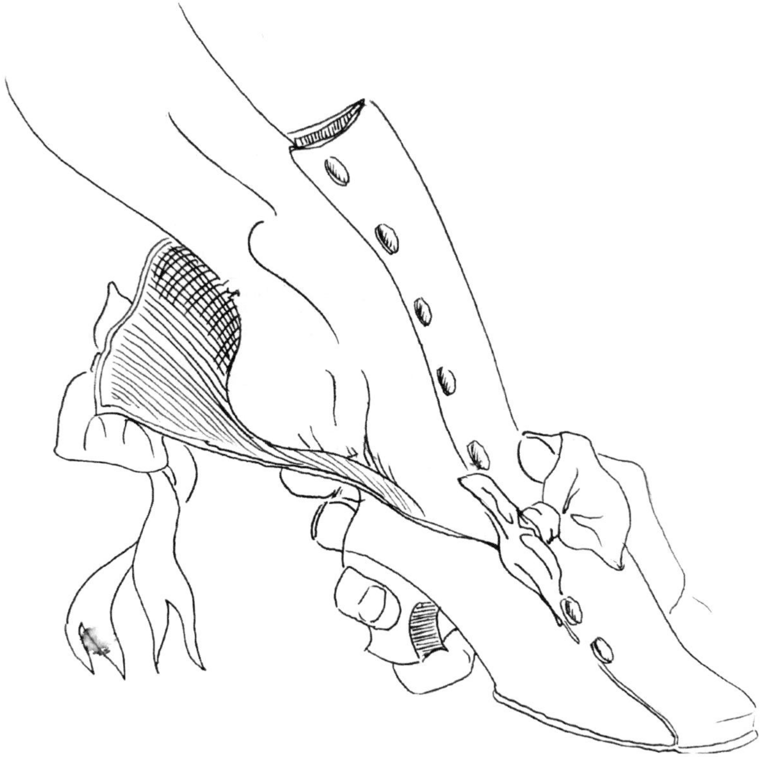

Nun ja, die Busspredigten der Moralphilosophen im Ohr legte ich mich ins Bett und in meinen Träumen drückte ich die attraktive Solothurner Amazone fest an meine nackte Brust und ruhte mit ihr gemeinsam auf dem fleischlichen Lager, nur um am nächsten Morgen pünktlich die geputzten Stiefel der Dame abzugeben. Der Kutscher kam gerade vorbei, um sie zu fragen, ob sie denn kein Frühstück zu sich nehmen wollten, was die jungen Frauen alle verneinten. Ich platzierte die Stiefel neben dem Bett, als die Damen gerade am Ankleiden waren und bewunderte den reinen, glatten und wohlgeformten Alabaster-Busen meiner Angebeteten. Schon rief sie nach ihren Stiefeln und ich fragte nach der Erlaubnis, ihr diese persönlich anziehen zu dürfen. Nun, sie steckte schon in ihren Beinkleidern und dieser kleine Kellner da, also ich, stellte wohl keine Gefahr für sie da, also gab sie mir die Erlaubnis.

Nachdem die Damen abgereist waren, legte ich mich nochmals ins Bett und träumte meine Phantasien mit der Amazone weiter. Bei meinem Erwachen teilte man mir mit, dass der Abt von Einsiedeln in Zürich eingetroffen sei und mich zu sehen wünsche. Er lobte den guten Ruf, den ich mir hier innert weniger Tage erworben hatte, und glaubte so wirklich an die Echtheit meiner mönchischen Berufung. «Sie könnten», sagte er lächelnd zu mir, folgenden Leitspruch über ihrem Zimmer anbringen:

Inveni portum. Spes et fortuna valete;
Nil mihi vobiscum est, ludite nun alios.

«Ich kenne diese Verse, sie stammen von Euripides und sind aus dem Griechischen übersetzt worden», dabei versuchte ich, ihre Bedeutung aus dem Latein abzuleiten: «Hoffnung und Glück, fahret dahin; im Hafen geborgen, habe ich nichts mehr mit euch gemein, täuscht fortan andre als mich». Der Abt nickte anerkennend, doch nun war es an mir, seine Hoffnungen zu zerstören: «Schöne Vorsätze, aber ich habe leider seit gestern meine Pläne geändert.» Nicht sehr überrascht wünschte mir der Abt nun Glück und Erfüllung. Und er versicherte mir, es sei sowieso einfacher, das Heil ausserhalb eines Klosters zu erlangen. Und ich glaube, das war nicht mal geheuchelt von diesem braven Mann, sondern zeugte von seinem gesunden Verstand. Nach dem gemeinsam Essen begleitete ich ihn noch zu seiner Kutsche und verabschiedete mich höflich von ihm.

Nun ging ich zurück in mein Zimmer, stellte mich an das Fenster und blickte erwartungsvoll auf die Brücke, um die Ankunft meines Engels ja nicht zu verpassen. Die edle Dame hatte mich aus meinem Klostertraum gerissen und sozusagen gerettet. Ich erfreute mich an sinnlichen Szenen, die sich vor meinem Geiste abspielten, bis um sechs Uhr endlich der Wagen der vier Damen wieder eintraf. Ich zog mich ein wenig zurück, aber alle vier starrten zu meinem Fenster hoch, also musste meine Amazone unser Geheimnis doch verraten haben. Ohnmächtig vor Zorn liess ich meine Arme sinken. Alles schien verloren: Mein Vertrauen, unser Stelldichein, das fleischliche Abenteuer. Wie sollte ich so meine Rolle nochmals spielen? Auslachen würden mich die jungen Damen, also war klar, dass ich diese Komödie nicht mehr wiederholen würde. Was für ein Abenteuer sollte das werden, wenn die anderen drei davon wussten? Zwei von ihnen missfielen mir völlig und wie mich eine Frau durch ihren Liebreiz erregt, stösst ein andere mich durch ihre Gewöhnlichkeit ab. Also blieb mir nur eines, ich ging spazieren.

Leduc erwartete mich bereits: «Zum Glück seid Ihr ausgegangen, mein Herr, denn der ganze Gasthof freute sich auf die Wiederholung der gestrigen Komödie. Deshalb nahm ich Ihre Stelle ein und führte die Arbeiten aus. Die bewusste Dame heisst Baronin von Roll und ist wirklich reizend», schloss er seine Erklärung. «Hat sie nach mir gefragt», wollte ich von meinem Spanier wissen. «Nein, aber die drei anderen dafür alle ...» - «Und Frau von Roll sagte nichts?» Leduc schüttelte den Kopf: «Kein Wort, aber sie schien niedergeschlagen, täuschte aber Gleichgültigkeit vor, als ich erwähnte, der gestrige Kellner sei leider krank geworden ...» - «Wieso hast du ihr von einer Krankheit erzählt?» - «Nun, einen Grund musste ich doch angeben, oder?» - «Und die Stiefel, hast du sie ihr ausgezogen?» - «Nein, sie wollte nicht.» - «Aber woher hast du dann ihren Namen?» - «Vom Kutscher. Er meinte auch, die junge Dame sei erst kürzlich verheiratet worden ...»

Am nächsten Morgen wartete ich bereits am Fenster, als die

Damen abreisten, verbarg mich aber hinter dem Vorhang. Meine Amazone war die letzte, die, noch bevor sie in den Wagen stieg, so tat, als wolle sie nach Regen Ausschau halten. Sie zückte ihren Hut und blickte zu mir hoch. Ich erwiderte ihren Gruss höflich, und sie grüsste mich nun mit einem lieblichen Lächeln. Danach lud mich Herr Ott, unser Wirt zum Essen ein. Wie so oft bei den Schweizer Gastwirten setzte er sich oben an die Tafel, damit er sah, wie gut seine Gäste bedient wurden. Seine Söhne, die sonst wie Prinzen erzogen wurden, mussten aber hier servieren. Ich kannte das von Schaffhausen, als der Sohn meines dortigen Wirtes, der sonst Hauptmann bei den Truppen war, während dem Essen hinter meinem Stuhl stand, um jeweils flink die Teller zu wechseln. So denken sie, die Schweizer, und wer darüber nur Spott empfindet, irrt, denn diese Gewohnheit ist sehr hilfreich. Herr Ott lachte über meine Verkleidung, rechnete es mir aber hoch an, dass ich die Komödie nicht wiederholt hatte. Er dankte für die Ehre, die ich seinem Haus erwiesen hatte, und spendierte mir das frugale Mahl aus seinem eigenen Säckel.

Kapitel 2
Erlebnisse in Baden und Solothurn

Ein Schaudern durchlief meinen Körper, als ich die Amazone abreisen sah, und liess das Feuer noch heisser in mir auflodern. Ihr Körper wog eine ganze Bibliothek gelehrter Bücher auf, und ich war fest entschlossen, nach Solothurn zu reisen, um ihr dort den Hof zu machen - Heirat hin oder her. Ich löste einen Kreditbrief ein, bat dann Frau von Urfé darum, mir ein Empfehlungsschreiben für Herrn von Chavigny, den französischen Gesandten, aufzusetzen. In Baden mussten wir leider Rast machen, weil am Wagen etwas nicht in Ordnung war. Bei Tisch lernte ich eine polnische Dame kennen, die auf dem Weg nach Einsiedeln war. Ich versuchte, nach dem Essen mit ihr anzubändeln und verschob deswegen meine Weiterreise nach Solothurn, doch leider blieben meine Bemühungen fruchtlos. Dafür hatte ich aber ein anderes, höchst komisches Erlebnis: Man spannte gerade meinen Wagen an, da forderte mich die Tochter des Wirtes, eine kesse junge Dame zu einem Walzer auf. Arglos, wie ich war, gewährte ich ihr die Bitte und wir tanzten durch den Gasthof, als plötzlich der Vater auftauchte. Das Mädchen huschte erschreckt von dannen, der Wirt aber forderte mich auf, eine Busse von zehn Talern zu bezahlen, da ich an einem heiligen Sonntag gefrevelt hätte. Um meine Proteste in Keime zu ersticken, zeigte er mir eine Verordnung, die ich aber gar nicht lesen konnte. Ich weigerte mich deshalb, diese Busse zu bezahlen, und verlangte, den Ortsrichter zu sehen. Der Wirt war einverstanden und entfernte sich. Eine

Viertelstunde später rief man mich ins Nebenzimmer, wo der Richter warte - es handelte sich um meinen Wirt, in Mantel und Perücke. Er sei der Ortsrichter, könne meine Verurteilung nur bestätigen und zwar schriftlich. Dafür verrechnete er mir noch einen Taler Schreibgebühr. Meine Einwände, die junge Dame hätte mich zum Tanz aufgefordert, blieben ungehört, also legte ich die geforderte Summe lachend auf den Tisch, um am nächsten Morgen dann abzureisen.

Bevor wir Solothurn erreichten, erlebte ich eine weitere kuriose Begebenheit: In dem Dorf, in dem ich übernachtete, machte ich mit dem Barbier des Ortes einen Abendspaziergang. Bei Anbruch der Dunkelheit sahen wir keine hundert Schritte vor uns, einen jungen Mann an der Fassade eines Hauses emporklettern und in ein Fenster einsteigen. Mich beunruhigte das Ganze, doch mein Begleiter lachte nur, und meinte, das sei ein harmloser Bauernbursche, der nun die Nacht bei seiner Angebeteten verbringe. Er werde bis früh am Morgen bei ihr bleiben, um sie dann noch verliebter als zuvor wieder zu verlassen, da sie ihm die letzte Gunst im Bett hartnäckig verweigern wür-

de. Liesse sie ihn aber bis zum Letzten gehen, dann würde er sie sowieso nicht heiraten, und ein anderer Bräutigam sei dann noch viel schwerer zu gewinnen ...
Am nächsten Morgen reiste ich nach Solothurn weiter. Die Ereignisse vom Vortag hatten mich ein wenig erschöpft, so dass ich schnell eindöste. Die geröteten Wangen der tanzenden Wirtstochter verwandelten sich in verlockende Rundungen. Ich kniete vor der schönen Dame, um ihr die Strümpfe auszuziehen, schwarze Seide aus Paris, von guter Qualität und teuer. Die zierlichen Fesseln und weissen Waden, die sich mir dabei enthüllten, erregten mein Geschlecht, das grösser und grösser wurde, und versuchte, aus seinem Hosengefängnis zu entweichen ... Ich küsste die Knie von Frau von Roll, liess meine Zunge über ihren Fussrücken gleiten und nahm die Zehen eine nach der anderen in den Mund. Immer stärker drängte mein angeschwollener Stamm ins Freie, die adelige Dame spreizte ihre Schenkel und ich glaubte mich schon am Ziel, als ein harter Ruck meine Träume zum Platzen brachte. Ich hörte ein Jagdhorn, öffnete meine Augen, sah einen Trupp Pferde an unserem Wagen vorbeipreschen, und, tatsächlich, ganz zuhinterst sass keck die schöne Frau von Roll im Sattel. Zwar trug sie Hosen wie ein Mann, aber ihr Gesäss hob und senkte sich anmutig auf dem Pferderücken ...
In Solothurn angekommen übergab man mir einen Brief, den Frau von Urfé für mich ausgestellt hatte, darin enthalten ein zweiter des Herzogs de Choiseul, der an den französischen Gesandten, einen Herrn von Chavigny gerichtet war. Das Schriftstück war versiegelt, aber auf dem Umschlag stand als Absender der Name des Ministers. Ich bestellte einen Wagen, kleidete mich so an, wie wenn ich Versailles besuchen wür-

de, und liess mich zur Residenz des Gesandten fahren. Da es Feiertag war, übergab ich den Brief einem Lakaien und besuchte dann die Messe, in der Hoffnung, dort meine Schöne zu erblicken, was leider nicht der Fall war. Nach einem kurzen Spaziergang durch das pittoreske Städtchen kehrte ich in meinen Gasthof zurück, wurde dort bereits von einem Offizier im Namen des Gesandten empfangen und zum Essen eingeladen. Aus dem Brief von Frau von Urfé wusste ich, dass sie extra wegen mir in Versailles vorgesprochen, und bei der Herzogin von Gramont einen Geleitbrief ganz nach meinen Wünschen vom Minister persönlich erhalten hatte. «Ganz in Ihrem Sinn und nach Ihren Wünschen, Signor Casanova», schrieb sie in ihrer weichen, runden Schrift. Der Gesandte in Solothurn war kein anderer als der Marquis von Chavigny, der vor zwölf Jahren auch in Venedig residiert hatte. Ich wusste so einiges über ihn und war äusserst darauf erpicht, ihn hier kennenzulernen.
Als ich zur verabredeten Zeit eintreffe, lässt man mich sofort vor. Der nette alte Marquis stellt mich allen Anwesenden vor und tut so, als ob er meinen Namen nicht recht gelesen habe, nimmt den Brief des Herzogs de Choiseul und beginnt mit lauter Stimme die Stelle vorzulesen, wo der Minister ihn bittet, mich vorzüglich zu behandeln. Ich darf zu seiner Rechten Platz nehmen und er richtet einige Fragen an mich. Ich beantworte sie alle höflich, lasse verlauten, dass die Schweiz viele Vorzüge vor anderen Nationen habe, und dass ich mich hier sehr wohl fühlen würde, nicht zuletzt weil ich ihn, den Gesandten kennengelernt habe. Bei der folgenden Tafel darf ich wieder neben dem Marquis sitzen. Es sind sechzehn Gäste anwesend und jeder hat seinen eigenen Leibdiener, der hinter seinem Stuhl steht. Im Verlauf des Gesprächs flechte ich ein, dass man in Ve-

nedig immer noch viel vom Marquis und seiner Amtszeit dort spreche. Er versichert mir, dass auch für ihn der Aufenthalt dort voller Wohlwollen und Sympathie gewesen sei. Dann will er von mir wissen, wer sich denn noch so gut an ihn erinnere. Nun, auf diese Frage war ich vorbereitet, denn ich erinnerte mich an so manches Ereignis aus dieser Zeit. Deshalb erwähne ich einige Namen, und besonders jenen der berühmten Stringettha, mit der unser Marquis nämlich eine Affäre hatte. Seine Wangen röteten sich vor Freude, er genoss meine Plauderkunst und erinnerte sich mit Wohlbehagen an jene stürmischen Tage. Ja, die Erinnerung an seine ehemalige Geliebte schien ihn richtig zu verjüngen! Er umarmte mich sogar und bat mich, ihn während meines Aufenthaltes in Solothurn möglichst oft zu besuchen, und er versicherte mir, ich sei jederzeit bei ihm willkommen. Dann lobte er Venedig ausgiebig, pries dessen Regierung und fügte hinzu, mit gutem Öl und fremden Weinen eingedeckt lasse es sich dort vorzüglich leben. Gegen fünf Uhr nachmittags lud er mich dann sogar noch zu einer Spazierfahrt ein. Bei einem hübschen Landgasthof machten wir Rast und genossen eine Speise aus Eis. Dann kehrten wir in die Stadt zurück. Mein Gönner versicherte mir, dass er jeden Abend Gesellschaften empfange, zu denen er mich einlud. Er hoffe, mir so ein wenig Vergnügen zu bereiten. Ich meinerseits hoffte, an einem solchen Anlass, die Schöne wiederzusehen, die ich in Zürich getroffen hatte. An diesem Abend wurde ich enttäuscht, denn ich sah viele hässliche Frauen, einige waren leidlich anzusehen, aber keine davon eine wirkliche Schönheit. Am Spieltisch stellte man mir eine junge Blondine und eine uralt wirkende Dame vor, die voller Esprit war. Ich langweilte mich sehr, verlor auch beinahe 600 Jetons, ohne jedoch auch nur ein

Wort zu sagen. Als es ans Bezahlen ging, meinte die alte Dame, ich hätte rund drei Louisdor verloren. Erstaunt blickte ich sie an: «Drei Louisdor, Gnädigste?» Sie nickte und meinte: «Ja, Signore, der Jeton zu zwei Sous. Oder glaubten Sie etwa, er koste nur einen Rappen?» Lachend entgegnete ich: «Aber nein, Gnädigste, ich ging von zwanzig Sous pro Spielmarke aus ...» Sie errötete und beantwortete meine Prahlerei gar nicht. Ich empfahl mich und durchstreifte nun den Saal, immer auf der Suche nach der Schönen. Ich wollte mich schon entfernen, da entdeckte ich zwei Damen, die mich musterten und über mich sprachen. Ich erkannte in ihnen zwei der Begleiterinnen von Frau Von Roll, die ich in Zürich schon gesehen hatte. Doch ich entschlüpfte ihrer Neugier und machte mich aus dem Staub. Am nächsten Morgen tauchte ein Offizier in meinem Hotel auf und kündigte mir den Besuch seiner Exzellenz an. Ich liess ihm ausrichten, ich erwarte ihn freudig und nahm mir vor, mich bei ihm über Frau Von Roll zu erkundigen. Kurze Zeit später traf der Gesandte bei mir ein, ich empfing ihn höflich und wir trieben ein wenig oberflächliche Konversation. Da, plötzlich, erzählte er mir eine kleine Begebenheit, die sich gestern auf dem Empfang ereignet habe. «Zwei Damen aus der Gesellschaft kamen zu mir und warnten mich vor Ihnen, Signore. Die zwei behaupteten, Sie in Zürich als Kellner gesehen zu haben, in dem Gasthaus, in dem sie abgestiegen seien, seien sie von Ihnen bei Tisch bedient worden. Zuerst glaubten sie an einen Irrtum, aber dann hätten sie auch den zweiten Kellner von Zürich erblickt ...», meinte er lächelnd. «Als Sie nun scheinbar bemerkten, dass man Sie mustert, da seien Sie schleunigst enteilt, versicherten mir die beiden Damen», fügte der Gesandte lächelnd hinzu. «Ich versicherte den zwei Frauen, dass es sich

um ein Missverständnis handle, Sie, Signore, hätten sich gewiss nur als Kellner verkleidet ...», dabei pufte er mich in die Seite. «Das sei aber geschmacklos», fuhren die beiden Damen entrüstet fort, «ja, der Signore könne sehr geschickt einen Fasan tranchieren, das müssten sie ihm lassen ... Sie boten sogar an, Ihnen dieses Kompliment selber zu machen, wenn sie mit Ihnen bei mir tafeln dürften», sagte er lachend. «Ich erwiderte, ich würde Sie danach fragen, und dass wir beide sicher über den guten Witz lachen könnten.»
Jetzt blickte mich der Gesandte ernst an: «Oder ist etwa doch was dran an diesem Gerücht?» Und er bat mich, ihm alles zu sagen. Ich nickte: «Doch, Eure Exzellenz, aber es ist eine heikle Angelegenheit, die mich zur Vorsicht nötigt, denn dieser Spass könnte für jemanden, den ich sehr schätze, gefährlich werden ...» Der Gesandte lächelte und meinte: «Nun, die Sache ist also wahr, erzählen Sie, Signore, sie interessiert mich ungemein.» Ich nickte: «Sehr gern, denn sie ist wahr; aber ich hoffe doch, dass Ihr mich nicht für einen Kellner aus dem Zürcher Hotel haltet?» Jetzt musste der Gesandte lachen: «Selbstverständlich nicht, Signore, ich bin mir sicher, dass Sie diese Rolle nur gespielt haben ...» Wiederum nickte ich: «Ganz genau, Eure Exzellenz, denn die Damen in Zürich waren zu viert ...» Der Gesandte seufzte: «Ach so, jetzt begreife ich, die schöne Frau von Roll war mit dabei, fürwahr, Sie haben Recht, Signore, denn da ist Vorsicht geraten, diese Dame geniesst einen hohen Ruf landauf, landab. « Ich blickte meinen Gast ungläubig an: «Verzeiht, Eure Exzellenz, das wusste ich nicht. Und die Sache ist völlig unschuldig abgelaufen, umso wichtiger ist es, den Ruf der Dame zu wahren und einen auch noch so kleinen Skandal zu vermeiden.»

Da mir der Gesandte sehr zugetan war, erzählte ich ihm die ganze Geschichte und verheimlichte ihm nicht, dass ich nur wegen dieser Frau von Roll nach Solothurn gekommen sei. «Ich möchte sie gerne näher kennenlernen und ihr dabei den Hof machen; sollte dies unmöglich sein, dann reise ich unverrichteter Dinge in drei bis vier Tagen wieder ab.» Nur schon beim Gedanken an die körperlichen Vorzüge der schönen Dame wurde ich nicht wenig erregt. Um davon abzulenken sagte ich hastig zu meinem Gast: «Aber zuvor will ich die beiden Klatschweiber gründlich blamieren! Beide wissen ganz genau, dass die Rolle des Kellners nur eine Maske war, sie geben sich absichtlich ignorant, wohl in der Absicht, mich zu provozieren und so ihrer schönen 'Freundin' zu schaden, die, da bin ich ehrlich, unser Geheimnis nicht hätte ausplaudern dürfen ...» Der Gesandte musste herzhaft lachen. «Nicht so stürmisch, Signore, die Angelegenheit muss gut bedacht werden», dabei umarmte er mich, denn er fand meine Geschichte ungemein erheiternd. «Ich war auch einmal jung, habe auch die eine oder andere Maskerade ausgeführt. Heute bei Tisch dürfen Sie sich an den beiden Schwätzerinnen rächen, Signore, aber dezent, nicht wahr, so dass selbst Herr von Roll darüber lachen wird. Nur noch eine Frage, Signore, weiss seine Gattin um Ihre Gefühle?» Ich nickte ernst: «Sie hat es in meiner Seele gelesen, bei Gott, als ich ihr die Stiefel ausgezogen habe ...»
Ich begleitete seine Exzellenz bis zum Wagen, wo wir uns verabschiedeten. In meinem Inneren brodelte es, einerseits war ich wütend über die beiden dummen Weiber, andererseits stieg die Erinnerung an Frau von Rolls wunderbar geschmeidige weisse Haut in mir auf und brachte die Erregung in mir zurück. In Gedanken streifte ich ihr nicht nur ihre teuren Pariser

Seidenstrümpfe, sondern auch ihr Mieder und ihr Höschen ab ... Um ein Uhr machte ich dem Gesandten meine Aufwartung. Ich hatte mich kaum verbeugt, als ich die beiden Klatschbasen sah. Ich ging schnurstracks auf sie zu, um jene, die bösartiger aussah, zu fragen, ob sie mich denn wiedererkenne. «Schau an», meinte sie grinsend, «Signore gibt also zu, dass er der Kellner aus Zürich ist?» Ich lachte und sagte: «Aber gewiss, gnädige Frau, eine Stunde lang war ich es, damit ich in Ihrer Nähe sein konnte. Aber Sie würdigten mich keines Blickes, geschweige denn eines Wortes, ich hoffe nur, dass ich hier mehr Glück haben werde, denn, wenn Sie mir dies erlauben, mache ich Ihnen meine Aufwartung.» Die Dame fühlte sich geschmeichelt: «Nun gut, ich muss sagen, Sie haben Ihre Rolle vortrefflich gespielt, mal sehen, ob es Ihnen wiederum gelingt, hier. Auf jeden Fall werde ich Sie gerne bei mir empfangen.» Es dauerte nur wenige Minuten und die Zürcher Gasthofgeschichte hatte überall die Runde gemacht und allgemeines Gelächter ausgelöst. Genau jetzt trat Frau von Roll in den Saal, zusammen mit ihrem Gatten. «Schau her», rief sie ziemlich laut, «der Kellner aus Zürich!»

Ihr Gemahl bedankte sich bei mir in aller Höflichkeit dafür, dass ich seiner Gattin die Stiefel ausgezogen hätte ... Mir wurde klar, dass sie ihm alles erzählt hatte, was mir gar nicht unangenehm war, nein, im Gegenteil. Herr von Chavigny, der Gesandte, führte sie an den Tisch und ich musste ausgerechnet zwischen den beiden Klatschbasen sitzen. Obwohl ich sie verabscheute, überschüttete ich die zwei mit Komplimenten und schaffte es dabei sogar, Frau von Roll keines Blickes zu würdigen - was mich einige Mühe kostete, denn in ihrem Salonkleid war sie noch viel verführerischer als im Dress der Amazonen.

Scheinbar war ihr Mann absolut nicht eifersüchtig und ich hätte ihn, ehrlich gesagt, viel älter geschätzt. Seine Exzellenz lud das Paar zum nächsten Ball ein und regte gleich auch eine private Theateraufführung an; sie solle doch nochmals die Rolle der Lindane in Voltaires Stück «Die Schottin» spielen. «Damit unser Signore Casanova dem Herzog von Choiseul berichten kann, wie gut man sich in Solothurn zu unterhalten weiss», fügte er verschmitzt hinzu. Frau von Roll war sofort Feuer und Flamme, gab aber zu bedenken, dass man noch zwei unbesetzte Rollen habe. Seine Exzellenz sagte sofort zu, die Rolle von Lord Monrose zu übernehmen, und mir legte man jene von Lord Murray ans Herz. Ich gab ebenfalls meine Einwilligung, was aber meiner schwatzhaften Nachbarin missfiel, denn sie meinte bösartig: «Schade, dass Monsieur de Voltaire keinen Kellner im Stück eingebaut hat, dessen Rolle wäre Ihnen doch auf den Leib geschneidert ...» Ich verkniff mir eine schnippige Antwort und sagte ruhig zu ihr: «Ich hoffe, Sie weisen mich in die Rolle von Murray ein, Madame.» Der Gesandte machte sogleich einen Termin für die Aufführung fest und am nächsten Morgen brachte man mir den Text für meine kleine Rolle direkt ins Hotel. Da man den Ball zu meiner Ehre gab, zog ich meine eleganteste Kleidung an.
Zur Eröffnung des Festes durfte ich mit einer Dame hohen Standes das Eingangs-Menuett tanzen, danach hatte ich wechselnde Partnerinnen, bis mir unser Gastgeber beim Contrepas geschickt Frau von Roll überliess. Sie, als Lindane, müsse unbedingt mit Lord Murray tanzen. In der ersten Pause gestand ich der Schönen, dass ich nur ihretwegen nach Solothurn gereist war, und dass mein Auftritt als Kellner nur zu diesem Zweck stattgefunden habe. Sie errötete leicht und meinte, bei

sich dürfe sie mich auf keinen Fall empfangen, doch der Ort sei klein, wir würden oft Gelegenheit haben, uns bei diesem oder jenem Anlass zu sehen - falls ich nicht nächstens schon wieder abreisen würde. «Bleiben Sie massvoll, Signore, bei Ihrem Auftreten», riet sie mir noch. Ihre Antwort bewies, dass sie Liebe, Zuneigung und Klugheit in einem vereinte, also versprach ich der Begehrten jede Vorsicht und auch alle Zurückhaltung zu üben. Scheinbar ein Neuling in der Theaterkunst, bat ich die Klatschbase, mich darin zu unterweisen. Sie sah darin einen Vorwand, damit ich sie ungehindert besuchen könne, was ich nun jeden Morgen fleissig tat, besonders weil Lindane ebenfalls anwesend war. Und die wusste genau, wieso ich diese Stunden nehmen wollte ... «Was für ein Körper Frau von Roll doch hat», dachte ich bei mir und in Gedanken an ihre Seidenstrümpfe lief mir das Wasser im Mund zusammen. Auf die Schwätzerin, eine hinkende Witwe um die vierzig, die mit einer äusserst boshaften Natur 'gesegnet' war, hätte ich gerne verzichten können, denn selbst ihr Hinken hatte etwas Gezwungenes. Sie hörte sich gerne sprechen, war völlig geistlos und überaus langweilig. Dennoch gab ich vor, verliebt in sie zu sein. Doch als sie mir eines Morgens leise zuflüsterte: «Pardon, Signore, aber ich glaube es kaum, dass Sie so scheu sind,» da musste ich wirklich lachen. «Als Kellner waren Sie nicht so, Signore», fügte sie augenzwinkernd hinzu. Als ich sie nun fragte, wieso sie mich denn für so schüchtern halte, gab sie keine Antwort, aber ich wusste, worauf sie hinauswollte.
Nun, in jüngeren Jahren hätte mich ein fleischliches Stelldichein mit dieser Witwe vielleicht gereizt, aber im Angesicht der schönen Frau von Roll verbot ich mir jeden Gedanken an ihren sowieso nicht attraktiven Körper. Ich beschloss sogar, gleich

nach der ersten Aufführung der «Schottin» mit ihr zu brechen. Unsere erste Aufführung war ein voller Erfolg, denn sämtliche ehrbaren Personen der Stadt wohnten ihr bei. Die Klatschbase war sogar noch stolz auf die abstossende Wirkung, die sie in ihrer Rolle hervorrief; sie begriff nicht, dass der Abscheu ihr selber und nicht ihrer Rolle galt. Herr von Chavigny, der Gesandte, ging ganz in seinem Part auf, man rühmte ihn, sie noch besser als Voltaire selber gespielt zu haben. In der dritten Szene des fünften Aktes erstarrte mein Blut, denn Lindane alias Frau von Roll sagte zur mir: «Wie? Du! Du wagst es, mich zu lieben?» Sie sprach diese Worte mit solcher Verachtung aus, dass sofort dröhnender Applaus durch den Saal brandete. Das brachte mich beinahe ausser Fassung, denn ich bildete mir plötzlich ein, sie meine es tatsächlich ernst und kränkte dadurch meine Ehre. Ich wartete einen Moment ab, bis wieder Ruhe eingekehrt war, und gab dann - ganz meiner Rolle gemäss - zurück: «Ja, ich bete dich an - und ich muss es!» Der Ton, in dem ich Lindane ansprach, war so rührend, dass ein allgemeiner Beifallssturm folgte, der doppelt so gross wie der vorherige war. Ein aus vierhundert Kehlen stammendes «Bis! Bis! Da Capo!» zwang uns dazu diese Szene mit dem Herzensgelöbnis nochmals zu wiederholen ...

Obwohl der Erfolg des Stückes riesig war, kamen wir beim gemeinsamen Abendessen überein, dass wir selber mit der Aufführung noch nicht zufrieden waren und unsere Rollen immer noch ungenügend beherrschten. Seine Exzellenz schlug deshalb vor, dass wir das Ganze am übernächsten Tag wiederholen sollten und lud uns für den nächsten Morgen zu weiteren Proben auf seinen Landsitz ein, wo dann auch das Mittagessen serviert werden sollte.

Frühmorgens holte mich Herr von Chavigny persönlich in seinem Wagen ab. Unsere Mitspieler waren schon vollständig im Landhaus versammelt. Gleich nach dem Eintreten ging der Gesandte wegen einer gemeinsamen Angelegenheit auf Herrn von Roll zu, alles sei erledigt und er würde dies gerne nach der Probe mit ihm besprechen. Wir platzierten uns im Salon und probten unsere Rollen sitzend durch; alles klappte vorzüglich, nicht mal der Souffleur wurde gebraucht ... Am Nachmittag meinte seine Exzellenz, er erwarte uns alle in Solothurn zum Abendessen. Doch die schönste Überraschung ereignete sich bei der Abfahrt, denn der Gesandte meinte zu Herrn von Roll: «Setzten Sie sich doch in meinen Wagen, dann können wir in aller Ruhe unser Geschäft besprechen. Herr von Seingalt» - dabei zeigte er auf mich - «wird so die Ehre haben, Ihrer werten Gattin im Wagen Gesellschaft zu leisten.»
Oh Wunder der Vorsehung! Und welch himmlisches Geschöpf da neben mir Platz nimmt! Wir haben nur eine halbe Stunde Zeit und die nutzen wir: Eng aneinander gepresst sitzen wir im Wagen und schon erkunden wir mit unseren Zungen gemeinsam unsere Münder.
Da ich weiss, dass Frau von Roll unter ihrer Damastbluse ein enges Mieder trägt, beginne ich erst gar nicht, es aufzuschnüren, sondern begnüge mich damit, die Form ihres vollendeten Busens durch den Stoff hindurch abzutasten. Zuerst glaube ich, sie bleibt passiv, aber schon hat sich ihre Hand an meiner Hose zu schaffen gemacht und ist wieselflink zu meinem heissen Priapus vorgedrungen. Ich ziehe nach und lasse meine Fingerkuppen in ihr seidenes Höschen schlüpfen, wo mich ein feuchtes Vlies empfängt. Wir begnügen uns also mit Küssen und zärtlich streichelnden Fingern, die aber keineswegs ihre Wirkung

verfehlen, denn Frau von Roll stöhnt leise und ich keuche wie ein alter Ochse.

Doch schon ist die halbe Stunde vorbei und wir fahren in Solothurn ein, lassen aber erst zehn Schritte vor der viel zu nahe liegenden Wohnung des Gesandten voneinander ab. Mit zittrigen Knien steigen wir aus. Die Wangen meiner Schönen sind flammend gerötet, so dass ich beinahe erschrecke und befürchte, sie könnten uns verraten. Wenn uns 'Hinkebein', die Klatschbase so sieht, dann sind wir verloren!

Die Liebe liess mich schon früher immer erfinderisch werden. Ich bemerkte, dass ich eine Dose starken Tabaks in meiner

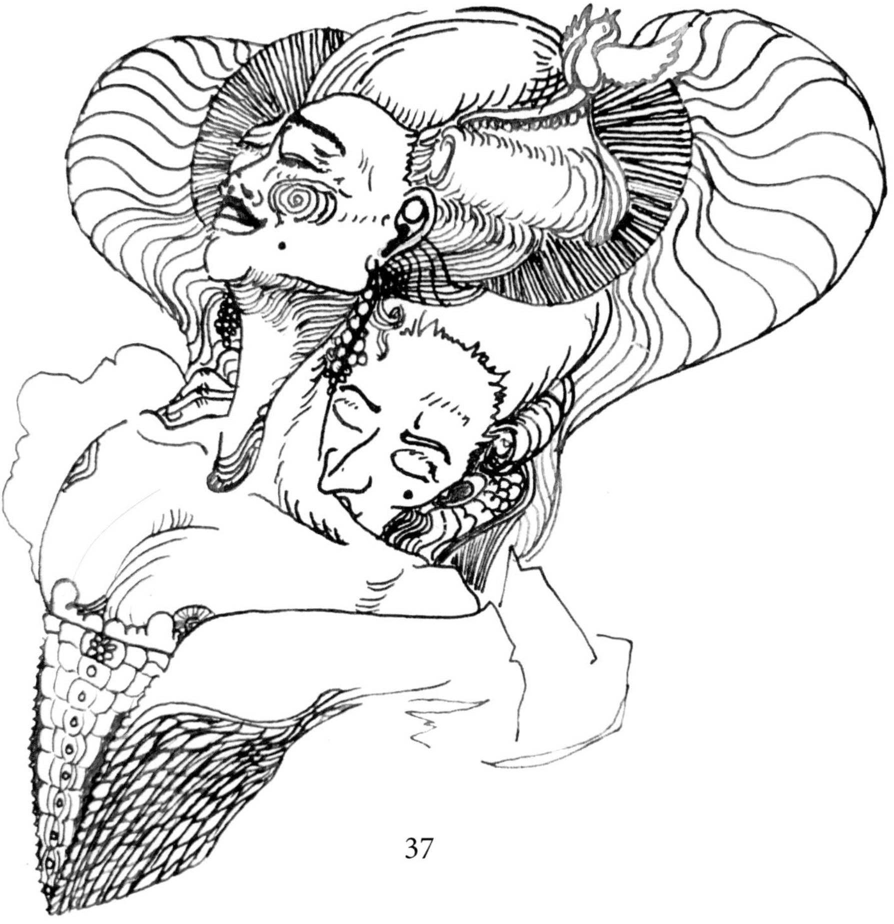

Hose hatte, holte sie hervor, bot meiner Begleiterin eine Prise davon an und schon auf der Treppe zum Haus des Gesandten fing sie an zu niesen, ja es dauerte wohl eine Viertelstunde, bis sie damit wieder aufhören konnte. Die verräterisch geröteten Wangen wurden nun automatisch dem Niesanfall zugeschrieben, und selbst wenn die 'Hinkende', die ganz still geworden war, etwas gemerkt hätte, wäre es vergebens gewesen .
Ein gelungener Einstand also, eine erste Kostprobe von einem süssen jungen Glück, das mich zwingt, so lange wie möglich in diesem Solothurn zu bleiben, um in nächster Zeit ganz ans Ziel meiner Wünsche zu gelangen. Der Gesandte entschuldigte sich und verliess unsere Gesellschaft, um sich in seine Privatgemächer zurückzuziehen. Folglich tat ich dasselbe und stattete Herrn von Chavigny einen Besuch ab. «Ich schulde Ihnen etwas, Eure Exzellenz», richtete ich das Wort an ihn und verbeugte mich leicht. Er lachte und meinte: «Nun, wie steht Eure Sache denn?» Ich trat näher zu ihm und umarmte ihn fest: «Ich bin guter Hoffnung und einen grossen Schritt weitergekommen, dank Euch, Eure Exzellenz.» Dann erläuterte ich ihm meinen bereits geschmiedeten Plan, der vorsah, dass ich mein Glück mit Frau von Roll vollenden, aber gleichzeitig mit der nötigen Diskretion auch ihre Ehre wahren könne. «Ich möchte ein verschwiegenes Landhaus mieten, mitsamt der nötigen Dienerschaft, einem guten Koch und einer tüchtigen und bodenstämmigen Haushälterin», erklärte ich dem Gesandten. Der war sofort Feuer und Flamme und versprach mir gönnerhaft dabei seine Mithilfe, worauf ich ihn voller Zufriedenheit verliess.
Jeder Mann von Herz hätte denselben Beschluss gefasst, da bin ich mir sicher. Vor meinem inneren Auge sah ich die vollendete

Schönheit dieser jungen Dame, die ich anbetete wie kaum eine zweite zuvor, deren Herz ich ganz offensichtlich schon erobert hatte, obwohl wir uns noch kaum berühren konnten. Dazu hatte ich eine Menge Geld, konnte tun und lassen, was ich wollte, und mir wurde klar, dass dieses Ziel viel attraktiver und auch vernünftiger war, als in Einsiedeln oben Mönch zu werden!
Die Theatervorführung am nächsten Tag lief ab wie am Schnürchen: Alles klappte, alles stimmte. Danach nahm mich Herr von Chavigny zur Seite und sagte zu mir: «Ich habe einen Plan, Monsieur, der Ihnen helfen könnte», worauf ich ihn eindringlich bat, mir diesen zu offenbaren. «Aber gern, Monsieur», meinte der Gesandte, «nun, es scheint mir, dass Sie ihr Glück in dieser Herzenssache nur finden, wenn Sie ihre Leidenschaft ausleben können, ohne dabei den guten Ruf der schönen Frau von Roll zu besudeln. Und wie ich Sie, als Ehrenmann nun kenne, glaube ich auch, dass Sie sofort abreisen würden, wenn dieser ihn Gefahr wäre. Sie sehen also, ich habe Vertrauen zu Ihnen, Monsieur, und kann in dieser Sache gut als Ihr Ratgeber fungieren, einer Angelegenheit, die mir wertvoller als vieles von dem erscheint, was zu meinen Aufgaben gehört ...»
Ich erwiderte ihm, dass er wohl sein Licht unter den Scheffel stellen würde, denn er, der den Diplomaten so glanzvoll verkörpere, sehe das vielleicht zu eng. Schmunzelnd meinte Herr von Chavigny nun: «Ach was, ich bin schon ziemlich alt und auch ein bisschen weise, und habe gelernt, alles ohne Vorurteile zu begutachten, und dabei so kühl wie möglich zu bleiben ... Aber wechseln wir nicht das Thema, sondern schauen uns Ihre Liebe genauer an. Sie, Monsieur, müssen einen wichtigen Grundsatz konsequent befolgen: Alles muss aussehen, als ob es reiner Zufall wäre. Das kurze Rendezvous in der Kutsche

gestern, das ich Ihnen verschaffen konnte, erschien selbst dem misstrauischsten Beobachter als reine Fügung der Umstände. Und dank Ihrer Geistesgegenwart haben Sie mit dem Schnupftabak Frau von Rolls gerötete Wangen perfekt 'erklären' können. Denn welcher Geliebte», hier lachte der Gesandte laut auf, «würde seiner Angebeteten eine solche 'Nieskur' angedeihen lassen, wenn er andere Absichten hätte ... Gut gemacht, Monsieur. Also, bis jetzt haben Sie nicht den geringsten Verdacht erweckt. Wobei ich Sie an dieser Stelle warne: Der Ehemann unserer schönen Frau von Roll ist keineswegs ein Trottel und der Eifersucht fähig. Aber selbst er konnte bis jetzt nichts Anstössiges oder Anrüchiges in Ihrem Verhalten entdecken - und das soll auch weiterhin so bleiben. Dass seine Gattin mit Ihnen in der Kutsche nach Solothurn zurückgefahren ist, ergab sich aus den Umständen; dass ich Ihre Absichten kenne und Sie dabei unterstütze, kann er ja nicht wissen», fügte er lächelnd an. «Doch nun zum Schluss: Sie müssen zwei Prinzipien eisern beachten, damit Sie Ihr Glück mit der Dame vervollkommnen können: Erstens müssen Sie Herrn von Roll von Ihrer Freundschaft überzeugen, aber ohne den geringsten Anlass zu geben, dass Sie in Tat und Wahrheit ein Auge auf seine Frau geworfen haben. Dabei kann ich Ihnen gute Dienste leisten. Zweitens aber, und ebenso wichtig, alle Ihre Handlungen müssen völlig logisch erscheinen, so dass niemand stutzig wird und Sie dadurch Verdacht erregen. Deshalb rate ich Ihnen davon ab, überstürzt ein Landhaus zu mieten, ohne dass Sie einen glaubwürdig wirkenden Grund dafür haben. Stellen Sie sich krank, so dass ein Arzt Ihnen einen Aufenthalt auf dem Land verschreibt. Zum Glück kenne ich einen Doktor hier, der sehr viel von Kuren und guter Landluft hält und auch immer Bäder

verordnet. Er ist ein wenig bieder, aber gutmütig und wird an einem der nächsten Tage zu mir kommen, um mich zu untersuchen. Sie sind dann zufällig anwesend und bitten ihn, Sie in Ihrem Gasthof zu besuchen. Wenn Sie ihn überzeugen können, dann ergreift er die obigen Massnahmen und, was noch wichtiger ist, er wird in der ganzen Stadt über Ihren Fall plaudern, so dass alle begreifen, weshalb Sie für eine Weile aufs Land ziehen. Ja, das ist die gewohnte Art, des Herrn Herenschwand, der aber durchaus ein ernstzunehmender Gelehrter ist.»
Als ich den Namen hörte, rief ich freudig: «Was der Schwendi ist hier? Den kenne ich von Paris her!» Herr von Chavigny schüttelte den Kopf: «Nein, das ist sein Bruder. Nun, überlegen Sie sich gut, welche Krankheit Sie ihm vortragen, möglichst eine, die Ihrem Ruf nicht schadet, denn auch dies wird der Doktor ausplaudern. Und dann kann ich Ihnen auch noch gleich einen hervorragenden Koch verschaffen, der Ihnen und auch der schönen Frau von Roll später erstklassige Speisen vorsetzen kann ...»
Was für eine Krankheit sollte ich bloss wählen? Der Rest des Planes war klar und so teilte ich ihn Frau von Roll umgehend mit. Sie war begeistert davon. Dann bat ich sie, mir eine Möglichkeit zu zeigen, wie wir im Geheimen miteinander per Brief kommunizieren konnten. Sie hörte aufmerksam zu und versprach dann, darüber nachzudenken. Auch teilte sie mir mit, dass ihr Mann eine hohe Meinung von mir und an der gemeinsamen Rückfahrt überhaupt keinen Anstoss genommen habe. Dann wollte sie wissen, ob das denn Zufall gewesen sei. Ich gestand ihr die Komplizenschaft des Gesandten ein. Sie blickte mich mit grossen Augen an, biss sich auf die Lippen und ihre Wangen röteten sich überaus reizvoll. «Ist Ihnen das peinlich?»,

wollte ich von ihr wissen. Sie schüttelte nur den Kopf: «Keineswegs, Monsieur ...»
Einige Tage später war Herr Herenschwand beim Gesandten zum Essen geladen. Herr von Chavigny stellte uns einander vor und der Arzt meinte, ich sehe für mein Alter sehr gesund aus. «Der Schein trügt oft», gab ich zur Antwort, deutete ihm einige Symptome an und bat ihn, mich nächstens im Gasthof zu besuchen. Er bereute seinen Irrtum nicht, sondern freute sich im Gegenteil, mich zu untersuchen. Schon am nächsten Tag sprach er bei mir vor. Ich verliess mich auf meine Intuition und erzählte ihm von schwülstigen Träumen, die mir die Luft nehmen würden und drohten, meine Adern zu sprengen. Er hörte aufmerksam zu, nickte dann ein wenig besorgt und meinte nun: «Ha, dieses Übel ist mir wohlbekannt, Monsieur. Dagegen gibt es genau zwei Mittel: Das erste, das Ihnen nicht unbedingt gefallen dürfte, schreibt einen Aufenthalt auf dem Land von mindestens sechs Wochen vor - fern von allen Zerstreuungen und auch von sämtlichen 'Objekten', die ihre Imagination anregen könnten. Und das zweite, das demselben Zweck dient, sind kalte Bäder. Die dürften ihnen vermutlich besser gefallen. Das Rezept, das sie dabei verwenden sollen, schreibe ich Ihnen gleich auf.» Nun wollte ich von ihm wissen, wo sich denn solche Bademöglichkeiten ergeben würden. «Wo Sie wollen, Monsieur; Sie müssen nur die entsprechenden Tinkturen hinzufügen, der Apotheker kann Ihnen alles zusammenstellen.» Er füllte das Rezept aus, ich gab ihm zwanzig Franken, und schon war er draussen. Keine zwei Stunden später wusste ganz Solothurn von meinen Beschwerden und jedermann begriff meinen Entschluss, aufs Land umzusiedeln sofort und bezeichnete ihn als äusserst vernünftig.

Herr von Chavigny lud mich und etliche Solothurner zu Tisch. Er scherzte mit mir über meinen Fall, Doktor Herenschwand müsse mir einfach alle Frauenbesuche verbieten ... Die 'Hinkende' nahm den Faden auf und fügte hinzu, es würde wohl schon genügen, wenn ich das Betrachten der anzüglichen Miniaturbilder, die in meinem Besitz seien, einstellen würde ... Herr von Roll hingegen war sehr ernst und fand die Vorschläge des Arztes absolut angemessen. So konnte ich mich in aller Öffentlichkeit an unseren Gastgeber wenden, und ihn um die Vermittlung eines Landhauses bitten, ebenso bat ich ihn, mir einen fähigen Koch zu empfehlen, da ich nicht gerne alleine essen würde. Auch nutzte ich die Situation aus und stellte die Besuche bei der Schwatzbase ein. Sie spie Gift und Galle, machte mir lauter Vorwürfe und drohte mir, alles ans Tageslicht zu bringen, ich hätte mich sowieso nur verstellt, sie kenne alle meine Geheimnisse und werde sich an mir rächen. «Madame, Sie haben keinen Grund zur Rache, aber wenn Sie mich umbringen lassen wollen, dann werde ich mir eine Leibwache zulegen», scherzte ich mit ihr, was sie nur noch wütender machte. «In unserem Land mordet man nicht einfach so», rief sie laut, und schaute mich mit stechendem Blick an. «Und ich bin auch keine Italienerin, Signor Casanova», fügte sie mit verbissener Miene hinzu. Endlich bin ich diese Schlange los, dachte ich, und konnte mich nun voll und ganz auf die schöne Frau von Roll konzentrieren.

Alle meine Gedanken sollten nur noch ihr gelten. Herr von Chavigny, der wackere Gesandte, hatte inzwischen weitere Schritte unternommen, um meine Position zu stärken: Gegenüber Herrn von Roll liess er durchblicken, dass ich gute Beziehungen zum Herzog von Choiseul habe, dem Oberbefehls-

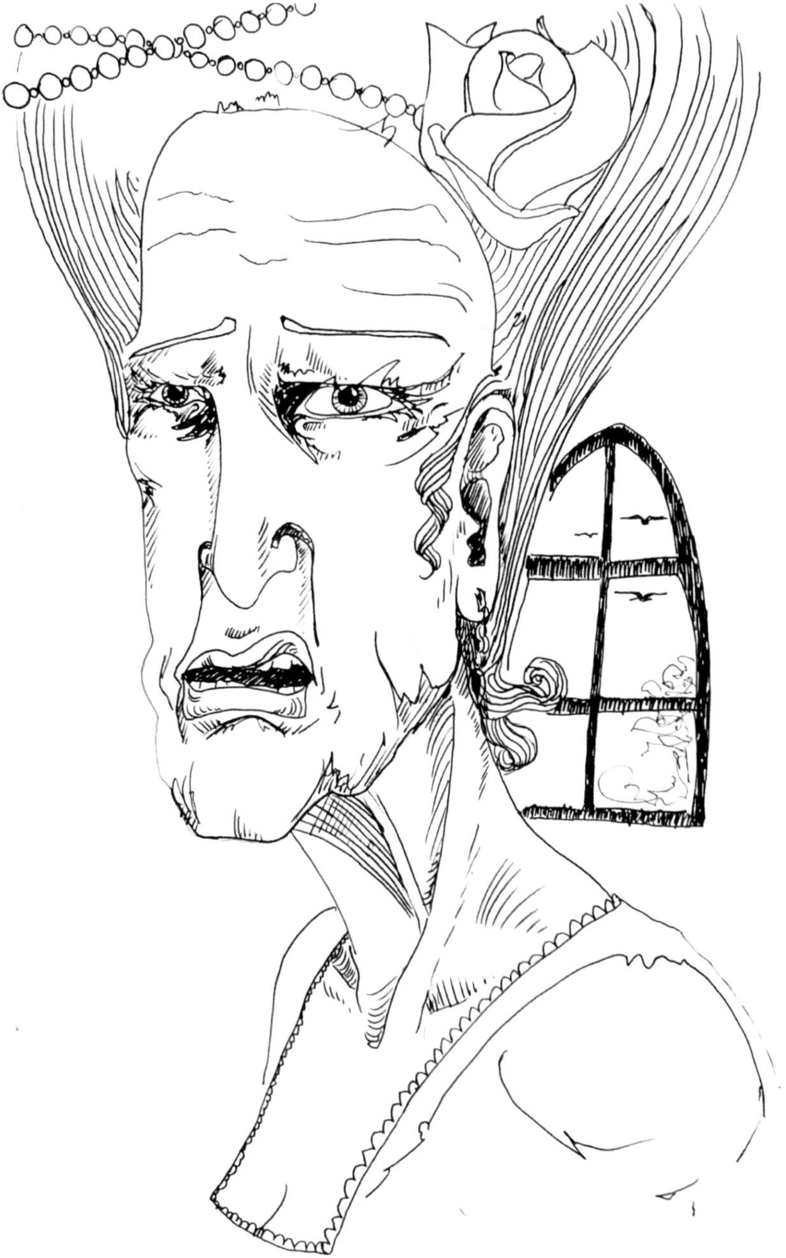

haber der Schweizergarde. «Vielleicht gelingt es ja unserem Chevalier de Seingalt, die Begnadigung Ihres Neffen zu erreichen», unterbrachte er Frau von Rolls Gatten, denn der junge Mann hatte im Duell einen Gegner getötet und wenn er nach Frankreich zurückkehrt, dann wird er wohl eingekerkert werden. «Unser Chevalier hat auch gute Kontakte zur Herzogin von Gramont», fügte er hinzu. Herr von Chavigny informierte mich erst später über diese Vorschläge und fragte mich, ob ich mit dieser Initiative einverstanden sei. «Euer Exzellenz, das ist ein hervorragender Gedanke; nur weiss ich nicht, ob meine Beziehungen ausreichen, tatsächlich eine Freilassung von Herrn von Rolls Neffen zu bewirken, aber ich werde mein Bestes geben, das verspreche ich Ihnen hochheilig.» Also weihte mich der Gesandte beim nächsten Besuch im Beisein von Herrn von Roll in diese Angelegenheit ein und übergab mir die nötigen Papiere und Dokumente.

In der folgenden Nacht setzte ich ein Schreiben an die Herzogin von Gramont auf, indem ich sie bat, sich für die Begnadigung des von Rollschen Neffen einzusetzen. Ein zweiter Brief war an Frau von Urfé gerichtet, in dem ich sie beschwor, dass Wohl und Weh des Rosenkreuzer-Ordens hänge mit der Begnadigung des jungen helvetischen Offiziers zusammen. «Infolge dummer Umstände und einem missglückten Duell musste er das Land fluchtartig verlassen», erklärte ich der Urfé. Den Brief für den Herzog las ich dem Gesandten am nächsten Morgen vor. «Grossartig», meinte Herr von Chavigny, «gehen Sie doch schnurstracks zu Herrn von Roll und zeigen ihm dieses Schreiben», riet er mir. Ich folgte seinem Vorschlag und liess mich bei Herrn Von Roll anmelden. Er war im Morgenrock, ich las ihm den Brief vor, und nachdem er mir aufmerksam zugehört hatte, dankte er mir gerührt für mein Interesse und meine Bemühungen. «Meine Gattin ist noch nicht aufgestanden, warten Sie doch hier, bis auch sie zu Tisch kommt», schlug er mir vor. Doch ich entschied mich, nicht auf sein Angebot einzugehen, sondern erwiderte: «Ich werde gleich zur Post gehen, damit ich das Schreiben noch heute Morgen dort aufgeben kann.» Nachdem ich dies getan hatte, ging ich zurück zum Gesandten, der mich zum Frühstück eingeladen hatte. «Taktisch sehr geschickt, Signore, dass Sie nicht auf Frau von Roll gewartet haben, sehr geschickt», nickte er zufrieden. «So werden Sie am Ende noch zum Busenfreund von Herrn von Roll!» Dann zeigte er mir einen Brief des grossen Voltaire, den er am vorigen Tag erhalten hatte. Der Philosoph bedankte sich darin beim Gesandten, dass dieser in seinem Stück der 'Schottin' die Rolle von Montrose übernommen habe. Ein zweiter Brief stammte vom Marquis de Chauvelin, der gerade bei Voltaire zu Besuch weilte. Der Marquis wollte auf seiner Reise nach Turin Herrn von Chavigny in Solothurn besuchen. Nach dem Frühstück ging ich in den Gasthof zurück, um mich ein wenig auszuruhen und mich dann mit aller Sorgfalt in Gala einzukleiden, denn für den Abend war ein Souper 'bei Hof', wie man das Haus des französischen Gesandten in Solothurn voller Respekt nannte, vorgesehen.

Kapitel 3
Landleben und Rachegefühle

Frau von Roll war gerade in die Lektüre eines Briefes vertieft, als ich den Saal betrat. Respektvoll trat ich zu ihr und entschuldigte mich: «Madame, verzeiht mir, dass ich der Einladung Eures Gatten, gemeinsam zu frühstücken, nicht gefolgt bin.» Doch sie schüttelte den Kopf: «Ihr hattet völlig recht, Monsieur, es war besser so. Übrigens, Signore, haben Sie schon ein Landhaus gemietet?» Ich verneinte. «Dann mieten Sie doch jenes, dass Ihnen mein Gatte vorschlagen wird ...» Doch ehe wir weitersprechen konnten, wurde Frau von Roll an einen der Spieltische gerufen.

Überall sprach man von meinem Zustand, dass ich der Gesundheit wegen wohl aufs Land ziehen müsse und regelmässige Bäder brauche. Doktor Herenschwand hatte gute Arbeit geleistet. Und siehe da, Herr von Roll unterbreitete mir ein Angebot für eine Liegenschaft an der Aare. «Es ist ein solides schönes Haus, mit allem Komfort. Der Besitzer will es aber nur für mindestens sechs Monate vermieten ...» Ich antwortete ihm ernst: «Gut, dann nehme ich es; ich kann es ja jederzeit verlassen, wenn ich will.» Herr von Roll war entzückt: «Eine gute Wahl, Monsieur; Sie finden dort den schönsten Saal im ganzen Kanton vor.» Erfreut meinte ich: «Oh, dann werde ich sicher einen Ball geben. Dürfte ich mir das Haus morgen früh ansehen?» Von Roll nickte. «Ich hole Sie um acht Uhr ab, wenn Sie erlauben ...» Er willigte sofort ein: «Aber mit Vergnügen, Monsieur, ich werde Sie pünktlich erwarten.»

Ich besorgte mir eine Kutsche mit vier Pferden und am nächsten Morgen fuhr ich zur angegeben Stunde bei Herrn von Roll vor, der mich bereits erwartete. «Meine Gattin kommt leider nicht mit; ich habe versucht, sie zu überreden, aber sie ist eine Bequeme, die ihr Bett am Morgen über alles liebt.» Ich nickte nur, und in Gedanken stellte ich mir den wunderbaren Körper seiner Frau vor, wie er sich nackt in die weichen Laken des Bettes schmiegte ... Kaum eine Stunde später erreichten wir das Landhaus, das all meine Erwartungen übertraf: Es war sicher eines der schönsten Gebäude in der ganzen Gegend und der Ballsaal präsentierte sich prächtig, ein Kabinett mit auserkorenen Kupferstichen, dazu ein riesiger Garten mit einem Wasserspiel und überall in den Zimmern auserlesene Möbel. Wir sahen uns alles ganz genau an, fuhren dann zurück und ich bat Herrn von Roll, es so einzurichten, dass ich in drei Tagen einziehen konnte. Seine Gattin hörte interessiert zu, bekam rosarote Wangen, als sie vernahm, dass ich das Haus mieten werde, und ich bat das Ehepaar, mich doch oft auf meinem neuen Sitz zu besuchen. Herr von Roll versprach mir das würdevoll, ich übergab ihm hundert Louisdor für die sechsmonatige Miete und eilte dann zu Herrn von Chavigny, der mich bereits bei Tisch erwartete.

Ich erzählte dem Gesandten alles, dass ich das Haus besichtigt und gemietet hatte, dass ich damit höchst zufrieden war und dass ich dort nächstens einen Ball geben wollte. «Jenes Gebäude, das Ihnen der Herr von Roll empfohlen hat?», fragte er mich neugierig. Ich nickte. «Und Sie wollen dort wirklich einen Ball organisieren?», fragte er mich skeptisch. «Gewiss, Eure Exzellenz, aber nur, wenn ich alles Nötige dafür auftreiben kann ...» Der Gesandte versprach mir sofort, bei der Ausrichtung des Balles zu helfen, besonders, wenn es auch etwas kosten dürfe. «Ich habe Ihnen ja schon versprochen, dass Sie den Koch und die Haushälterin von mir bekommen, die Rechnung für die beiden läuft dann über mich und Sie erhalten sie jeweils. Natürlich laden Sie mich häufig ein, damit Sie mir genau berichten können, wie sich Ihre Liaison mit Frau von Roll entwickelt ...» Dann fragte er noch, ob die Schöne denn von seiner Mitwisserschaft unterrichtet sei. Ich bestätigte es ihm: «Ja, und sie hält viel auf Ihre Diskretion, Eure Exzellenz.» Herr von Chavigny nickte lächelnd: «Aber ja doch, nun, wenn ich dreissig Jahre jünger wäre, dann hätte ich ihr schon längst auch den Hof gemacht ...»

Drei Tage später bezog ich meinen neuen Wohnsitz. Wie erstaunt war ich, als mich im Entrée eine junge bildhübsche Frau begrüsste, auf mich zutrat und dass sie mir sogar die Hand küssen wollte. Ich zog sie schnell zurück, worauf das Mädchen errötete. «Gehören Sie zum Haus, Mademoiselle?», wolle ich nun von ihr wissen. «Ja und nein, denn Herrn von Chavigny's Haushofmeister hat mich in Ihre Dienste gestellt.» Ich war so verblüfft von ihrer Anmut und Schönheit, dass ich sie sogar bat, meine Verwunderung zu entschuldigen. Da ich mit ihr allein war, Leduc machte sich am Gepäck zu schaffen, bat ich sie, mir mein Zimmer zu zeigen, zog sie dort zu einem Sofa und setzte mich neben sie - was sie aber ausschlug, denn das gehöre sich nicht in ihrer Position. «Nun, gut, aber ich hoffe, Sie werden öfters mit mir zu Tisch sitzen, denn ich langweile mich alleine beim Essen sehr.» Sie nickte schüchtern: «Wenn Sie das so befehlen, dann gehorche ich.» Nun wollte ich wissen, wo denn ihr Zimmer sei. Sie zeigte auf eine kleine Kammer, die direkt an mein Schlafgemach anschloss. «Der Haushofmeister hat es

mir zugewiesen, aber wenn Monsieur wollen, nehme ich ein anderes.» Als ich ihren Raum betrete, entdecke ich nicht nur ein weiches Bett, sondern auch eine mit diversen Kleidern bestückte Garderobe. Ich musterte die junge Frau und fand, dass sie mir voller Anstand und mit Ernst begegnete. «Sie ist viel zu gut ausgestattet», sinnierte ich bei mir und bedachte sowohl ihre Garderobe, als auch ihre Erscheinung mit einem weiteren prüfenden Blick. «Herr von Chavigny will mir einen Streich spielen, da bin ich beinahe sicher; sie taugt wohl eher als Geliebte, denn als biederes Hausmädchen ...»
Forsch wandte ich mich an Sie: «Kennen Sie den Gesandten persönlich?» Sie antwortete ein wenig scheu: «Nur vom Sehen.» Es war der Haushofmeister, der sie für mich eingestellt hatte. «Ich bin aus Lyon und heisse Dubois», fügte sie leise hinzu. «So, so, aus Lyon, Mademoiselle Dubois», murmelte ich nur und verliess sie dann. Was sollte daraus bloss werden, aber je länger ich sie um mich hatte und sie ansah, desto besser gefiel sie mir. Dann besichtigte ich die Küche, um den Koch zu begrüssen. Ich sagte ihm, dass ich immer um neun Uhr essen wolle und dies niemals allein tun würde. Dann kamen auch schon zwei Diener herbeigeeilt, um sich vorzustellen, und auch die

beiden machten einen sauberen und adretten Eindruck. Der eine meldete mir sofort, er habe etliche Flaschen Wein erhalten, um sie im Keller zu lagern. Und im Badezimmer war alles für den nächsten Morgen gerüstet, ich konnte mich über nichts beklagen und war äusserst zufrieden.

Ich machte einen kurzen Ausflug in den Garten und begab mich dann zum Pförtner, der mit einer vielköpfigen Familie, darunter mehrere Töchter, gesegnet war. Ich plauderte einige Stunden mit ihnen und dann führte man mich durch das ganze Haus und Anwesen. Zu guter Letzt ging ich auf mein Zimmer. Leduc war gerade daran, meine Koffer auszupacken. Ich befahl ihm, meine Wäsche an Mademoiselle Dubois zu übergeben, dann nahm ich mein Schreibzimmer in Beschlag: Was für eine wunderbare Aussicht! Ideal geeignet, um einen Dichter zu inspirieren und in Stimmung zu bringen! Ja, wenn man verliebt ist, dann kann man die kleinen Dinge und einfachen Freuden so richtig geniessen - und ich war verliebt!

Küche und Keller waren gut in Schuss und meine Gesellschafterin, die mit mir am Tisch sass und mit mir speiste, legte ein tadelloses Benehmen an den Tag. Dazu Leduc, der uns mit seiner ganzen Erfahrung bediente. Nach dem Mahl gab ich den Auftrag für mein morgendliches Bad und entliess die Diener; die Dubois aber bat ich, mir doch aus ihrem Leben zu berichten.

«Nun, Monsieur», sagte sie leise, «da gibt es nicht viel, was wichtig wäre. Ich wurde in Lyon geboren, dann nahmen mich meine Eltern mit nach Lausanne, weil mein Vater Kutscher bei Madame von Hermenches war. Leider starb er, als ich erst vierzehn Jahre alt war. Frau von Hermenches nahm mich auf und ich kam dann drei Jahre später als Kammerzofe zu Lady Monta-

gu. Ihr Kammerdiener, ein freundlicher älterer Herr, heiratete mich, starb aber leider drei Jahre darauf in Windsor. Ich vertrug das englische Klima nicht, kränkelte oft und hatte Angst, dass alles immer noch schlimmer würde. Deshalb bat ich Lady Montagu um meine Entlassung. Sie ist eine wirklich grosszügige Dame, nicht nur, dass sie meine Reisekosten übernahm, nein, sie machte mir zum Abschied auch noch eine Menge Geschenke, als ich zu meiner Mutter nach Lausanne zurückkehren wollte. Dort konnte ich in die Dienste einer englischen Dame, die derart zufrieden mit mir war, dass sie mich sogar nach Italien mitnehmen wollte. Leider glaubte sie, ich hätte eine Affäre mit Lord Rosebury, dem von ihr verehrten Mann, und sie hielt mich für eine Konkurrentin. Zwar entliess sie mich aus ihren Diensten, aber auch sie beschenkte mich reich. Also ging ich zurück zu meiner Mutter und verdiente meinen Unterhalt mit verschiedenen Handarbeiten, als uns vor vier Tagen plötzlich Herr Lebel, der Haushofmeister des französischen Gesandten in Solothurn, einen Besuch abstattete. Er fragte mich, ob ich zu diesen und jenen Konditionen in den Dienst eines italienischen Ehrenmannes treten wolle. Da ich ein starke Sehnsucht nach Italien in meinem Herze nähre, willigte ich völlig überstürzt und unbesonnen ein. Und nun bin ich also hier.»
«Wieso sagen Sie 'unbesonnen'? Gibt es Gründe dafür?», wollte ich von ihr wissen. «Nun, ich bin hierher gereist, ohne Sie überhaupt zu kennen ...» Ich musste lächeln: «Das heisst also, wenn Sie mich gekannt hätten, wären Sie nicht gekommen?» Sie nickte: «Genau. Ich werde nun keine andere Stelle mehr bei einer Dame finden, denn jedermann wird glauben, ich sei Ihnen nicht nur als Haushälterin zu Diensten gestanden.» - «Nun, ich verstehe, was Sie meinen: Sie sind schön und ich wahrlich nicht

aus Stein, aber trotzdem lache ich darüber.» - «Ich würde gerne mitlachen, aber meine Verhältnisse erlauben es mir nicht, mich über solche Gerüchte und Vorurteile hinwegzusetzen.» Ich nickte erneut: «Sie möchten also nach Lausanne zurück?» Sie schüttelte den Kopf: «Nein, nicht gleich, denn erstens wäre Ihnen das unangenehm und zweitens würden die Leute glauben, Ihr Verhalten hätte eine solche Reaktion ausgelöst; und auch Sie würden mich danach in einem falschen Licht sehen.» - «Aber wieso denn?», rief ich ein wenig erbost. «Ich bitte Sie, Mademoiselle!» Doch sie insistierte: «Sie würden mich für unverständig, ja vielleicht sogar kindisch halten.» - «Nun, da haben Sie allerdings recht; denn eine so überstürzte Abreise würde mir gar nicht gefallen. Aber, bedenken Sie, für Sie wird es schwierig, denn Sie stecken nun in einer Zwickmühle: Bei Ihrer Haltung können Sie weder hier bei mir bleiben, noch von hier fortgehen; beides hätte Nachteile, aber Sie müssen einen Entschluss fassen, Mademoiselle.» Sie nickte und meinte kurz: «Der ist gefasst; ich bleibe und werde es nicht bereuen.»
Ich musste lächeln: «Ihre zuversichtliche Haltung schmeichelt mir gehörig, Mademoiselle, nur sehe ich da noch eine Schwierigkeit ...» - «Sprechen Sie offen, Monsieur, was für eine Schwierigkeit denn?» Ich zögerte einen Moment und sagte dann: «Nun, Traurigkeit und unnütze Bedenken stören mich sehr!» Sie nickte: «Traurig bin ich eigentlich nie; aber was verstehen Sie unter diesen 'Bedenken', Monsieur?» - «Nun, wenn jemand die unschuldigsten Handlungen als Sünde betrachtet ...» Jetzt musste sie lächeln: «Monsieur, selbst wenn mir eine Handlung zweifelhaft scheint, ich gehe nie vom Schlimmsten aus, sondern wache einfach über mich selbst; das gehört zu meinen Pflichten.» Ich musste schmunzeln und fragte: «Made-

moiselle, Sie scheinen viel gelesen zu haben, nicht wahr?» Sie nickte: «Lesen ist mein grösstes Vergnügen, ich tue in meiner freien Zeit beinahe nichts anderes. Ohne Lektüre wäre mir schnell langweilig.» - «Haben Sie denn eigene Bücher?» Sie nickte: «Eine ganze Menge. Verstehen Sie Englisch, Monsieur?» - «Kein einziges Wort», meinte ich lachend. «Oh wie schade, Sie würden sich dabei nämlich bestens unterhalten!» - «Ich mag keine Romane.» - «Ich doch auch nicht», meinte sie lachend, «wieso glauben Sie denn sofort, ich sei eine jener Damen, die in Romanen herumschmökern würden?» - «Parbleu, Mademoiselle, unser Disput hier gefällt mir sehr; und es freut mich besonders, dass ich Sie zum Lachen bringen konnte!» Sie wurde sogar ein wenig rot und meinte nun: «Verzeihen Sie mein Lachen, Monsieur, denn ...» Mit einer Handbewegung gebot ich ihr zu schweigen: «Es gibt kein 'denn'! Lachen Sie so viel Sie können; es ist das beste Mittel, mich Ihnen dienstbar zu machen! Das einzige, was mich bei der Sache stört, dass Sie mir Ihre Dienste viel zu billig angeboten haben ...» Sie lachte erneut: «Oh, da sehe ich keine Probleme, denn Sie können ja meinen Lohn jederzeit erhöhen!»
Nun, Mademoiselle Dubois - eigentlich war sie ja eine Madame - hatte mich tatsächlich überrumpelt und geschickt eine meiner Schwächen ausgenutzt! Dieses hübsche, junge Ding war nicht nur elegant gekleidet, sondern sie hatte wahrlich Geist! Wohin würde sie mich noch führen? Ich musste mich unbedingt mit Herrn Lebel, der sie ja für mich engagiert hatte, über sie unterhalten. Schon räumte sie den Tisch ab und fragte, ob sie mir die Haare richten solle - obwohl dies eigentlich immer Leducs Aufgabe war. Ich gab ihr sofort den Vorzug und sie verstand die Sache bestens. «Sie werden mich nicht schlechter bedienen als

Lady Montagu», merkte ich an. Sie schüttelte den Kopf: «Nun, wohl nicht soo gut, aber falls Sie mich nicht traurig sehen wollen, Monsieur, bitte ich Sie um eines ...» - «Nur zu, sprechen Sie, Mademoiselle!» - «Ich möchte Sie nicht im Bad bedienen ...» Ich musste lächeln: «Daran habe ich wirklich nicht gedacht, Frau Dubois, bei meiner Ehre! Das wäre wirklich nicht den Sitten entsprechend, und, abgesehen davon, ist das nun einmal Leducs Aufgabe.» Sie schien zufrieden und meinte: «Gut, dann verzeihen Sie mir, Monsieur; aber ich habe noch eine Bitte ...» - «Ich höre ...» - «Dürfte eine der Töchter des Pförtners wohl bei mir schlafen?» Ich nickte: «Selbstverständlich, ich hätte es Ihnen selber vorschlagen sollen. Ist denn das Mädchen schon in Ihrem Zimmer?» - «Nein, noch nicht.» - «Dann rufen Sie es rasch ...» Jetzt schüttelte Sie den Kopf: «Ich tue es morgen früh; wenn ich jetzt eine solche Bitte äussern würde, wären den Gerüchten Tür und Tor geöffnet ...» - «Fürwahr, Mademoiselle, da haben Sie völlig recht; Ihre Klugheit und Ihr Anstand beeindrucken mich - und ich werde mich hüten, Sie daran zu hindern ...»
Sie half mir beim Auskleiden und ich glaube, ich habe bei ihr einen dezenten Eindruck hinterlassen; allerdings durfte ich mir nichts darauf einbilden, denn mein Herz gehörte nun ganz Frau von Roll und die Dubois hatte mich wirklich völlig überrumpelt; ich war hier vermutlich der Eingeseifte, aber wieso noch länger einen Gedanken daran verschwenden ...
Als ich am nächsten Morgen nach Leduc klingelte, meinte er frech, eine solche Ehre habe er nicht mehr erwartet ... Spitzbube, du! Nach dem Bad legte ich mich nochmals hin und befahl ihm, mir zwei Tassen mit Schokolade zu bringen. Es dauerte nur wenige Minuten, bis die Dubois lachend bei mir eintrat -

in einem überaus hübschen Morgenkleid. «Schon so vergnügt, Mademoiselle?» Sie lachte laut: «Nun, ich fühle mich wohl, habe bestens geschlafen und ab heute eine Zimmergefährtin, die mir Gesellschaft leisten wird!» Ich nickte nur: «Sie soll einmal hereinkommen.» Die Tochter des Pförtners war keineswegs hübsch und würde der Dubois niemals Konkurrenz machen können, was ich dieser sogleich mitteilte. Auch bat ich Sie, mir doch jeden Morgen zur Schokolade Gesellschaft zu leisten. Sie war erfreut, meinte, sie möge Schokolade fürs Leben gern ... Nach dem Essen liess sich Herr von Chavigny ankündigen. Er blieb ein paar Stunden bei mir, sah sich alles an und war voll des Lobes über die Einrichtung, meine Haushälterin, die Lebel aufgetrieben hatte, ohne ihn darüber zu informieren. Er gab mir zu verstehen, dass sie wohl das Mittel sei, um mich von der schönen Frau von Roll schliesslich zu heilen, was ich aber vehement verneinte.

Am nächsten Tag wollten wir uns gerade zu Tisch setzen, als eine Kutsche im Hof unten einfuhr - und zu meinem Leidwesen sah ich die Hinkende aussteigen. Was für ein Ärgernis! Nun, ich musste sie trotzdem begrüssen: «Was verschafft mir die Ehre Eures Besuches?», salbaderte ich genervt. Sie strahlte übers ganze Gesicht: «Ich möchte Euch um einen Gefallen bitten, Monsieur.» Ich lud sie zum Essen ein: «Nun denn, die Suppe steht schon auf dem Tisch; Sie können dann gleich Mademoiselle Dubois kennenlernen.» Und zu dieser sagte ich;: «Die Dame wird mit uns speisen ...»

Das Essen verlief harmonisch, nicht zuletzt dank meiner Haushälterin, die alles im Griff hatte. Selbst die Hinkende verhielt sich ruhig und taktvoll. Ich spreche mit meiner ungebetenen Besucherin keine zwanzig Worte, das einzige, was ich herausfinden will, ist der Grund ihrer Herkommens ... Irgendeine Gefälligkeit wird sie schon von mir erwarten ... Ja, und dann fragt dieses Scheusal doch frei heraus, ob sie nicht zwei, drei Zimmer bei mir erbitten könne, nur so für drei oder vier Wochen ... Ich schüttle sofort den Kopf, alles, nur das nicht! Sie aber lächelt hinterlistig und meint: «Sie werden meiner Bitte entsprechen, Monsieur, denn die ganze Stadt weiss, dass ich zu Ihnen herausgefahren bin!» Ich sage eiskalt: «Das ist mir egal, was die Stadt weiss; sie soll auch wissen, dass ich Ihnen diese Bitte rundweg abgeschlagen habe ... Ich bin krank, brauche meine Ruhe und will von niemandem hier draussen belästigt werden.» Doch sie lässt nicht locker: «Ich belästige Sie keinen Augenblick, Sie werden gar nicht merken, dass ich hier bin, Monsieur.»

Und dann fährt sie einfach fort, sie werde nicht auffallen, habe ein eigenes Mädchen dabei, werde nur in den Garten gehen, wenn ich mich nicht dort aufhalte, sie brauche einfach zwei Zimmer im ersten Stock, mehr nichts, in die sie ungesehen hineingelangen könne ... «Sie schlagen mir doch meine höfliche Bitte nicht einfach ab, Monsieur, das entspricht nicht Ihrem Charakter ...» Wenn ich das schon höre ... «Nun, wenn Sie mit den einfachsten Grundbegriffen der Höflichkeit selber vertraut wären, Madame, dann würden Sie niemals so etwas Absurdes von mir verlangen, und schon gar nicht, nach meiner deutlichen Absage ...»

Was für eine impertinente Person! Da sie mir keine Antwort gibt, gehe ich wütend auf mein Zimmer und würde sie am liebsten aus dem Haus werfen lassen! Doch halt: Ich werde sie wie eine Närrin behandeln und - zugegeben - ich muss auch ein wenig Rücksicht auf ihre angesehen Verwandten nehmen ...

Wer weiss, wie sich sonst noch an mir rächt! Und, das zählt am meisten, Frau von Roll würde wohl jede schroffe Behandlung selbst dieser Schlange nicht gut heissen, sondern höchstens noch tadeln!
«Einverstanden, Madame, sie bekommen Ihre Wohnung; doch ich werde innert einer Stunde nach Solothurn zurückfahren.»
Sie sah mich erstaunt an: «Danke für Ihre Zusage, nun, ich glaube ja nicht, dass Sie wirklich so dumm sind und nach Solothurn zurückkehren werden - Sie würden ja zum Gespött für die ganze Stadt!» Was für ein Elend! Die Hinkende steht auf und geht weg. Und ich, ohne sie zu begleiten, mache mir die grössten Vorwürfe! Was bin ich doch für ein Trottel! Ich hätte alles ins Lächerliche ziehen und ihr von Anfang an klar machen sollen, dass es absolut nicht möglich ist, Ihrer Bitte zu entsprechen! Auch dass sie eine Närrin sei und sofort mein Haus verlassen solle! Alle meine Bediensteten wären doch meine Kronzeugen gewesen! Und nun das! Als ich Mademoiselle Dubois die Geschichte erzähle, schüttelt sie nur den Kopf und meint, das sei eine solche Zumutung und sie verstehe nicht, wieso ich einer solchen Schlange nachgebe. Ausser ich hätte triftige Gründe dafür ...
Sie hatte ja so Recht, aber ich wollte ihr nicht die ganze Sache offenbaren, also schwieg ich und machte bis zum Abendessen einen langen Spaziergang. Dann blieb ich nach dem Essen bis um Mitternacht mit ihr zusammen und fand sie immer liebenswürdiger. Sie war so geistvoll, hatte Witz und konnte mich mit einer Menge kleiner Geschichten aus ihrem Leben bestens unterhalten. Die Dubois kannte keine Vorurteile, aber sie achtete trotzdem auf ihre Ehrbarkeit, mehr aus Vernunft als aus Tugend. Und genau diese Haltung brachte es zustande, dass

sie ihren Grundsätzen weiterhin eisern treu bleiben wollte. Als nächstes berichtete ich Herrn von Chavigny mein unseliges Erlebnis mit der Hinkenden. Er lachte laut heraus, als ich ihm erzählte, wie sie zu ihrem Ziel gelangt war. «Sie mögen das komisch finden, Eure Exzellenz, aber ich tue es mitnichten!» Er grinste nur: «Ich verstehe Sie sehr gut, Monsieur Casanova. Aber ich rate Ihnen, tun Sie einfach so, als ob die Hinkende gar nicht da auf Ihrem Landgut wäre - so können Sie sie strafen. Man wird dann überall erzählen, dass sie unglücklich in Sie verliebt sei. Am besten beichten sie die ganze Geschichte Herrn von Roll und bleiben Sie möglichst lange bei ihm zu Tisch. Übrigens habe ich mit Lebel über Mademoiselle Dubois gesprochen. Ihre Verpflichtung für die Dienste bei Ihnen entsprang keiner Absicht, sondern war ein glücklicher Zufall. Und falls Sie sich noch in sie verlieben, dürfte sie Euch, Herr Casanova, wohl kaum weiter schmachten lassen ...» Ich schüttelte den Kopf: «Nun, da wäre ich nicht so sicher, denn sie hat feste Grundsätze und ...» Aber er lachte nur: «Lassen Sie sich von denen doch nicht täuschen, Monsieur, aber, wenn Sie gestatten, esse ich morgen Mittag bei Ihnen und schaue mir diese gütige Hausfee gerne einmal selber an!»
Wie immer wurde ich bei Herrn von Roll freundlich empfangen und er beglückwünschte mich zu meiner Haushälterin, meinte, das sei sicher eine 'schöne Eroberung', die mir helfen könne, das Landleben zu versüssen. Frau von Roll erriet meine Absicht natürlich sofort und stimmte denselben Ton wie ihr Gatte an. Frei heraus berichtete ich ihnen von der Hinkenden und deren Forderung nach einer Wohnung. Nach dem ersten Erstaunen versicherte mir Herr von Roll sofort seine Unterstützung : «Wenn Sie diese lästige Parasitin los werden wollen,

dann erwirke ich einen Befehl bei der Regierung, dass sie Ihr Anwesen nicht mehr betreten darf.» Ich bedankte mich bei seinem Vorschlag, äusserste aber meine Zweifel, denn ich wolle die Dame nicht über Gebühr verletzen. Abgesehen davon wäre ein solcher Erlass doch auch ein Eingeständnis meiner Schwäche - schliesslich sei ich der Hausherr und ohne meine Einwilligung dürfe niemand in dem Landhaus einziehen. Frau Von Roll pflichtete mir bei: «Es war weise von Ihnen, Monsieur, diesem seltsamen Anliegen zu entsprechen.» Und sie versprach mir, mich nächstens auf dem Landsitz zu besuchen. «Sie», damit meinte Frau von Roll die Hinkende, «hat mich übrigens persönlich von ihrer Absicht, bei Ihnen einzuziehen, unterrichtet ...» Da schau an, dachte ich nur ...

Jetzt wurde das Gespräch unterbrochen, denn man bat zu Tisch. Voller Freude nahm ich die Einladung an. Ich freute mich, mit der schönen Hausherrin an der Tafel zu sitzen, doch verhielt ich mich so geschickt, dass ihr Mann keinen Verdacht schöpfen konnte und unser heimliches Einvernehmen überhaupt nicht bemerkte. Als der Gatte sich für einige Augenblicke mit dem Tafeldiener unterhielt, nützte sie den Moment aus und versicherte mir, ich hätt gut daran getan, dem 'Scheusal' die kleine Wohnung zu überlassen. «Es ist eine beinahe perfekte Tarnung», meinte sie noch und fügte hinzu, ich solle doch ihren Mann bitten, nächstens ein paar Tage bei mir zu verbringen. «Ihre Pförtnerin war übrigens meine Amme», sagte sie leise, «falls nötig, kann ich Ihnen durch deren Vermittlung eine Nachricht zukommen lassen.»

Zurück auf meinem Landsitz verbrachte ich eine geruhsame Nacht. Am Morgen trank ich gerade meine heisse Schokolade, als die Hinkende vorfuhr. Ich beachtete sie nicht weiter, nahm nur wahr, dass sie ihren Wagen zurückschickte und zusammen mit ihrer Kammerdienerin aufs Zimmer ging. Weil Leduc für mich einige Besorgungen in Solothurn erledigen und sich auch über allfällige Briefe für mich erkundigen musste, bat ich die Dubois, mich doch artig zu frisieren, was sie voller Freude und mit viel Geschick erledigte. Zum Dank küsste ich sie auf ihre Wange, einen Kuss auf den Mund aber wies sie mit Heftigkeit zurück. Unsere ‚Liebe' gedieh prächtig, aber wir lebten keusch und tugendhaft nebeneinander, wobei mir klar wurde, dass sie weniger litt, als ich: Eitelkeit ist doch bei ihrem Geschlecht viel stärker als die Liebe ...

Gegen elf Uhr tauchte Herr von Chavigny bei uns auf, wir speisten miteinander und er verbrachte den ganzen Tag bei uns. Das Wesen der Dubois gefiel ihm vortrefflich und er meinte, sie vereine eigentlich alles, was ein Mann begehren und wünschen könne. Ihre scherzhafte Konversation bei Tisch hatte es dem Gesandten besonders angetan und er nickte mehrmals stumm. Bevor er sich verabschiedete, lud er mich zu sich ein, sobald Monsieur Chauvelin bei ihm eingetroffen sei. Diesen überaus sympathischen Mann hatte ich vor Jahren beim Herzog von Choiseul in Versailles kennen und schätzen gelernt. Keine zwei Tage später fuhr er beim Konsul vor. Er erkannte mich auf Anhieb und präsentierte mir seine reizende Gemahlin. Der Zufall wollte es, dass ich beim Essen just neben Frau von Roll zu sitzen kam, was mich derart beschwingte, dass ich eine Menge witziger Anekdoten zum Besten gab. Herr von Chauvelin nahm den Ball auf und meinte, er wisse da so einiges von mir, das ebenfalls hörenswert sei. Der Konsul griff ein und erzählte nun mein Zürcher Abenteuer. Der Gast wandte sich an Frau von Roll und sagte leise zu ihr: «Wenn es darum ginge, Sie, meine Teuerste, bedienen zu können, würde ich mich sogar als Kutscher verkleidet haben ...»

Herr von Roll wandte sich daraufhin an den Gast und meinte: «Der Geschmack von Monsieur Casanova ist noch weit exklusiver; Sie können seine Auserwählte in seinem Landhaus antreffen ...» Chauvelin antwortete mit einer Frage: «Dürfen wir sie dort besuchen?» Und der Konsul gab zur Antwort: «Aber sicher mein Lieber, wir werden alle dort hinfahren.» Dann wandte er sich an mich und bat darum, einen Saal für einen Ball benutzen zu dürfen, der am nächsten Sonntag dort stattfinden solle. Ich willigte selbstverständlich freudig ein, denn so ersparte mir Herr von Chavigny all die Mühen, die es braucht, um ein solches Fest veranstalten zu können - und nicht zuletzt konnte ich so auch eine Menge Geld sparen ...

Dann kam man auf das Theaterstück von Voltaire zu sprechen und als man die hiesige Aufführung erwähnte, waren alle voll des Lobes über Frau von Rolls schauspielerische Talente. Sie wurde sogar rot und ihr Gesicht bekam einen wunderbar verklärten Ausdruck, was das Geschlecht in meiner Hose ebenfalls stark durchbluten liess. Ich war froh, dass ich nichts sagen musste, und dass der Konsul die ganze Tischgesellschaft für den nächsten Abend zu einem Ball bei sich selber einlud.

Während meiner Heimfahrt verspürte ich immer noch starke Erregung und ich dachte unaufhörlich an diese herrliche Frau, die der Himmel wohl geschaffen hatte, um mir den grössten Schmerz meines Lebens zu bereiten.

Zum Glück schlief die Dubois, als ich zu Hause eintraf, denn die roten Wangen und die glänzenden Augen von Frau von Roll hatten mir beinahe den Verstand geraubt, so dass ich mich selber befriedigen musste, um überhaupt einschlafen zu können. Meine Haushälterin fand mich morgens in trüber Stimmung und die Dubois geizte nicht mit geistvollen Vorwürfen an meine Adresse.

Dann übergab mir die Zofe der Hinkenden beim Frühstück ein kleines Briefchen; ich versprach ihr, meine Antwort durch Leduc überbringen zu lassen und öffnete das Billett. Was ich las, trieb mir den Zorn in die Augen: «Bin vom Gesandten zum Ball eingeladen worden. Habe geantwortet, mir sei nicht ganz wohl. Würde aber kommen, wenn es mir gegen Abend besser gehe. Da ich ja nun bei Ihnen wohne, muss ich entweder mit Ihnen hingehen - oder gar nicht. Falls Sie mir die Ehre nicht erweisen sollten, werde ich mich wegen Krankheit entschuldigen. Verzeihen Sie, wenn ich so unsere Vereinbarung gebrochen habe, aber in der Öffentlichkeit sollte man immer den Schein wahren ...» Was für eine dumme Kuh, dachte ich und griff wütend zur Feder:

«Madame, der Ausweg, den Sie gewählt haben, ist vortrefflich; ich werde Sie selbstverständlich wegen Krankheit entschuldigen und verzichte auch auf meine Ehre; so kann ich meine Freiheit nach Lust und Laune geniessen!» Die Dubois, der ich meine kecke Antwort zu lesen gab, lachte laut auf und lobte meine Direktheit; das Scheusal habe nichts besseres verdient ... Was für ein Tag! Welch herrliche Nacht! Ich konnte längere Zeit ungestört mit meiner Angebeteten plaudern und wir beide merkten, dass wir einander seelenverwandt sind. Über meine List gegenüber der Hinkenden musste Frau von Roll herzhaft lachen; aber sie warnte mich auch, dass Zorn bei einer enttäuschten Liebe immer gefährlich werden könne und sich leicht in tödliches Gift verwandle ...

Schon ganz früh am Sonntagmorgen trafen die Leute des Kon-

suls bei mir ein, um alle Vorbereitungen für den am Abend geplanten Ball samt Souper in die Wege zu leiten. Überall wurde dekoriert und auch eine festliche Beleuchtung installiert. Als der Haushofmeister des Gesandten vorbeischaute, bat ich ihn an meiner Tafel Platz zu nehmen. Ich bedankte mich bei ihm für das schöne Geschenk - die Dubois -, das mir vortrefflich gefalle. Er war nicht etwa alt, sondern im besten Mannesalter, ein höflicher Kerl, der sein Geschäft bestens verstand. Von mir wollte er wissen, auf welcher Seite denn die Überraschung grösser gewesen sei - bei der Dubois oder bei mir? Noch bevor ich etwas sagen konnte, meinte meine Hausdame, dass wir beide mit dem Arrangement vollkommen zufrieden seien.
Am Abend trafen Herr und Frau von Roll als erste bei mir ein. Sie führten ein ernstes Gespräch mit der Dubois und wollten dann zur Hinkenden geführt werden. Ich kam dieser Bitte sofort nach. Doch die Genarrte tat nicht dergleichen, war die Freundlichkeit in Person und ging dann sogar am Arm des Gatten spazieren. Frau von Roll fragte mich, ob ich sie zu ihrer Amme begleiten wolle. Ich tat erstaunt, wollte wissen, wer denn ihre Amme gewesen sei. «Nun, es ist die Frau des Pförtners», antwortete ihr Gatte und schlug vor, dass wir uns dort alle wieder treffen sollten.
Wir trennten uns also und nun gehe ich mit meiner wunderschönen Begleiterin allein zur Wohnung des Pförtners. «Sie haben nachts ja sicher keine Langeweile, da nun Mademoiselle Dubois hier ist», merkt sie mit leicht spöttischem Unterton an. «Keineswegs», wehre ich - vielleicht eine Spur zu heftig werdend - ab. «Glauben Sie mir, Verehrte, ich liebe nur Sie!» Sie schaut mich lächelnd an: «Nun, wenn dem wirklich so ist, müssen Sie eigentlich ohne sie auskommen, da Ihnen doch sonst

niemand glauben wird!», und blickt mir dabei herausfordernd ins Gesicht. «Madame, wenn nur Sie allein mir glauben, reicht das völlig», gebe ich schnell zurück. Schon sind wir bei der Pförtnerin angelangt. Sie und Frau von Roll umarmen sich gerührt und ich höre, wie die Amme ihren früheren Zögling sogar als Tochter bezeichnet. Dann lässt sie uns allein, angeblich, um Limonade zuzubereiten. Ich nutze die Gelegenheit aus, und decke meine Geliebte mit feurigen Küssen ein - die sie heftig erwidert. Als sich meine Hand unter ihrem Kleid vortastet, entdecke ich, dass sie nur einen dünnen Unterrock trägt, der den subtilen Duft eines reizenden Parfüms verströmt. «Madame, ich vergehe gleich», raune ich ihr ins Ohr, und: «Welch lieblicher Duft!» Sie gesteht mir dann, dass sie ihre Scham immer mit Rosenwasser tränkt und in meiner Phantasie taste ich mich mit meinen Fingern immer näher zu ihrer intimen Schatzkammer vor. Doch ehe ich mein Begehren in die Tat umsetzen kann, kündigt sich die Amme durch ein deutlich wahrnehmbares Hüsteln wieder an. Hätte sie geahnt, was ich vorhatte, wäre sie wohl nicht so schnell zurückgekommen ...
Auf meine Frage, ob sie denn die Limonade schon vorbereitet habe, meint sie nur: «Aber nein, Monsieur, aber ich habe mich besonders beeilt, sie herzustellen!» Frau von Roll musste laut lachen, als sie diesem Fragespiel zuhörte. Und als wir uns dann auf dem Weg zur Hinkenden befanden, meinte sie ernst: «Wenn wir ein ungestörtes Treffen erreichen wollen, dann muss sich mein Gatte für einige Tage bei Ihnen einquartieren, Monsieur Casanova!» Sie hatte absolut recht und ich offenbarte ihr, dass mir Herr von Roll dieses auf Anfrage hin eigentlich schon zugestanden hatte. Bevor wir nun aber die Hinkende besuchten, verlangte ich von meiner Angebeteten nochmals einen Beweis

ihrer Liebe, den sie mir in Form eines feurigen Zungenkusses auch wirklich überreichte ...

Bei der Hinkenden wurde uns Konfitüre vorgesetzt - angeblich die 'Leibspeise' dieser Frau. Sie sei so köstlich, wir müssten unbedingt davon versuchen, meinte sie in einemfort. Ich verzichtete höflich darauf und Frau von Roll bestätigte mir mit einem Handzeichen diesen Entschluss. Später eröffnete sie mir, dass die Hinkende im Verdacht stehe, ihren Mann vergiftet und so verfrüht ins Jenseits befördert zu haben.

Am Ball war nichts auszusetzen, alles passte: das Souper, die Atmosphäre, unsere Gespräche. Einmal tanzte ich ein Menuett mit Frau Chauvelin, der Gattin unseres Ehrengastes. Die restliche Zeit verbrachte ich in angeregter Diskussion mit ihm selber, denn er war ein überaus geistreicher Mann. Ich hatte eines seiner Gedichte mit dem Titel «Die sieben Todsünden» auf Italienisch übersetzt und schenkte ihm nun meine Fassung. Hocherfreut nahm er diese Ehrung entgegen. Ich musste ihm sogar hoch und heilig versprechen, ihn eines Tages in Turin zu besuchen. «Sie müssen allerdings Ihre Haushälterin mitbringen, Monsieur Casanova», sagte er mit leiser Stimme. Als ich ihm erwiderte, das sei leider nicht möglich, schüttelte er enttäuscht den Kopf: «Aber mein Guter, Sie tun mir und ihr damit Unrecht!» Nun, Herr Chauvelin war nicht der einzige, der sie reizend fand, doch sie lehnte jede Einladung zu einem Tänzchen ab. «Ich will nicht den Hass sämtlicher Damen auf mich ziehen», erklärte sie mir später.

Zwei Tage später reisten die Chauvelins wieder ab. Und es dauerte keine Woche, schon erhielt ich einen Brief von Madame d'Urfé. Sie schrieb mir darin, dass sie vor zwei Tagen in Versailles gewesen sei, um meine Angelegenheit dort vorzubringen, und, fügte sie charmant hinzu, sie habe Erfolg gehabt. Denn ihrem Brief lag eine Abschrift der Begnadigungsurkunde bei, welche der König unterzeichnet hatte. Das Original habe der Minister bereits ans Regiment geschickt und der Neffe von Herrn von Roll sei damit offiziell begnadigt worden und erhalte seinen Rang, den er vor dem Duell innegehabt habe, wieder zurück.

Ich las den Brief zu Ende und liess meine Kutsche bereit machen, um sofort zum Konsul zu fahren. Herr von Chavigny teilte meine Riesenfreude und er meinte beinahe ein wenig beeindruckt: «Sie haben Herrn von Roll einen grossen Dienst erwiesen, ohne dass er einen einzigen Sou dafür ausgeben musste. Selbst mit viel Geld, wäre dies wohl kaum möglich geworden. Bravo, Monsieur!» Ich bat den Konsul daraufhin, diese gute Nachricht Herrn von Roll persönlich mitzuteilen, denn so erhalte sie noch mehr Gewicht. Herr von Chavigny war sofort einverstanden damit und liess von Roll zu sich kommen. Dann übergab er ihm feierlich den Brief, der die Begnadigung bestätigte, und merkte folgendes an: «Diese Gunst haben Sie allein Herrn Casanova zu verdanken.» Von Roll war ausser sich vor Freude und wollte wissen, wie er mir das Ganze entgelten könne, denn er stehe tief in meiner Schuld.

«Sie schulden mir gar nichts, werter Herr, allein Ihre Freundschaft genügt mir vollauf. Zum Beweis dafür kommen Sie doch einige Tage zu mir auf meinen Landsitz, denn mir ist fürchterlich langweilig in dieser Klausur ... Und übrigens», fügte ich hinzu, «die ganze Sache, die Sie mir anvertraut haben, war doch gar nicht von grosser Bedeutung, ansonsten hätte ich mit meinem Begnadigungsversuch bei Hofe niemals so schnell Erfolg gehabt ...» Herr von Roll blickte mich erstaunt an: «Nicht von grosser Bedeutung? Monsieur Casanova, seit über einem Jahr setze ich nun schon Himmel und Hölle in Bewegung, ohne dem Ziel der Begnadigung auch nur das geringste Stück näher gekommen zu sein! Und Sie haben das alles in knapp zwei Wochen erreicht!» Ich wehrte sein Lob bescheiden ab: «Nicht doch, Monsieur. Wenn Sie mir wirklich einen Gefallen tun wollen, kommen Sie zu mir auf Besuch; es macht mich überaus glücklich, wenn ich jemandem einen kleinen Dienst erweisen kann ...» Herr von Roll war aufgesprungen: «Ich werde sofort nach Hause gehen, um meiner Gattin diese gute Botschaft zu überbringen. Auch sie wird vor lauter Freude ausser sich sein, Signor Casanova, wir beide stehen tief in Ihrer Schuld», meinte er zum Abschied noch. Der Konsul hielt ihn noch einen Moment zurück und lud ihn dann für den nächsten Tag zum Mittagessen in die Gesandtschaft ein.

Zu viert genossen wir ein üppiges Mahl und auch Frau von Roll war voll des Lobes über meinen Liebesdienst. Sie versicherte mir mehr als einmal ihre Freundschaft und ich wurde jedes Mal, wenn sie davon mit ihrer weichen Stimme sprach, leicht erregt und musste an den Duft ihres mit Rosenwasser getränkten Schosses denken, den sie unter der dünnen Unterwäsche vor mir verbarg. Als wir uns voneinander verabschiedeten, hatte ich mein Ziel erreicht, denn sowohl meine Angebetete, als auch ihr Gatte Herr von Roll waren fest entschlossen, mich in der nächsten Woche für einige Tage gemeinsam zu besuchen.

Endlich tauchten die von Rolls eines Nachmittags auf meinem Landsitz auf. Meine Freude war riesig, wurde aber durch zwei ungünstige Nachrichten getrübt: Leider müssten sie schon am vierten Tag wieder abreisen, wurde mir von den von Rolls mitgeteilt. Und die zweite Hiobsbotschaft war ein Bitte, die meine Geliebte frei heraus vortrug: Die Hinkende müsse uns stets Gesellschaft leisten. Nun gut. Ich führte meine Gäste persönlich in jene Zimmer, die mir für meine weiteren Pläne am besten geeignet schienen. Zwar hatten sie beide ein gemeinsames Schlafzimmer ebener Erde, aber die Betten waren durch einen Alkoven aus Brettern voneinander abgetrennt. Beide Teile besassen ein eigenes Vorzimmer auf den Garten hinaus; und für beide besass ich zusätzliche Schlüssel ...

Ich konnte nicht anders, sondern begleitete meine Angebetete auf dem Gang zur Hinkenden. Von ihr wurden wir zwar artig empfangen, aber sie gab vor, sie wolle unsere Freiheit nicht beschränken und könne uns nicht die ganzen nächsten drei Tage immer Gesellschaft leisten. «Immerhin», dachte ich bei mir, «hat sie noch einen Funken Anstand ...» Ich redete auf sie ein und sie gab nun - immer wieder Ausflüchte suchend - nach. «Unsere Vereinbarungen sind nur dann gültig, wenn wir alleine sind», zischte ich ihr beim Abschied noch zu. Die Dubois ass am Abend wieder allein auf ihrem Zimmer. Nach dem Essen führte ich Herrn und Frau von Roll zu ihren Räumen; und natürlich 'bestand' die Hinkende nun darauf, dass ich auch sie ins Schlafzimmer begleiten solle ... Daselbst angelangt, fragte sie mich scheinheilig, ob ich denn nicht ihrer Nachttoilette beiwohnen wolle, aber ich verbeugte mich stumm vor ihr und wandte mich zum Gehen um. «Nun, mein Guter», sagte sie geziert, «Sie sind so artig gewesen, Monsieur, da könnten Sie sich doch hier Ihren feurigsten Wunsch ruhig erfüllen ...» Ich aber liess sie einfach wortlos stehen und zog mich schnell in meine Räume zurück. Endlich war es soweit: Am nächsten Abend fand ich Gelegenheit, um bei Frau von Roll vorzusprechen und sie um die Gewährung des längst ersehnten Stelldicheins zu

bitten. Ich offenbarte ihr, dass ich durch meinen Nachschlüssel jederzeit Zugang zu ihrem Schlafzimmer hätte. Doch sie bat mich um Geduld, denn für diese Nacht sei ihr Gatte angesagt. Sie erwarte seinen Besuch, denn er habe sie tagsüber mehrmals nicht nur mit schmeichelnden Worten, sondern auch mit sonst höchst selten gewährten Zärtlichkeiten überschüttet. «Wenn er sich so verhält, dann kommt er nachts in der Regel zu mir und wir teilen nicht nur unser Bett, sondern vereinigen uns dann auch. Doch keine Bange, dafür haben wir dann morgen Abend Zeit, denn mein Gatte wiederholt solche Besuche niemals zweimal hintereinander ...»
Kurz vor dem Mittagessen tauchte Herr von Chavigny bei uns auf und ich bat ihn sofort, doch an unserer Tafel teilzunehmen und liess ein weiteres Gedeck auftragen. Doch als er erfuhr, dass Madame Dubois nicht mit uns essen werde, wurde er richtiggehend wütend, sie könne doch nicht allein auf ihrem Zimmer essen, wo gebe es denn sowas? Die Hinkende und Frau von Roll pflichteten ihm bei und zu fünft gingen wir zu ihr hinüber. Sie liess sich erweichen und - fürwahr - sie wurde zur Seele unserer Unterhaltung, gab eine Menge Anekdoten rund um Lady Montagu zum Besten und versetzte uns alle in eine überaus gelöste Stimmung. Als ich einen Moment mit Frau von Roll allein war, wollte sie mir ins Gewissen reden, ich hätte mich der Dubois ganz sicher körperlich angenähert, da gebe es gar keinen Zweifel ... Ich hatte die grösste Mühe, sie vom Gegenteil zu überzeugen. «Gewähren Sie mir heute Nacht Ihre Gunst und ich beweise Ihnen, dass ich nicht gelogen habe», sagte ich halb ernst, halb im Scherz zu ihr. «Teilen Sie mit mir das Lager und Sie werden Ihre Wunder erleben ...»
Doch ihr Antlitz verdüsterte sich und sie schüttelte mit trau-

riger Miene den Kopf: «Leider geht es nicht, Monsieur, denn mein Gatte meinte heute Morgen, es sei doch Neumond ...» Ich verstand nicht, was sie damit meinte: «Braucht Ihr Gatte also Neumond für die Erfüllung seiner ehelichen Pflichten?» Frau von Roll erwiderte: «Durchaus, denn seiner Meinung nach fördert dieser die Fruchtbarkeit und man könne dann am besten einen Sohn zeugen; und auf einen solchen hofft er auch nach vielen Jahren erfolglosen Versuchens noch immer. Und wenn unser Freund da oben», dabei zeigte sie in den Abendhimmel, «nicht hilft, dann sehe ich keine Möglichkeit mehr, meinen Gatten in dieser Hinsicht zu befriedigen ...»

Nun denn, lachend liess ich sie ziehen und verschob mein nächtliches Abenteuer auf den nächsten Tag. Als wir dann morgens einen kleinen Spaziergang machten, gestand mir meine Angebetete, der Mond habe sein Opfer erhalten. Schon seit vielen Monaten sei ihr Gatte nicht mehr so feurig gewesen und habe es sogar zweimal geschafft, ihre Lustpforte zu überwinden. «War er denn derart erregt?», fragte ich sie gerade aus. «Nun ja», meinte sie ein wenig kokett, «ich habe schon das Meinige dazu beigetragen, dass sein Geschlecht sich ein zweites Mal zu regen anfing ...» Wir mussten beide lachen und ich merkte, wie das Werkzeug in meiner Hose heftig seinen Tribut zu fordern begann. Dann machten wir beide aus, dass sie mich um ein Uhr in der Früh in ihrem Schlafgemach erwarten werde. Beim Abendessen schenkte ich Herrn von Roll ein Glas Rotwein nach dem anderen ein, um auf ganz sicher zu gehen, dass sich bei ihm nichts mehr regen werde.

Nach der Tafel zogen wir uns alle in unsere Zimmer zurück. Ich war selten so ungeduldig auf ein Schäferstündchen mit einer geliebten Frau gewesen, die ich nun schon seit etlichen

Wochen heftig begehrte. Mir war klar, dass dies wohl die einzige Nacht war, die uns beiden für unser Liebesglück gewährt werden sollte, denn der Gatte wollte am nächsten Tag nach Solothurn zurück reisen. Auch die Dubois habe ich von mir fern gehalten, ich sagte ihr, ich werde mich selber entkleiden und noch ein wenig schreiben, ich brauchte Ruhe dazu. Ob sie wohl etwas ahnt?

Einige Minuten nach ein Uhr verlasse ich endlich meine Schlafstatt und taste mich in der Dunkelheit durch die Flure.

Als ich via Garten beim Vorzimmer der Schönen angekommen bin, fällt mir gar nicht auf, dass die Türe

bereits offen steht. Mein Verlangen nach dem heissen Körper ist einfach zu gross ...
Kaum habe ich die Tür des Vorraums geöffnet, spüre ich ihre Hand auf meinen Schultern, sie drückt sich an mich und zieht mich zum Kanapee hinüber. Mit zwei Fingern versiegelt sie meinen Mund und ich merke, dass wir - trotz aller Vorsichtsmassnahmen - nicht zu laut unserem Pläsir nachgehen sollten. Dass sie mich schon im Vorraum erwartet hat, scheint mir ebenfalls eine Folge ihrer Vorsicht zu sein, denn ihr Gatte schläft ja nebenan, nur durch eine Bretterwand von uns beiden getrennt. Ich überschütte ihr Gesicht, den Nacken und dann auch den wunderschön geformten Busen mit feurigen Küssen, halte mich aber mit zärtlichen Worten zurück. Eng presst sie sich an mich und schon habe ich nicht nur ihr Nachthemd, sondern auch ihr Leinenhöschen abgestreift. Es fällt mir gar nicht auf, dass der Duft von Rosenwasser fehlt, denn schon habe ich meine steife Manneszier in ihrer warmen Grotte versenkt und beginne nun, sie zu bearbeiten. Frau von Roll stöhnt leise, aber ich merke, dass sie sich ein feines Spitzentuch vor den Mund gebunden hat ... Wahrlich, sie, meine Angebetete, die in einer solchen Situation noch die Kaltblütigkeit hat, an alles Verräterische zu denken ... Nachdem sie mehrmals heftig erzittert ist, erreiche auch ich meinen Höhepunkt und versenke meinen Samen in ihr. Wir liegen eine Weile lang heftig atmend und schwitzend halb neben-, halb aufeinander, als sie mit ihrer Hand schon wieder zu meinem Geschlecht vordringt.

Sie reizt mich auf eine unvergessliche Art, dass ich recht eifersüchtig daran denke, wie viele Male wohl ihr Gatte schon diese 'Behandlung' erfahren durfte ... Dann vereinigen wir uns zum zweiten Mal und nach wenigen Minuten erreichen wir beide gleichzeitig den Höhepunkt.
Ich denke an die Zeit und breche auf, nicht ohne meine Angebetete mit einigen feurigen Abschiedsküssen bedacht zu haben. Müde, aber zufrieden schleiche ich mich in mein Gemach zurück, wo ich, im Gedenken an das soeben erlebte Glück, schnell entschlummere.
Gegen neun Uhr erwache ich und gehe hinunter zum Frühstück, wo mich Herr von Roll freudig erwartet. Er hält mir einen Brief vor die Augen, in dem sein Neffe von der unerwarteten Wendung in seinem Fall berichtet. Ich solle doch mein Frühstück auf seinem Zimmer einnehmen. Ich willige ein, ziehe mich schnell an und gehe mit Herrn von Roll hinüber in den Flügel, der zum Garten hin liegt. Da kommt mir die Hinkende mit strahlendem Gesicht entgegen, sie dankt mir überschwänglich für meine Gastfreundschaft, zwinkert mir ein, zweimal verschwörerisch zu und verkündet sodann, dass sie heute nach Solothurn zurückkehren werde.
Gegen meine Überzeugung frage ich sie: «Aber wollen Sie nicht mit uns bei Frau von Roll frühstücken?» Sie lacht nur und meint, ihr Entschluss sei gefasst und von der habe sie bereits Abschied genommen. «Adieu, Madame», rufe ich ihr nach, und bei mir selber murmle ich «und dass wir uns nie mehr wiedersehen!» Herr von Roll schüttelt heftig den Kopf: «Jetzt ist sie wohl völlig närrisch geworden», was ich ihm nur zu gern bestätige. «Nun ja, wenn man zu jemandem wie ihr höflich ist, dann könnte man schon erwarten, dass sie erst am Abend zusammen

mir Ihnen und Ihrer Gattin zurückfahren will, doch was soll's, sei's drum ...» Wir trinken also zu dritt unsere Schokolade und diskutieren über das seltsame Benehmen der Hinkenden. Dann gehen wir in den Garten, wo die Dubois zu uns stösst. Herr von Roll beginnt sich mit ihr zu unterhalten und die beiden entfernen sich von meiner Angebeteten und mir. Sie sieht etwas übernächtigt aus, nun ja, wir haben die zwei Stunden im Dunkeln nicht übel genutzt ... Trotzdem frage ich sie höflich, ob sie denn nicht gut geschlafen habe. «Nicht vor vier Uhr in der Früh; schliesslich habe ich drei volle Stunden vergebens auf sie gewartet, Monsieur. Aber sagen Sie, was hat Sie denn daran gehindert, mich aufzusuchen?»
Wortlos sehe ich sie halb erstarrt an. Ich weiss nicht, wie mir geschieht, und komme erst allmählich wieder zu mir. Ein ahnungsvolles Entsetzen hat mich plötzlich ergriffen, als mir langsam klar wird, wen ich in dieser Nacht in meinen Armen gehalten habe ... Ich gebe vor, austreten zu müssen, und verstecke mich für einen Moment hinter einem dichten Gebüsch. Mir ist schwindlig und ich würde mich am liebsten übergeben. Die Hinkende! Was für ein Scheusal! Ich halte mich an einem Apfelbaum fest und atme ein paar Mal tief durch. Zuerst, einen ganz kurzen Augenblick lang, habe ich geglaubt, sie, meine Angebete, mache mir etwas vor. Sie wäre nicht die erste Frau, die ein fleischliches Abenteuer bereut und verleugnet. Aber nein, ich kenne Frau von Roll bereits viel zu gut, und halte sie niemals für fähig, eine so billige Ausrede zu gebrauchen! Und dass sie allenfalls sich ob meiner Verwunderung belustigen wolle, das ist absolut undenkbar! Nein, glasklar erkenne ich, was geschehen ist! Ich habe zwei volle Stunden in den Armen dieser Giftspritze verbracht! Und was mich besonders trifft: Ich kann

es nicht leugnen, das fleischliche Vergnügen mit dieser Ausgeburt der Hölle hat mir wirklich gefallen! Was für ein Missgriff! Auch wenn wir im Dunkeln unseren Sehsinn und durch unser Schweigen auch das Gehör ausgeschaltet haben, entschuldigt mich das keineswegs: Ich hätte doch ihren Körper erkennen und dann sofort von mir wegstossen müssen! Besonders, weil mir kein Rosenwasserduft in die Nase stieg ... Das fleischliche Verlangen, die sinnliche Natur und mein Lusttrieb haben mir die Sinne vernebelt, und wie! Freiwillig habe ich mich an dieses Scheusal gekettet, bin in ihren Leib eingedrungen, habe so meinen Engel entehrt und mich lächerlich gemacht! Ich werde meinem Leben ein Ende machen - aber nicht, bevor ich dieses Drecksweib, diese Megäre mit eigenen Händen in Stücke gerissen habe!

Starr vor Schreck und völlig fassungslos stand ich da, als Herr von Roll kam, um nach mir zu sehen: «Was ist denn los, Monsieur, ist Ihnen nicht gut? Sie sind ja kreidebleich! Meine Gattin macht sich grosse Sorgen ums Sie!» So gut es geht, versuche ich ihn zu beruhigen, beharre darauf, dass es mir schon viel besser gehe ... Zum Glück kam die Dubois herbei und reichte mir ein Riechfläschchen. «Hat Sie denn die Abreise des ungebetenen Gastes so durcheinander gebracht?», fragte sie mit scherzendem Unterton. Endlich war ich erneut mit Frau von Roll allein. «Nun, Ihr Spass von vorhin hat leider seine Wirkung nicht verfehlt ...»

Daraufhin beteuerte sie mir, dass sie absolut nicht gescherzt habe. «Mein lieber Casanova: Erzählen Sie mir einfach, was Sie am nächtlichen Besuch gehindert hat ...» Es war, als ob sie ein Messer in einer Wunde an meiner Brust umgedreht hatte, ich wusste weder aus noch ein, hatte keine Ahnung, was ich ihr sagen sollte ... Stumm und verdattert stand ich da wie ein Ölgötze, als mir die Dubois ein Briefchen der Hinkenden überbrachte. Ich steckte das Papier ein, ohne es gelesen zu haben, wollte es mir später in Ruhe anschauen. Die von Rolls waren leicht verwundert und er sagte, da sei sicher eine amouröse Geschichte mit im Spiel und zwinkerte mir dabei noch zu. Ich erwiderte kein Wort und so gingen wir dann gemeinsam zu Tisch.

Der Appetit war mir gründlich vergangen, was man zum Glück meinem körperlichen Zustand zuschrieb. Nach dem Essen spielten wir normalerweise eine oder zwei Runden Piquet, doch diesmal liessen wir es bleiben. Frau von Roll begleitete mich in den Garten und ihr Gatte entfernte sich erneut mit der Dubois. Endlich in Ruhe und Sicherheit, schaute mich meine Begleiterin mit ernster Miene an: «Sie haben die Nacht mit der Hinkenden verbracht, geben Sie es zu, Monsieur! Ich habe das Gefühl, kompromittiert worden zu sein, weiss aber gar nicht, wieso ... Ich hoffe, sie erzählen mir alles, denn dies war mein erste Liebesaffäre ... und nun das. Wenn ich daraus etwas lernen soll, muss ich alles und jedes wissen, Monsieur. Sie haben mich ganz sicher geliebt, das ist mir klar, und ich hoffe nur, Sie sind nun nicht etwa mein Feind geworden durch diese Sache ...»

Ein Schreck durchzuckte mich: «Mein Gott, Ihr Feind, Madame, niemals!» Sie schaute mich ernst an, hatte aber plötzlich ein Lächeln auf den Lippen: «Dann beichten Sie mir die ganze Wahrheit und lassen mich auch das Briefchen lesen - verbergen Sie rein gar nichts von mir, mon chère, ich beschwöre Sie!»

«Nun gut,», sagte ich zu ihr, «Sie sollen alles erfahren: Es war kurz nach ein Uhr morgens, als ich mich auf den Weg machte. Aber Sie wissen ja, der Neumond! Als ich das Vorzimmer im Dunkeln betrat, wurde ich festgehalten und eine zierliche

Hand presste sich auf meinen Mund; ich verstand es als Wink, ganz still zu sein, man zog mich auf ein Sofa und dort geschah es dann ... Und ich war völlig im Glauben, dass Sie ... Aber urteilen Sie selber. Gut zwei Stunden genoss ich die Wärme und die Zweisamkeit - wie hätte ich den zweifeln können, dass nicht Sie es wären? Ja, ich gestehe, ich genoss die Zeit und verfluche mich nun dafür selber, denn statt ins Paradies führte mich das innige Treiben in die Hölle ... Und um drei Uhr herum kehrte ich erschöpft in mein Zimmer zurück - den Rest wissen Sie ja bereits, Madame.»

Frau von Roll musterte mich eingehend: «Aber woher wuss-

te dieses Scheusal, dass Sie um ein Uhr zu mir kommen würden? Wer hat es ihr bloss verraten?» Ich schüttelte heftig den Kopf: «Madame, ich habe keine Ahnung!» Und zu mir selbst sagte ich: „Du verfluchtes Miststück, du!“ Meine Angebetete wandte sich bleich von mir ab: «Oh weh, und ich bin die Unglücklichste von uns dreien!» Wieder schüttelte ich den Kopf: «Schweigen Sie, Madame, ich habe schon beschlossen, zuerst dieses Teufelsweib und anschliessend mich selbst zu töten, so gross ist meine Schmach!» Frau von Roll wurde aschfahl, als sie dies hörte: «Und ich werde dann als entehrte und beschmutzte Betrogene in diesem Skandal zurückbleiben? Nein, Monsieur, es gilt, klug zu handeln und keine voreiligen Schlüsse zu ziehen; geben Sie mir den Brief, ich lese ihn zuerst allein, dann Sie; man darf uns nicht dabei entdecken, dass wir uns dieses Schmähwerk gemeinsam anschauen, sonst wollen die anderen wissen, was denn drin stehe ...»
Was für eine kluge Frau, dachte ich und suchte Herrn von Roll auf, der mit der Dubois herzlich plauderte. Das Vertrauen in mich selber kehrte allmählich zurück und die Art, wie meine Angebetete den Brief verlangt hatte, gefiel mir immer besser. Gespannt wie die Feder in einem Uhrwerk wartete ich geduldig darauf, ihn selber lesen zu können, auch wenn ich Abscheu und Ekel vor der vermaledeiten Urheberin dieser Zeilen empfand. Kurze Zeit später übergab mir Frau von Roll das Schreiben und meinte, ich solle es ihn Ruhe lesen. Gleichzeitig nahm sie mir das Versprechen ab, nichts Übereiltes in dieser Sache zu unternehmen, sondern mich auf jeden Fall zuerst mit ihr zu beraten. Ich könne ihr alles durch die Pförtnerin jederzeit mitteilen lassen. «Glauben Sie mir, Monsieur, die Hinkende wird nichts ausplaudern, denn schliesslich wäre sie jene Person, die

wohl am meisten kompromittiert werden würde. Greifen wir doch zur Verstellung ...» Dann fügte sie hinzu, wobei meine Neugierde auf den Inhalt des Briefes noch grösser wurde, ich müsse unbedingt auf den Hinweis achten, der in dem Schreiben versteckt sei ... Die bitteren Tränen, die meine Angebetete dabei vergoss, trafen mein blutendes Herz ganz direkt. Zwar lächelte sie zwischendurch immer wieder, aber wohl eher, um meinen Schmerz zu lindern, denn ich sah deutlich, wie sehr sie unter der gemeinen Geschichte litt, besonders, weil diese Teufelin wusste, wie es um uns zwei, Frau von Roll und mich, in Wahrheit bestellt war. Ich hätte dieses Scheusal eigenhändig erwürgen können ...

Kurz nach sieben Uhr fuhren meine Gäste nach Solothurn zurück. Mein aufrichtiger Dank an Herrn von Roll bewog ihn sicher dazu, keine Minute an meiner Ehrlichkeit zu zweifeln. Abgesehen davon, selbst wenn ein Mann die Frau eines anderen liebt, kann er diesen doch trotzdem achten. Ich umarmte ihn spontan, und als ich seiner Frau nur die Hand küssen wollte, bat er mich, sie doch ebenso zu umarmen wie ihn ... Ich wollte und konnte diese Bitte nicht abschlagen und die Gefühle der Wonne, die ich dabei verspürte, überwältigten mich beinahe. Erst als der Wagen der von Rolls ausser Sicht war, las ich den Brief dieser Giftschlange. Ich versuche, ihn hier so getreu wie möglich wiederzugeben:

«Chèr Monsieur, äusserst befriedigt habe ich Ihr Haus verlassen. Na gut, die beiden Stunden, die wir gemeinsam auf dem Sofa verbracht haben, waren nicht übel - obwohl Sie auch nur ein Mann wie alle anderen sind. Mein Einfall mag mich amüsieren, aber ich versichere Ihnen, die ganze Geschichte war nur dazu da, die Beweise Ihrer öffentlichen Verachtung für mich zu rächen. Dass Sie mich auch privat beleidigten, habe ich Ihnen schon vorher verziehen. Indem ich Ihre amourösen Absichten durchkreuzen konnte, habe ich meine Rache in die Tat umsetzen können. Und die von Roll, diese heuchlerische Kröte, wird mich nun nie mehr von oben herab anschauen und auch nicht mehr im Schein ihrer angeblichen Tugend behandeln können. Vergebens hat sie ja die ganze Nacht auf sie gewartet und am Morgen dann begriffen, was sich ereignet hat und was ich mir von Ihnen geholt habe: Das, was eigentlich für sie selber bestimmt gewesen wäre. Ach, die Arme! Und auch Sie sollten sich nicht mehr für die Krone der Schöpfung halten, denn was Sie sich von der von Roll erhofften, haben Sie von mir im vollen Umfang doch auch bekommen, nicht wahr? Zweimal verströmten Sie Ihre Kräfte in mir und das voller Lendenfeuer - da kann doch kein riesiger Unterschied zwischen ihr und mir bestehen! Ja, Ihre Leidenschaft, gilt doch eigentlich nur Ihnen selber, auch wenn Sie diese auf eine schöne Dame richten und glauben, sie sei das ein und alles für Sie! Ich habe Sie recht besehen also vor einer Illusion geheilt; seien Sie mir dankbar dafür. Und selbst wenn Sie mich hassen, ist mir das egal, nur sollten Sie diesen Hass ja nicht in Taten umsetzen. Denn falls Sie dies anstreben, sehe ich mich gezwungen, die ganze Affäre an die Öffentlichkeit zu tragen, was mir nicht viel schaden würde, denn ich bin Witwe und in dieser Hinsicht sowieso aussen vor. Mögen sich die Leute ihre Mäuler über mich zerreissen, was kümmert es mich! Ich brauche auf niemanden Rücksicht zu nehmen, die von Roll hingegen schon.»

Das Blut schoss mir in den Kopf, als ich las, mit welchen verächtlichen Worten dieses Scheusal von meiner Angebeteten sprach; wäre sie hier gewesen, ich hätte sie wohl auf der Stelle erwürgt! Meine Finger zitterten, als ich den Brief wieder zur Hand nahm und weiterlas: «Ach ja, bevor ich es vergesse: Seit rund zehn Jahren leide ich unter einem kleinen Übel, das nie geheilt werden konnte - in intimer Hinsicht, versteht sich. Vermutlich haben Sie in der vergangenen Nacht genug dafür getan, sich dieses kleine Malheur ebenfalls anzueignen. Sehen Sie sich also vor und ergreifen Sie so schnell wie möglich die nötigen Mittel dagegen. Nicht zuletzt will ich mit meinem Brief verhindern, dass Sie die holde Schöne auch noch damit anstecken und die dann Ihren Mann, das wäre doch zu schade! Solch intime Geschenke mag nämlich niemand, auch wenn man die Lust davor geniesst. PS: Falls Sie wirklich medizinische Hilfe benötigen, seien Sie vorsichtig. In Solothurn weiss man, dass jenes Übel bei mir beheimatet ist und kann so schnell die richtigen Schlüsse ziehen ...» Beinahe wäre mir beim Lesen dieses Machwerks nochmals schlecht geworden, so infam war das Gekritzel dieser Schlange! Gleichzeitig stand ich kurz davor, in lautes Gelächter auszubrechen. Ihren Hass auf Grund meiner schlechten Behandlung konnte ich gut nachvollziehen, aber nie wäre mir in den Sinn gekommen, dass sie so ihre Rache nehmen würde. Aber durch das bittere 'Geschenk', das sie mir in der Liebesnacht verpasst hatte, sah ich mich gezwungen, meine Zelte hier abzubrechen, denn ich wollte auf keinen Fall Frau von Roll auch nur mit dem geringsten Aspekt dieser Zumutung konfrontieren. Meine Behandlung musste an einem anderen Ort vor sich gehen, was ich mir aber hoch und heilig gelobte, war, an der Hinkenden Rache zu nehmen. Zwar hatte ich einen Bärenhunger, da ich seit dem Frühstück nichts zu mir genommen hatte, aber ich wagte es nicht, die Dubois auch nur ein einziges Mal deswegen anzusehen ...

Kapitel 4
Rache ist süss und neue Liebe

Als wir endlich allein waren, versuchte die Dubois mich zum Reden zu bringen. «Monsieur, Sie sind traurig und das entspricht so gar nicht Ihrem Charakter. Ich weiss, dass Ihnen nicht einfach eine Laus über die Leber gelaufen ist - und das erfüllt mich mit Sorgen. Ziehen Sie mich doch ins Vertrauen, das würde Sie erleichtern. Und ich würde Ihnen gerne meine Hilfe anbieten; auf meine Verschwiegenheit können Sie sowieso zählen. Damit Sie sehen, dass ich ehrlich bin, erzähle ich Ihnen nun, was ich bereits weiss. Nein, Monsieur, ich habe keine Erkundigungen eingezogen, sondern so einiges nebenbei mitbekommen, seien Sie unbesorgt.» Ihre Worte waren wie Balsam für meine Seele und ich antwortete ihr: «Herzlichen Dank, Mademoiselle. Ich schätze Ihre Anteilnahme und bin mir absolut sicher, dass ich Ihnen trauen kann. Berichten Sie mir deshalb ungeniert, was Sie über die Ursache meiner Verstimmung wissen.»

Die Dubois überlegte einen Augenblick und hob dann an: «Aber gern, Monsieur. Dass Sie der Liebhaber von Frau von Roll sind, scheint mir klar; und dass sie Ihre Gefühle erwidert, ebenso. Nun aber scheint die ungebeten hier weilende 'Dame' Ihnen irgendeinen bösen Streich gespielt zu haben, wohl auch, weil sie von Ihnen äusserst barsch abgefertigt worden ist. Ein Streich mit dem Ziel, Ihr Verhältnis zu Frau von Roll zu trüben, nicht wahr? Und nun hat diese bösartige Person Ihr Haus auch

noch auf eine völlig arrogante Art und Weise verlassen. Und Sie, Monsieur, so glaube ich wenigstens, fürchten unangenehme Folgen, vielleicht sogar einen Skandal. Nicht zuletzt auch wegen und für Frau von Roll. Deshalb sind Sie so verstimmt. Nun ringen Sie um eine Entscheidung und ich spüre, dass bei Ihnen Vernunft und Verstand mit Leidenschaft und Gefühl im Widerstreit liegen. Denn ich bin ja nicht blind: Gestern waren Sie noch der glücklichste Mann auf Erden und heute erregen Sie mein Mitleid. Weil ich Sie schon morgens verstört erlebte, gab ich mir grösste Mühe, Herrn von Roll zu beschäftigen, damit Sie sie sich völlig ungestört mit seiner Gattin unterhalten konnten, eine Frau, die Ihr Herz wirklich verdient, Monsieur.»
Ich verspürte bei diesen Worten eine gewisse Erleichterung, weil jemand da war, der mich verstand. «Sie haben ins Schwarze getroffen mit Ihren Worten, Madame; ich bewundere Ihren Scharfblick. Ja, dieses hinkende Scheusal hat mich aus Rache in eine Falle gelockt und alles dafür getan, mich unglücklich zu machen. Doch meine Rache ist leider unmöglich. Der Anstand verbietet mir, Ihnen mehr zu offenbaren, und der Schmerz, der mich quält, ist leider nicht mit Worten allein zu besiegen, ja, er könnte mich durchaus sogar ins Grab bringen. Das einzige, worum ich Sie bitte, Madame, ist, mir Ihre Freundschaft zu erhalten und weiter offen mit mir zu sein. Ihr Rat ist mir äusserst teuer und ich bedanke mich schon jetzt für Ihre einfühlsamen Bemühungen ...»
Die Nacht, die folgte war grauenhaft: Ich brachte kein Auge zu, wälzte mich unruhig auf meinem Lager hin und her und ärgerte mich masslos über mich selber: Kaum eine Schwierigkeit vermochte mir sonst den Schlaf zu rauben, es brauchte viel dazu, ansonsten schlief ich auch bei sorgenvollen Lebenslagen

meistens bestens. Aber diese gemeine Intrige hier traf mich tief! Kurz nach dem Erwachen klingelte ich nach Leduc. Doch statt meines Dieners tauchte die Zimmergenossin der Dubois auf und berichtete, dass Leduc krank sei. «Madame wird Ihnen Ihre Schokolade gleich bringen», fügte sie noch hinzu. Als die Dubois mich sah, rief sie: «Aber Monsieur, Sie sehen wie eine Leiche aus!» Sie riet mir dringlich, auf meine täglichen Bäder eine Weile lang zu verzichten. Ich trank die Schokolade, doch kaum hatte ich den letzten Tropfen runtergeschluckt, als mir schon alles wieder hoch kam. Es war das erste Mal in meinem Leben, dass ich erbrechen musste, und wenn nicht die Dubois meine Schokolade zubereitet hätte, dann wäre es mir gewiss gewesen, dass die Hinkende mich nun auch noch vergiften wollte ...
Alles, was ich am Vorabend gegessen hatte, spie ich lauthals aus, und als ich erkannte, dass eine Menge grüner Galle darunter war, wurde mir klar, dass ich von meinem eigenen Zorn vergiftet wurde. Ich begriff, dass man töten kann, wenn man seine Rache nicht auszuführen vermag. Ich lag völlig erschöpft auf dem Laken und die Dubois hatte Tränen in den Augen, als sie mich so sah. «Wieso weinen Sie denn, meine Gute?», fragte ich sie mit schwacher Stimme. «Ach, wüsste ich doch nur, was Sie denken, Monsieur», gab sie mir zur Antwort. Ich hätte ihr am Liebsten die Hand geküsst, aber meinte nur: «Seien Sie still und lassen Sie mich in Ruhe schlafen; Ihre Gefühle für mich, werden Ihre Wirkung tun, glauben Sie mir.»
Ganze sieben Stunden lang schlief ich weiter. Und als ich am späten Nachmittag erwachte, fühlte ich mich wie neu geboren. Ich läutete nach der Dubois und sie berichtete mir, dass der Wundarzt des Nachbardorfes mich sehen wolle. Zuerst

war sie noch überaus traurig, als sie mich aber erblickte, hellte sich ihre Miene schlagartig auf und voller Freude rief sie: «Ach, es geht Ihnen scheinbar schon viel besser, Monsieur - wie wunderbar!» Meinen Vorschlag, gemeinsam zu essen, wenn ich den Arzt empfangen hätte, nahm sie sofort mit Freude an. Der Doktor führte sich wie ein Heimlichtuer auf und erzählte mir brühwarm, mein Kammerdiener leide an einer gewissen galanten Krankheit. Ich lachte laut auf, denn ich hatte viel Schlimmeres erwartet. «Guter Mann, geben Sie ihm die beste Behandlung, ich bezahle Ihnen alles; aber das nächste Mal, wenn Sie kommen, jagen Sie mir keinen solchen Schrecken mehr ein!» Dann wollte ich von ihm noch wissen, wie alt er sei. «Ganze achtzig Lenze», gab er mir zur Antwort. «Gott erhalte Sie noch länger», raunte ich ihm zu.
Nun, also, hatte wohl mein Spanier dieselbe Krankheit wie ich? Bei ihm war es sicher das erste Mal, bei mir leider nicht, denn ich hatte schon reichlich Erfahrung mit diesem Malheur gemacht. «Bin ja schliesslich auch vierzehn Jahre älter als er», sagte ich zu mir. Die Dubois half mir beim Ankleiden und fragte neugierig, was denn der Grund sei, dass ich beim Besuch des Doktors so laut gelacht hätte. «Kennen Sie das, was man in unseren Kreisen die 'spanische Krankheit' nennt?» Sie nickte und meinte, sie hätte davon gehört. «Einer von Myladys Dienern starb daran», ergänzte sie rasch. «Nun, also Leduc hat es auch, na ja, kein Wunder, er als Spanier», scherzte ich. «Aber lassen Sie ihn nicht wissen, dass Sie darüber auf dem Laufenden sind», sagte ich in ernstem Ton. «Ach, der arme Teufel», meinte die Dubois, «und Sie lachen noch darüber, Monsieur», erwiderte sie vorwurfsvoll. «Ich lache nicht über Leduc, sondern nur über die Geheimnistuerei des Quacksalbers, Madame.»

Ich bemerkte die Feinheit ihrer Hand, als sie plötzlich mit derselben nach mir schlug, rein spielerisch, versteht sich. Dazu sagte sie, sie müsse mir etwas anvertrauen und ihr gleichzeitig vergeben, sie habe etwas Schlimmes verbrochen. «Wenn sie dies nicht tun, Monsieur, sehe ich mich gezwungen, Ihr Haus sofort und für immer zu verlassen», fügte sie ernst hinzu. «So, so, etwas Schlimmes, nun, ja, aber was denn, zum Teufel? Rücken Sie raus mit der Sprache, Mademoiselle!» Ich rief es in einem Ton, der mir selber missfiel. «Ich habe Sie bestohlen, Monsieur», meinte sie, nun ganz bleich im Gesicht. «Was? Mich bestohlen? Aber wie denn? Und wann? Das kommt nun aber höchst unerwartet, Mademoiselle! Wenn ich etwas nicht ausstehen kann, dann sind das Diebe und Lügner!» Sie wurde noch ein bisschen bleicher. «Aber Monsieur, es besteht kein Grund zur Aufregung; und Sie werden mir ganz bestimmt verzeihen, denn es ist erst ganz kurz her, dieser Diebstahl, noch keine halbe Stunde, und schon bringe ich Ihnen das 'Geborgte' wieder zurück.» Ich musste lächeln, meinte aber immer noch in ernstem Ton: «Dann aber husch, geben Sie mir das Diebesgut zurück, ja, alles, was Ihnen nicht gehört, Mademoiselle, aber schnell, schnell ...» Ich kicherte in mich hinein, weil sich die Wangen der Dubois nun wieder schön gerötet hatten.

«Hier, das war es», meinte sie leise und hielt mir ein Briefchen hin. «So, so, das Schreiben der Hinkenden, aber so was! Haben Sie es denn gelesen?», wollte ich nun von ihr wissen. Sie nickte: «Genau das ist mein Diebstahl, Monsieur.» Ich blickte sie wieder streng an: «Aha, Sie haben mir also mein Geheimnis gestohlen, nun, dieses Verbrechen ist nicht klein, weil Sie es mir nicht mehr zurückgeben können ...» Sie schwieg einen Moment und sagte dann leise: «Sie haben Recht, Monsieur; aber

ich schwöre Ihnen, dieses Geheimnis wird mit mir begraben werden; bitte verzeihen Sie mir, hier, auf der Stelle, sonst fühle ich mich wirklich schlecht!» Ich streckte meine rechte Hand aus und streichelte ihre Wange: «Nun, Mademoiselle, Sie scheinen mir ein recht sonderbares Geschöpf zu sein; aber gut, ich verzeihe Ihnen hiermit», dabei zog ich sie an mich und drückte sie an mein Herz. «Aber eines, Mademoiselle: Schwören Sie, in Zukunft keines meiner Papiere nochmals anzurühren, geschweige denn, sie zu lesen. Ich kenne eine Menge Geheimnisse, die nicht nur mir allein gehören, und das soll so bleiben ...» Sie gelobte hoch und heilig, mein Gebot zu befolgen. «Aber das soeben Gelesene kann und darf ich nicht vergessen - zu Ihrem Vorteil, Monsieur, glauben Sie mir.» Dann eröffnete sie mir ihre Gedanken: «Dieses Scheusal wollte Ihnen und Ihrem Herz den Todesstoss versetzen, Monsieur; und noch immer steht es in ihrer Gewalt, die von Ihnen so geliebte Frau von Roll zu entehren, und dem muss ein Riegel geschoben werden, denn die Dame ist völlig unschuldig! Das andere, das sie Ihnen angetan hat, ist zwar verwerflich und vielleicht auch demütigend, aber Ihrer Liebe kann es nichts anhaben und die Krankheit, die sie Ihnen angehängt hat, lässt sich heilen. Doch wenn diese Viper ihre Drohungen wahr macht, dann verliert Frau von Roll nicht nur ihre Ehre, sondern alles! Darum sage ich, so eine Sache kann und darf ich nicht vergessen, Monsieur. Lassen Sie uns doch gemeinsam auf Rache sinnen.»
Sie hatte mir derart aus der Seele gesprochen, dass ich sie nochmals fest an mich drückte. Wie war es möglich, dass eine so junge Frau ihres Standes noch weiser sprach, als vormals Pallas Athene zu Telemach? «Mademoiselle, Sie sind mir eine wahre Freundin», sprach ich zu ihr, «beginnen wir doch gemeinsam

zu überlegen, was wir tun können, um Frau von Roll von dieser Gefahr, die ihr droht, zu bewahren. Ihre Zuversicht ist grossartig, Mademoiselle, und stärkt mein Bestreben, das Schlimmste zu verhindern.» Die Dubois schaute mich ernst an: «Monsieur, Sie müssen fortfahren die schöne Frau von Roll zu lieben, das ist vorerst das Wichtigste; dann können wir Tag und Nacht darüber sinnen, wie wir nicht nur ihre Ehre bewahren, sondern auch wie wir der Dame helfen können, über ihren Gram hinwegzukommen, denn sie wurde für etwas bestraft, das sie ja gar nicht begangen hat. Sie Monsieur, müssen die Ehre von Frau von Roll behüten, mir aber auch verzeihen, wenn ich Ihnen einmal keine Stütze sein kann ...»
Ich begriff nicht ganz, was sie meinte, aber ich hätte sie am liebsten weiterhin umarmt. Stattdessen sagte ich ganz ruhig: «Madame, ich bin nicht mehr Ihr Herr, sondern will Ihr Freund sein; und das will ich bleiben, bis ich meinen letzten Atemzug getan habe, das schwöre ich Ihnen.» Sie wurde wieder rot und rief: «Ach, Ihre Worte haben mich im Sturm erobert, kommen Sie in meine Arme, mein Freund!» Aber ich schüttelte den Kopf: «Nein, Mademoiselle, das wäre äusserst unklug. Sie sind noch so jung und ich im besten Saft, das gäbe nichts Gescheites, denn in einem solchen Zustand, in dem wir uns befinden, können sich die Gefühle schnell verirren ... Ich begehre wirklich nur Ihre Freundschaft, das aber nicht umsonst, sondern ich will mich dabei bewähren und so Ihre endgültige Achtung für mich gewinnen. Doch nun lassen Sie uns essen, denn ich bin sicher, nach Tisch werden wir uns beide besser fühlen.»
Wie klug diese junge Demoiselle doch war! Nun, vielleicht spielte sie einen Teil ihrer Besonnenheit, aber mir war das völlig egal. Dass ich mich leicht in diese attraktive Frau ver-

liebe konnte, war mich eigentlich bewusst; und dass sie mich vielleicht zum Spielball ihrer moralischen Interessen machen konnte, ebenfalls. Sie würde ihre Grundsätze nicht einfach so über Bord werfen, weil sie viel zu viel Achtung vor sich selbst hatte. «Selbst wenn sie sich in mich verlieben sollte», dachte ich bei mir. Und auch ich wollte aufpassen und beschloss deshalb, den Keimen einer neuen Liebe sofort Einhalt zu gebieten, und sie im Larvenstadium zu bewahren, so dass sie vor Langeweile absterben würden. So dachte ich und nahm es mir auch redlich vor, ohne daran zu denken, dass man ein feuriges Weib nicht einfach so zur 'Freundin' haben kann, ohne dass man selber von den scheinbar nur oberflächlichen Gefühlen allmählich übermannt wird ...

Als wir gemeinsam speisten, verglich ich immer wieder die ausgewogenen und reifen Formen der schönen Frau von Roll mit den jugendlichen Reizen meiner gegenwärtigen Gefährtin. Ich war ihr doch so nahe gekommen, damals, in der Kutsche und hatte mit meinen Fingern eigenhändig gespürt, wie feucht und erregt sie geworden war ... Nicht auszudenken, was in den zwei Stunden jener unseligen Nacht mit uns passiert wäre, wenn nicht diese Giftspritze sich zwischen unsere warmen Leiber gedrängt hätte ... Die Dubois schien meine Gedanken lesen zu können, denn ihre Wangen röteten sich während des Essens zusehends; nun, vielleicht war es aber auch nur die scharfe Suppe, die man uns beiden servierte ...

Erst nachdem die Bediensteten das Mittagsmahl abgetragen hatten, begannen wir wieder ernsthaft über die Sache zu sprechen, denn niemals darf man heikle Dinge in Gegenwart von Dienern oder Dienstboten ausbreiten. Einige von ihnen sind dumm, andere boshaft oder beides, sie können einen missverstehen oder dies auch wollen, sie übertreiben oder verzerren etwas, lassen hier ein Detail weg und erfinden ein anderes hinzu ... Und dann haben sie noch das Gefühl, sie dürften Geheimnisse ihrer Herrschaft ungeniert überall ausplaudern ... Denn sie wissen ohnehin schon genug davon, man muss sie ihnen nicht auch noch auf die Nase binden!

Die Frage, die mir die Dubois nun stellte, verblüffte mich nicht wenig: «Sind Sie von der Treue Ihres Leibdieners überzeugt?» Und hakte nach, ob ich dafür genügend Beweise hätte. «Leduc?», fragte ich zurück. Sie nickte. «Nun», hob ich zögernd an, «eigentlich schon. Er mag manchmal ein Schelm und Gauner sein, auch seine Ausschweifungen sind mir nicht verborgen geblieben, ja, er ist oft dreist und kühn, ein gerissener Bursche, doch, das schon. Doch er mag ab und zu ein Taugenichts sein, aber meine Befehle führt er blind aus, selbst wenn ich ihn dadurch in Gefahr bringe; sogar vor dem Galgen schreckt er in solchen Momenten nicht zurück. Natürlich nur, wenn dieser ihm selber nicht zu nahe kommt», meinte ich lächelnd. «Aber ich gebe Ihnen ein Beispiel, Mademoiselle: Wenn wir auf einer Reise an einen Fluss kommen und ich wissen möchte, ob ich bei der Durchfahrt aussteigen muss oder im Wagen bleiben kann, dann zieht er sich aus, springt in das Gewässer und untersucht auf eigene Gefahr hin seine Tiefe.»

Die Dubois war überzeugt: «Das genügt, Monsieur, diesen Kerl können wir tatsächlich brauchen und ihm vertrauen. Dann besteht auch keine Gefahr für Frau von Roll, mein Freund - Sie gestatten mir doch, Sie in Zukunft so zu nennen?», fragte sie mich fröhlich. «Wenn Sie mir vertrauen und meine Pläne unterstützen, dann wird die Hinkende ganz allein die Blamage auf sich ziehen! Und dafür brauchen wir Leduc. Aber wir müssen seine Krankheitsgeschichte genau kennen - das bedingen die Umstände, die unsere Rache begleiten. Sie, Monsieur, müssen ihn direkt darüber ausfragen und er muss Ihnen alles gestehen, was passiert ist. Auch, ob die übrige Dienerschaft von seinem Missgeschick erfahren hat oder nicht. Wenn Sie dann im Bilde sind, verpflichten Sie ihn zu Stillschweigen, Monsieur. Gerade auch über Ihr Interesse an seiner Krankheit.»

Ich weiss nicht, worauf die Dubois aus ist, aber ich vertraue ihr völlig und gehe sofort zu Leduc. Er liegt in seinem Bett und sieht mich erstaunt an, als ich ihn auszufragen beginne. Aber ich verspreche ihm schnell, ihn heilen zu lassen, wenn er mir alles erzählt, was mit seiner Krankheit zu tun hat. Und zwar gemäss der Wahrheit. Auch die kleinsten Details muss ich von ihm erfahren. Er berichtet nun, dass er auf dem Weg nach Solothurn, wo er meine Briefe abholen musste, bei einem Haus Halt gemacht habe, ungefähr auf halbem Weg, um dort Milch zu trinken. Und eine junge stämmige Bäuerin mit einem Vollmondgesicht habe ihn dann innert einer Viertelstunde in seinen jetzigen Zustand versetzt. Ich will sicher sein, dass er es niemandem erzählt hat und hake nach. Er schüttelt heftig den Kopf: «Keiner Menschenseele, Monsieur; man würde doch überall über mich spotten. Nur der Arzt kennt meine Krankheit, aber selbst ihm habe ich nicht gebeichtet, woher ich sie habe. Er meinte übrigens, ich könne vielleicht schon morgen wieder bei Tisch servieren, Monsieur.» Ich drückte ihm die Hand und meinte: «Gut, Leduc, sehr gut. Aber erzähl auch weiterhin niemandem davon, verstanden?»

«Und nun weiter im Text», meinte die Dubois. «Kann die Hinkende beschwören, dass Sie die zwei Stunden mit Ihnen zugebracht hat?», wollte sie nun von mir wissen. Ich verneinte: «Nein, keineswegs, denn sie hat mich weder wirklich sehen können, noch ein Wort mit mir gesprochen.» Die Dubois lächelte böse: «Sehr gut, dann beantworten Sie nun Ihren Brief und bezichtigen Sie, eine unverschämte Lügnerin und Intrigantin zu sein, weil Sie nämlich Ihr Zimmer in jener Nacht keinen Augenblick lang verlassen hätten. Ausserdem seien Sie bereits daran, durch eine strenge Untersuchung herauszufinden, wer der Unglückliche sei, der durch sie angesteckt worden sei. Schreiben Sie das genau so hin und schicken Sie den Brief unverzüglich ab. Und nach zwei Stunden schreiben Sie einen zweiten, den ich Ihnen nun entwerfen will.» Ich wurde von heftiger Begierde durchflutet, denn mir wurde klar, worauf meine kluge Haushälterin hinauswollte. «Ich durchschaue Ihren Plan, Mademoiselle, er ist äusserst fein gesponnen, meine Hochachtung! Doch ich habe Frau von Roll versprochen, nichts zu unternehmen, ohne sie darüber zuerst in Kenntnis zu setzen», fügte ich ernst hinzu. Doch die Dubois schüttelte heftig ihren Kopf: «Monsieur, Ihr Wort in Ehren, aber die Umstände zwingen Sie, Ihr Wort zu brechen. Ihr Zögern entspringt der Liebe für Madame von Roll, aber jetzt gilt es, keine Zeit zu verlieren, denn die beiden Briefe müssen kurz hintereinander bei dem Scheusal eintreffen. Vertrauen Sie mir, Monsieur. Und machen wir uns ans Werk. Alles Weitere können Sie in dem Schreiben lesen, das ich nun für Sie aufsetze!»

Die Dubois hatte mich überzeugt, also holte ich meine Feder hervor und setzte ein kurzes Schreiben auf:

«Madame, Ihr Brief ist so unverschämt wie originell. Haben Sie wirklich drei Nächte lang nicht geschlafen, um Ihren Verdacht zu ergründen? Nun denn, ich kann Ihnen versichern, dass ich in jener Nacht mein Zimmer keinen Augenblick verlassen habe.

Diese zwei besagten Stunden müssen Sie wohl mit jemandem verbracht haben - mit mir gewiss nicht! Ich stelle entsprechende Nachforschungen und werde es sicher nicht versäumen, Sie genau davon zu unterrichten. Sie können Gott danken, dass ich Ihren Brief erst geöffnet habe, als Herr und Frau von Roll schon abgereist waren. Ja, ich erhielt ihn früher, aber da ich Sie aus ganzem Herzen verabscheue, habe ich ihn erst abends gelesen. Mir geht es übrigens bestens, nur geht Sie das nichts an und ich schulde Ihnen auch keinen Bericht darüber. Fragen Sie sich selber, mit wem Sie sich - trotz Ihrer Malaise - zwei Stunden lang fleischlich vergnügt haben.»

Die Dubois, der ich den Brief vorlas, hörte aufmerksam zu, befand ihn für gut und schon schickte ich das Schreiben ab. Keine zwei Stunden später folgte ein zweiter, den ich von meiner Haushälterin abgeschrieben hatte und in dem ich kein einziges Wort ändern musste:

«Kaum eine Viertelstunde nach meinem Brief bekam ich von meinem Hauschirurgen Bescheid, dass mein Kammerdiener dringend ärztlicher Hilfe bedürfe, da sich bei ihm erste Anzeichen einer lästigen Ansteckung zeigten. Ich beauftragte den Chirurgen sofort, bestens für meinen Diener zu sorgen und nahm ihn dafür ins Kreuzverhör. Darin gestand er mir ohne Umschweife, dass er sein übles Geschenk gewiss Ihnen verdanke. Nachdem er mich nämlich zu Bett gebracht hatte, sah er Sie, Madame, wie Sie sich im Dunkel der Nacht in das Zimmer der Frau von Roll geschlichen hätten. Dies kam ihm verdächtig vor, denn ein normaler Besuch verlaufe ganz sicher nicht so. Deshalb wollte er wissen, was Sie denn da zu suchen hätten. Zuerst habe er vor der Tür gewartet, bis Sie wieder rauskommen würden. Als dies nicht geschah, ist er Ihnen gefolgt. Er gestand mir, es seien nicht ihre Reize gewesen, die ihn verlockt hätten, sondern er glaubte jemand anderes komme in den Genuss derselben. Als Sie ihn nun völlig schamlos packten, habe er zuerst um Hilfe rufen wollen, aber Sie hätten ihm den Mund zugehalten und ihn direkt aufs Sofa im Vorzimmer gezogen. Er sei mit Küssen überschüttet worden, was ihm nicht schlecht gefallen habe, besonders, weil er sich sicher war, dass Sie ihn für jemand anders hielten. Zu seiner Schande habe er sich also Ihren fleischlichen Gelüsten gefügt und wohl all Ihre Verlangen erfüllt. Dass er dabei eine andere Belohnung, als das Malheur, das Sie ihm angehängt haben, gewünscht habe, versteht sich von selbst. Schon am nächsten Tag habe er erste Anzeichen jenes 'Souvenirs' bei sich entdeckt. Er habe über alles geschwiegen, weil es ihm peinlich gewesen wäre, mir davon zu berichten. Nun, Madame, Sie hatten Glück, denn nie wären Sie zu diesem Genuss gekommen, wenn mein Diener all das freiwillig hätte tun müssen! Leider will er Ihnen nun auf Teufel komm raus einen Besuch abstatten und ich glaube nicht, dass ich dies verhindern kann. Seien Sie nett zu ihm, Madame, sonst dürfte Ihre Geschichte bald überall die Runde machen ... Er selbst wird Ihnen seine Forderungen überbringen, Madame. Es versteht sich wohl von selbst, dass Sie, Madame, diese am besten vollumfänglich erfüllen.»

Schon eine Stunde später kam die Antwort auf den ersten Brief. In einer kurzen Notiz schrieb die Hinkende, sie schätze meine Phantasie, nur nütze sie in dieser Angelegenheit gar nichts. «Ich bin mir meiner Sache völlig sicher, besuchen Sie mich ruhig in den nächsten Tagen, dann werden wir sehen, ob Ihre Gesundheit wirklich die beste ist!», fügte sie mit spitzer Feder hinzu.

Die Dubois versuchte mich bei Tisch mit vielen Einfällen aufzuheitern, doch ihre Mühen blieben vergebens. Stattdessen berieten wir den dritten Schritt, der nötig war, um die Hinkende aus der Fassung zu bringen. Ich fügte mich meiner Haushälterin, da schon die beiden Briefe, die ich verfasst hatte, auf ihren Ideen beruhten. Also erklärte sie mir ganz genau, wie ich Leduc am nächsten Morgen zu instruieren hatte; er müsse meine Vorschriften vollumfänglich und bis ans bittere Ende verfolgen. Auch bat sie mich um meine Erlaubnis, dem Gespräch mit meinem Diener hinter einem Vorhang beiwohnen zu dürfen.

Also liess ich ihn am nächsten Morgen zu mir rufen, erkundigte mich nach seinem Befinden und ob er denn wieder richtig im Sattel sitzen könne, denn ich hätte einen Auftrag für ihn, den er in Solothurn drüben erfüllen müsse. Leduc bejahte, meinte aber, der Leibarzt habe ihm für den nächsten Tag befohlen, mit seinen Badekuren zu beginnen. «Gut, gut, das soll so sein. Aber nun reitest du sofort zur Dame, die hier gewohnt hat.» Er sah mich erstaunt an: «Sie meinen die Hinkende, mein Herr?» Ich nickte. «Wenn du zu ihr kommst, bittest du sie um ein Gespräch - aber nicht in meinem, sondern in deinem eigenen Namen. Falls sie dich nicht im Haus empfangen will, verlangst du, dass sie zu dir auf die Strasse runter kommt. Obwohl ich mir sicher bin, dass sie dich empfangen wird. Dann erklärst du ihr geradeaus, dass sie dich mit dem 'Malheur' angesteckt hat und forderst von ihr eine Summe zu dessen Behandlung. Erwähne eine Umarmung von zwei Stunden, die sie in der Nacht mit dir genossen habe, ohne dich wohl zu erkennen. Dann fügst du hinzu, dass du eigentlich dieses Stelldichein verschweigen wolltest, aber die Umstände würden dich leider zwingen, darauf zurückzukommen. Falls sie dir nicht glaubt, biete ihr an, sie könne sich durch einen Augenschein auf dein Gemächt gerne von der Wahrheit deiner Aussagen überzeugen. Sollte sie sich weigern, dann drohe ihr eine Klage an und dass du deswegen gegen sie vor Gericht ziehen willst. Also, das ist dein Auftrag. Verlier keine Zeit, führe alles genau so aus, wie ich es dir gesagt habe und komme dann umgehend mit ihrer Antwort zurück.» Leduc schaute mich leicht verwirrt an. «Aber was ist, wenn sie mich zum Fenster hinauswerfen lässt?» Dieser Gedanke erheiterte mich: «Sei unbesorgt, das wird nicht passieren, schliesslich sind wir ja nicht in Prag!» Aber Leduc hatte immer noch Zweifel: «Was für ein seltsamer Auftrag», murmelte er mehr als einmal. «Ja, schon, aber du bist der einzige, der ihn ausführen kann, mein Lieber.» Nun war er wieder ganz Leibdiener: «Ich mache alles, was Ihr befehlt, mein Herr. Aber eine Frage hätte ich noch: Leidet diese Dame denn wirklich am 'Malheur'?» Ich nickte: «Da kannst du ganz sicher sein.» Er hatte immer noch Einwände: «Nun bedauerlich für sie. Doch wie kann ich

behaupten, dass sie mich angesteckt habe - ich habe doch gar nie mit ihr gesprochen?» Jetzt wurde ich ein wenig unwirsch: «Das ist doch keine Frage: Schliesslich hast du zwei Stunden in nächtlichem Dunkeln intim mit ihr verbracht. Überzeug sie einfach, dass du ihr Opfer geworden bist, dass eigentlich ein anderer hätte sein sollen ...» Jetzt huschte ein Lächeln über sein Gesicht: «Aha, nun beginne ich allmählich die Sache zu verstehen. Aber sie sagten im 'Dunkeln' - wie kann ich sicher sein, dass es sie war?» Ich seufzte laut: «Sag einfach, du hast gesehen wie sie in das entsprechende Zimmer gegangen ist; aber ich kann dir versichern, sie wird dich kaum danach fragen.»
Endlich hatte Leduc kapiert, worum es ging. Er schien schon richtig neugierig auf die Sache zu sein, wandte sich aber nochmals an mich: «Und wieviel soll ich denn von ihr als Genugtuungs-Summe verlangen? Sollen es hundert Taler sein?» Ich schüttelte den Kopf: «Das ist für Schweizer Verhältnisse zu viel, fünfzig reichen auch. Von mir bekommst du dann nochmals fünfzig dazu.» Jetzt strahlte er übers ganze Gesicht: «Dann mache ich mich unverzüglich auf den Weg!» Und fügte frech hinzu: «Ich könnte wetten, dass Ihr es seid, Monsieur, dem sie das nette 'Andenken' verpasst hat. Und jetzt schämen Sie sich natürlich deswegen und wollen alles abstreiten!» Ich schluckte meinen Ärger hinunter und meinte kühl: «Kann schon sein. Aber wehe, du bist nicht verschwiegen, dann setzt es was! Also los, mach dich auf den Weg!»
«Gratuliere, Monsieur, Euer Bursche ist wirklich einmalig», meinte die Dubois strahlend, als sie aus dem Alkoven hervorkam. «Ich hätte mich beinahe verraten vor Lachen, als er die Sache mit dem zum Fenster hinaus geworfen werden erwähnte! Das beweist seine Schlauheit und er wird sich ganz sicher

wacker schlagen gegen dieses Scheusal. Wie gerne wäre ich doch bei dieser Begegnung dabei!» Ich stimmte ihr zu: «Sie sagen es, Mademoiselle. Und er ist ja noch so jung; was für ein Possenreisser und altkluger Geck mein Leduc doch ist. Aber ich bewundere vor allem anderen Euren Scharfsinn, denn Ihr habt dieses wahre Meisterstück an Intrige ausgeheckt!» Dabei küsste ich ihr die Hand und sah, wie sich ihre Wangen röteten. «Nun, Monsieur, warten wir es ab; es ist mein erstes Intrigenspiel und ich hoffe nur, es möge gelingen!» Wieder küsste ich ihr die Hand. «Es gibt nur einen schwachen Punkt, Madame, wenn mich die Hinkende nämlich auffordern würde, meine Gesundheit zu beweisen ...» Die Dubois schaute mich fragend an: «Aber bis jetzt ist doch alles in Ordnung mit Euch, nicht wahr, Monsieur?» Ich streichelte ihre Fingerspitzen und sagte: «Vollkommen, Madame.» Jetzt wurde meine Haushälterin ernst: «Wenn sie nun aber gar nicht krank ist?» Der Gedanke war mir auch schon gekommen: «Nun, dann müsste ich zwar nicht um meine Gesundheit bangen, aber Leduc könnte sich in wahre Schwierigkeiten bringen ... Nun gut, warten wir es ab.» Die Dubois entzog sich meinem Griff und sagte wieder sehr ernst: «Setzen Sie doch gleich Frau von Roll ins Vertrauen, sobald Sie näheres wissen.» Ich nickte: «Das werde ich tun; den Plan gebe ich als meinen eigenen aus, aber Sie, Mademoiselle, haben sich eine Belohnung wahrlich verdient.» Wieder huschte ein Schatten von Rot über ihre Wangen: «Die einzige Belohnung, die ich annehme, ist Ihr Vertrauen, Monsieur. In Zukunft dürfen Sie keine Geheimnisse vor mir haben.» Ich musste lächeln; «So, so, meine Angelegenheiten und Affären scheinen Sie sehr zu interessieren, Mademoiselle Dubois, ich glaubte eigentlich, Sie seien keine neugierige Person ...», versuchte ich sie zu necken. Jetzt schüttelte sie energisch den Kopf: «Nein, das wäre ein unverzeihlicher Charakterfehler, Monsieur; aber wenn Sie traurig sind, dann kann ich nicht anders, denn Ihr Edelmut verdient eine solche Anhänglichkeit meinerseits jederzeit.» Ich war gerührt: «Ich verspreche es Ihnen, Mademoiselle, denn nichts wäre mir unangenehmer, als Sie durch mein Verhalten in Unruhe zu versetzen.»

Es dauerte kaum eine Stunde, schon erhielt ich die Antwort: Ein Eilbote brachte einen Brief für mich. Ich war derart nervös, dass ich meine Haushälterin bat, ihn zuerst zu begutachten und - bei gutem Ausgang - ihn mir dann vorzulesen. Als sie die Zeilen überflog, hellte sich ihre Miene auf und sie hob mit ihrer Stimme an: «Mag sein, dass Sie recht haben, Monsieur - obwohl man ja Ihre Heimtücke in ganz Europa bestens kennt. Sollte ich tatsächlich einen Unschuldigen geschädigt haben, dann lasse ich ihm ein entsprechendes Schmerzensgeld zukommen. 25 Louisdor müssten eigentlich genügen. Bitte übergeben Sie diese Ihrem Lakaien. Gleichzeitig appelliere ich an Ihren Edelmut, Stillschweigen über die Sache zu wahren. Sollten Sie dies nicht beherzigen, müssten Sie meine Rache fürchten, Monsieur Casanova! Falls unsere Geschichte nämlich publik werden sollte, zögere ich keinen Augenblick, sie so darzustellen, dass sie Ihnen schaden dürfte! Vor allem könnte ich dem braven Herrn von Roll die Augen über Ihre Betrügereien öffnen, denn dass Sie einer sind, steht für mich glasklar fest. Da ich Ihnen nie mehr begegnen möchte, reise ich morgen ab, nach Luzern, zu meinen dortigen Verwandten. Teilen Sie mir aber bitte mit, ob Sie mein Schreiben hier erhalten haben.»

Obwohl alles zum Besten stand, machte ich wohl ein leicht betrübtes Gesicht, denn die Dubois wollte wissen, was denn nun

noch los sei. Ich antwortete treuherzig: «Mein Bursche tut mir leid, Mademoiselle, denn diese Hyäne ist nicht nur durchschlagen, sondern auch von aufbrausender Gemütsart. Ich befürchte ein Unglück.» Sie überlegte eine Moment und sagte dann ernst: «Keine Sorge, Monsieur. Wir schicken das Geld sofort zu ihr zurück und sie muss es Leduc eigenhändig übergeben; so kann sie an ihm Rache nehmen.» Als ich sie so sprechen hörte, musste ich mir ein Grinsen verkneifen, denn ich sah vor meinem geistigen Auge, wie die Hinkende Leduc zu sich auf irgendein Sofa zog, um sich nochmals mit ihm zu vergnügen - schliesslich hatten ihr die zwei Stunden mit 'ihm' doch eine unvergessliche Nacht versüsst ... «Was grinsen Sie so, Monsieur?», wollte meine Beraterin nun wissen, doch ich winkte ab. «Nun die Sache ist glimpflich ausgegangen», meinte sie nun wieder scherzend, «die Ehre Ihrer Angebeteten ist gerettet und ich schätze, das ist das Wichtigste für Sie, Monsieur. Auch wenn Sie nun vielleicht die Krankheit dieser Megäre in sich tragen. Hoffen wir, dass sie leicht zu heilen ist. Und freuen wir uns doch gemeinsam, dass dieses Scheusal nun nach Luzern abreist. Wahrlich, eine schöne Komödie haben Sie da aufgeführt, Monsieur!» Dabei schaute sie mir mit stechendem Blick ins Gesicht. «Nun, Mademoiselle, ich würde es eher eine Tragödie nennen, denn eins ist sicher, die Liebe von Frau von Roll habe ich verspielt!» Die Dubois nickte leise. «Wohl wahr, Monsieur, aber im Moment nützt es nichts, daran zu denken. Beantworten Sie schnell den Brief und schicken Sie das Geld unverzüglich zurück!»
Die Worte flossen nur so aus meiner Feder: «Madame, alles fällt auf Sie zurück! Ihr Verdacht, die Rachegelüste, der unverschämte Brief - alles haben Sie nur sich selbst zu verdanken! Dass sich unsere Boten gekreuzt haben, ist nicht meine Schuld.

Deshalb bekommen Sie Ihre 25 Silberlinge zurück. Leider konnte ich meinen Burschen nicht daran hindern, Sie aufzusuchen, seine Wut war viel zu stark! Doch Ihnen dürfte es ein leichtes sein, ihn wieder zu beruhigen, Madame, schliesslich scheinen Sie Ihre körperlichen Reize bestens für eine solche Sache einsetzen zu können ... Ich wünsche Ihnen noch eine angenehme Reise und werde es vermeiden, Ihnen nochmals von Angesicht zu Angesicht zu begegnen. Sie sind eine Schlange und sollten sich merken, dass es auf der Welt auch noch ehrliche Leute beiderlei Geschlechts gibt. Nicht jeder trachtet danach, dem anderen eine Grube zu graben, Madame. Falls Sie in Luzern dem päpstlichen Gesandten begegnen, fragen Sie ihn ruhig nach mir und er wird Ihnen beweisen können, was für einen guten Ruf ich in seinen Kreisen geniesse! In ganz Europa gibt es Leute, die mich mögen und die wenigen, die mich verleumden, sind an einer Hand abzuzählen. Leduc wird übrigens schweigen wie ein Grab, seien Sie dessen gewiss. Falls Sie ihn gut aufgenommen und entsprechend behandelt haben. Ich kenne meinen Burschen, er hat ein Herz aus Gold und auch noch andere körperliche Vorzüge ... Auf Nimmerwiedersehen, Madame.»

Die Dubois las den Brief, befand ihn für gut und wir schickten den Boten damit zurück. Ich wollte schon tief durchatmen, als mich meine Haushälterin warnte: «Monsieur, wir sind noch nicht am Ende; drei Dinge bleiben uns: Erstens muss Ihr Spanier zurückkehren. Zweitens gilt es, Ihre Krankheit im Auge zu behalten. Und drittens müssen Sie sich mit Frau von Roll aussprechen, wenn sie von der Geschichte erfährt - und das wird sie bestimmt!» Ich nickte nur und bewunderte den Scharfsinn und den Weitblick der Dubois.

Als Leduc aber Stunde für Stunde einfach nicht mehr zurückkam und es schon Abend wurde, befiel mich grosse Unruhe - was, wenn er das Weite gesucht hätte? Aber meine Haushälterin beruhigte mich: «Monsieur, er wird die Hinkende nicht zu Hause angetroffen haben und musste deshalb warten», beruhigte sie mich eins ums andere Mal. Und genau so war es, denn es ging schon gegen zehn Uhr, als mein Leibdiener endlich im Mondschein angeritten kam. Die Dubois versteckte sich sofort in meinem Zimmerschrank und ich trat vor die Tür, um Leduc zu empfangen. «Ich bin hungrig wie ein Wolf», meinte er müde, «denn ich musste bis gegen sieben Uhr vor ihrem Haus warten, bis sie endlich auftauchte. Als sie mich sah, beschimpfte sie mich und meinte, sie hätte mit mir nichts zu schaffen.» Schon wollte sie einfach die Treppe hinaufgehen, da rief ich laut: «Ich aber mit Ihnen, Madame!» Sie blieb stehen und ich sah, wie einer ihrer Diener ihr etwas zusteckte - es war ein Brief von Ihnen, Herr, wie ich an der Handschrift sofort erkannte. Dann faltete sie den Brief zusammen, liess ihn zusammen mit einem Päckchen in ihre Tasche gleiten und bat mich nach oben. Als wir in ihrem Zimmer angelangt waren, tat ich alles so, wie Sie mir geheissen. Sie schaute mich ungläubig an, als ich ihr vorschlug, sie könne sich mit eigenen Augen von meinem Malheur überzeugen. Das jedoch verbat sie sich lauthals, wandte sich von mir ab und fragte mich dann kleinlaut, wie lange ich denn auf sie gewartet hätte. Ich gab ihr zur Antwort, dass ich schon seit elf Uhr morgens unten im Hof gewesen sei. Darauf hin ging sie hinaus, wohl um von den Bediensteten die Stunde meines Eintreffens zu erfahren. Dann kam sie zurück, verschloss sorgfältig die Tür und gab mir dieses Paket hier, meinte, es enthalte 25 Louisdor, die seien zu meiner Heilung bestimmt. Gleichzeitig

auferlegte sie mir, strenges Schweigen über die ganze Sache zu bewahren, so wahr mir mein Leben lieb sei. Worauf ich mich wortlos entfernte und nach Hause ritt.» Dann schaute mich Leduc mit grossen Augen an: «Gehört dieses Geld nun wirklich mir?» Ich nickte und sagte: «Aber gewiss, mein Guter. Du kannst es behalten. Iss drunten in der Küche noch etwas und geh dann ins Bett.»

Als Leduc verschwunden war, kam meine Haushälterin aus dem Schrank hervor. Wir sanken uns freudig in die Arme und herzten uns eine ganze Weile lang, so dass ich mich mit aller Kraft beherrschen musste, um nicht über sie herzufallen. Doch schon am nächsten Morgen machten sich die ersten Anzeichen meiner Krankheit leider deutlich bemerkbar. Die Arznei, die mir der Dorfarzt überlassen hatte, schlug jedoch sehr gut an und schon nach drei, vier Tagen ging es mir bedeutend besser. Nach einer Woche war so gut wie alles ausgeheilt - ganz im Gegensatz zu Leduc, bei dem die Medizin einfach nicht anschlug und der fürchterliche Qualen litt.

Während mein Leibdiener litt, war es an mir, Frau von Roll zu benachrichtigen. Ich schrieb ihr einen ausführlichen Brief, in dem ich mein Vergehen nicht verschwieg, und legte ihr Abschriften von den zwischen der Hinkenden und mir ausgetauschten Briefen hinzu. «Zum Glück», konnte ich meiner Angebeteten bestätigen, «ist diese 'ehrenwerte' Dame nach Luzern abgereist, im Glauben, sie habe ihre Rache verfehlt. Leider fühle ich mich doch recht krank im Augenblick, aber, meine Teuerste, in zwei, drei Wochen werde ich wieder hergestellt sein!» So schloss ich mein zwölfseitiges Schreiben an die schöne Frau von Roll ab und gab den Brief heimlich meiner Pförtnerin. Schon am dritten Tag hielt ich die Antwort in meiner Hand, und, was für eine Überraschung, sie teilte mir mit, dass ich sie im Laufe dieser Woche zusammen mit ihrem Gatten und dem Herrn von Chavigny treffen werde.
Es wäre so süss gewesen, aber ich musste auf jeden Gedanken einer körperlichen Annäherung, geschweige denn Vereinigung mit ihr, verzichten. Statt dessen leistete mir die Dubois dauernd Gesellschaft und wurde zu einer wahren Gefahr für mich. Ich versuchte, mich zu beherrschen, aber meine Verliebtheit steigerte sich von Stunde zu Stunde. Ich wollte mir einreden, da wir uns ja auch nicht körperlich nähern durften, würde ich ihrer allmählich überdrüssig werden ... Ein Ring, den ich ihr geschenkt habe, wurde zu einem ständigen Thema unserer Konversation und ich sagte ihr, dass ich ihr eine grössere Summe zahlen würde, falls sie diese Preziose je verkaufen wolle. Doch sie meinte nur, das werde nicht geschehen, allenfalls in höchster Not, und auch erst dann, wenn wir schon lange auseinander gegangen seien. «Ich kann sie doch gar nie mehr entlassen», sagte ich zu mir selbst, denn sie war so ehrlich, treu, heiter und

von natürlichem Reiz, dass mich jedes Gespräch mit ihr fesselte. Sie hatte noch nie wirklich geliebt; ihre Heirat war nur aufgrund von Lady Montagus Einwirken zustande gekommen. Auch die Freuden der fleischlichen Lust hatte sie nicht kennengelernt. Briefe schrieb sie nur an ihre Mutter und ich durfte sie alle lesen. Als ich darum bat, auch jene der Mutter lesen zu dürfen, meinte sie mit einem Lächeln auf den Lippen: «Sie antwortet mir nie, denn sie kann gar nicht schreiben ...» Dadurch wurde mir die Dubois noch einmal sympathischer.
Sie habe die Mutter bereits tot geglaubt, als sie aus England zurückgekommen sei, «dabei lebte sie in Lausanne bei bester Gesundheit!» Nun wollte ich wissen, wer sie denn auf der langen Reise begleitet habe. «Niemand», gestand sie mir. «Und Sie sind nie von irgendwelchen Lüstlingen belästigt worden, Mademoiselle?», wollte ich mit pochendem Herzen wissen. «Sie hatten ja gar keinen Schutz!» Sie lachte nur: «Wozu sollte ich Schutz brauchen?», erwiderte sie mir. «Sie dürfen auf einer solchen Fahrt niemanden länger ansehen, auf verfängliche Fragen keine Antworten geben und müssen immer darauf achten, allein ein Zimmer zu nehmen oder gar bei der Wirtin persönlich zu übernachten ...» Was für ein kluges Mädchen sie doch war. Auch zuvor hatte sie nie ein amouröses Abenteuer gehabt, weil sie die Pflicht über alles stellte. Und das 'Unglück, sich zu verlieben' habe sie ebenfalls noch nie erlebt. Doch im Umgang mit mir verhielt sie sich völlig natürlich, ohne jede übertriebene Reserve oder Zurückhaltung. Sie hörte mir aufmerksam zu, wenn ich von meiner Liaison mit Frau von Roll erzählte und auch sonst vom grossen Glück, das ich in der Liebe gehabt ... Wenn ich ihr gewisse Umstände und Details verschweigen wollte, bestand sie darauf, ich müsse ihr alles offen und ehrlich

berichten, was mich überaus entzückte, so dass ich in der Folge kein Blatt vor den Mund nahm. Überschritt ich dabei eine gewisse Grenze der Intimität, erhob sie sich rasch, legte verschämt die zierliche Hand an ihren Mund und entschwand ins Nebenzimmer. Schnell schloss sie dann jeweils die Tür hinter sich mit dem Schlüssel ab, damit ich nicht etwa auf den Gedanken käme, ähnliches von ihr zu fordern, «weil», meinte sie einmal lachend, «ich Ihnen dieses wohl kaum abschlagen könnte ...» Dieses Geständnis eröffnete sie mir allerdings erst viel später, als wir gemeinsam in Bern lebten. Und unser Spiel mit dem Feuer hatte gerade den Höhepunkt erreicht, als mich die Hinkende mit ihrem Malheur ansteckte.
Wie sehr hatte ich dieses Treffen ersehnt! Und doch kam es unerwartet, als sich Herr von Chavigny, Frau von Roll und ihr Gatte eines Tages bei mir zum Mittagsmahl einfanden. Am Vorabend hatte mich die Dubois über eine Liebschaft in Holland ausgefragt, bei der sich herausstellte, dass die Dame ein Muttermal an einer besonderen Stelle hatte ...
Meine Haushälterin war so fasziniert vom Thema, dass sie mich heftig umarmte und mir meine Lippen verschloss; schon lag sie in meinen Armen und ich begann, auch sie nach einem solchen Mal zu untersuchen ... Dabei kitzelte ich sie wohl ein wenig, denn ihr Lachkrampf hinderte sie daran, sich entschlossener gegen meine Zudringlichkeiten zu wehren. Ich war völlig entflammt für sie und mein Geschlecht reckte sich neugierig diesem wunderschönen Körper entgegen - ohne allerdings zum Zuge zu kommen, denn mein unglückseliger Zustand infolge des Malheurs verhinderte ein weiteres Vorgehen in diese Richtung ... Doch unsere Küsse waren innig, unsere Seelen verschmolzen wie Wachs von zwei nebeneinander brennenden

Kerzen ... Ihr Busen drückte sich fest an meine Brust und ich spürte ihren heftigen Herzschlag ...
Mit heissen Wangen und hart gewordenen Brustwarzen lag sie an mich gepresst da und empfing meine Küsse auf ihrem ganzen Körper, ja, überall, aber ... Sie rächte sich mit flinker Hand und entlockte meinem hart gewordenen Lustorgan eine süsse Speise, die meine Flamme verstummen liess ... Was für ein Moment höchster Glückseligkeit und voller irdischen Geniessens ... Doch da fuhr sie auf, strich sich Haar und Kleider zurecht und meinte mit ernster Miene: «Wir lieben uns fürwahr, Monsieur. Und wenn wir nicht auf der Hut sind, wird es nicht bei solch harmlosen Spielereien zwischen uns beiden bleiben ...» Sie seufzte dabei laut, verliess mein Zimmer und wünschte mir eine erholsame Nacht. Zum ersten Mal waren wir uns so gefährlich nahe gekommen und hatten uns gegenseitig in einen wahren Strudel der Zärtlichkeiten gerissen. Ich spürte eine neue Verliebtheit in mir wachsen - und sah eigentlich schon alles voraus, was ich mit der jungen Dame noch alles erleben würde, dieser bildhübschen Frau, die Gewalt über mein Herz gewonnen hatte ...
Und dann, am nächsten Morgen, rollte die Kutsche mit Herrn von Chavigny und dem Ehepaar von Roll in den Hof meines Landhauses - was für eine angenehme Überraschung! Bis zum Diner spazierten wir bei schönstem Wetter in der Gegend herum. Die Dubois gesellte sich zum Essen ebenfalls zu unserer Runde und ihre freundliche attraktive Art zog die beiden männlichen Gäste fest in ihren Bann. Als wir am Nachmittag unseren Spaziergang fortführten, wichen sie ihr nicht von der Seite und so verschaffte mir Mademoiselle den nötigen Freiraum, um ungestört mit meiner Angebeteten sprechen zu kön-

nen. Ich erzählte ihr nochmals die ganze Angelegenheit, verschwieg ihr aber geflissentlich, dass meine Haushälterin diesen Plan geschmiedet hatte; Frau von Roll sollte nicht in Verlegenheit gebracht werden, weil eine andere Dame um ihre 'Schwäche' für mich wusste.

Meine Angebetete versicherte mir, sie sei sehr froh darüber, dass die Hinkende nicht mehr an ein Schäferstündchen mit mir glaube. Doch dann wurde sie ernst: «Nun, wie kam es, dass Sie zwei volle Stunden in ihrem Armen verbrachten und - trotz Dunkelheit - nicht merkten, dass Sie nicht meinen Körper an sich drückten? Gab es denn keine Unterschiede für Sie?» Ihre Stimme zitterte leicht und ich merkte, dass sie sich gedemütigt fühlen musste. «Diese Natter ist doch einiges kleiner als ich, viel magerer, auch zehn Jahre älter und ihr Atem, nun, seien wir ehrlich, der stinkt – und zwar abscheulich! Ist Ihnen dies alles wirklich völlig entgangen, Monsieur? Gut, Sie konnten sie nicht sehen, aber dennoch ...»

Ihre Wangen röteten sich und ich merkte, dass sie sich die Szene lebhaft vorstellte. «Madame, ich war betrunken vor Glück, weil ich doch glaubte, Sie in meinen Armen zu halten!» Ein Lächeln huschte über das Gesicht von Frau von Roll. «Nun gut, auch ich kenne die Macht der Einbildung, Monsieur, aber trotzdem können Sie mich doch nicht mir der vergleichen», sagte sie leise und rückte dabei ihr Korsett ein wenig zurecht. «Ja, Madame, Ihren herrlichen Busen hätte ich wahrlich vermissen müssen - und ich bin wirklich untröstlich, dass ich nicht gemerkt habe, wer sich da so schamlos an meinen Leib presst; ich hätte es merken müssen, verzeihen Sie mir vielmals, werte Frau von Roll.» Nun schaute sie mich traurig an: «Sie haben es gespürt und keine Widerwillen empfunden?» Dabei blickte sie mich

herausfordernd an. «Madame, ich glaubte, in Ihren Armen zu liegen, wie hätte ich da irgendetwas abstossend finden können? Ja, ihre Haut war rau und auch Ihr Parfum konnte ich nicht eruieren, selbst als sie mir so leicht Einlass gewährte, schöpfte ich leider keinen Verdacht ...»
Jetzt schüttelte sie heftig den Kopf: «Was für ein elendes Weib! Und Sie, Monsieur, haben mir solche 'Mängel' einfach verziehen?» Dabei wandte sie sich von mir ab. «Madame, ich glaubte, Sie zu besitzen - wie hätte ich da nicht alles göttlich finden können!» Jetzt wurde sie beinahe wütend; «Wenn Sie mich so vorgefunden hätten, Monsieur, hätten Sie mich von sich stossen müssen!» Dabei röteten sich ihre Wangen noch mehr. Trotz ihrer Schelte wurde ich ungemein erregt. «Seien Sie nicht ungerecht mit mir, Madame», versuchte ich ihren Zorn zu besänftigen. «Sie haben Recht, ich bin derart wütend ob diesem Scheusal, dass ich sogar Sie kritisiere, Monsieur. Aber dieses Ungeheuer hat mich so erzürnt, dass ich sie am Liebsten erwürgen würde. Nun gut, sie glaubt nun ja, mit Ihrem Bediensteten das Lager geteilt zu haben und wird sich entsprechend schämen, immerhin ... Es wundert mich allerdings, dass sie Ihre Mär geglaubt hat, Monsieur, denn Leduc ist doch einiges kleiner als Sie und ich frage mich, ob sie wirklich glaubt, dass er ihr dieselben Genüsse verschafft haben kann, wie Sie es getan hätten ... Vermutlich hat sie sich sogar in diesen Kerl verliebt. Fünfundzwanzig Louisdor sind eine stattliche Summe für diese Megäre, die sonst überaus geizig ist!»
Das Feuer in ihren Augen entfachte auch mein Verlangen von Neuem, aber ich hielt mich wohlweislich zurück. «Zum Glück hat er sich ebenfalls das Malheur eingefangen, Ihr Leduc», sinnierte Frau von Roll weiter. Aber Sie mussten ihm wohl alles

erzählen?», fragte sie leicht verärgert. «Aber nein, Madame, wo denken Sie hin! Leduc glaubt, dass ich mich aus freiem Willen mit der Hinkenden vergnügt habe und nun einfach aus Scham über die Krankheit das Geschehene ableugnen will, nicht zuletzt, damit diese Schlange sich nicht noch rühmen kann, meine Freuden genossen zu haben ...» Jetzt musste Frau von Roll sogar lachen: «Nun gut, das ist ja eine wahre Komödie und hätte selbst einen Molière entzückt! Und Ihr Leduc ist wahrlich ein dreister Kerl! Aber was, wenn die Hinkende ihre Krankheit erfunden hätte?», meinte sie wieder ernst. «Daran habe ich auch gedacht, weil ich zu Beginn noch nichts davon spürte ...» Frau von Roll trat nahe an mich heran und fasste meine Hände: «Und das Ganze ist meine Schuld, verzeihen Sie mir, Monsieur. Und Sie brauchen ärztliche Hilfe!» Ich blickte sie gerührt an: «Meine Krankheit ist nicht schlimm, chère Madame, schon in einigen Tagen sollte ich wieder gesund sein, machen Sie sich keine Sorgen.»
Statt einer Antwort umarmte sie mich heftig und presste ihren Leib an meinen. Dann jedoch stiess sie mich zurück und meinte ernst: «Sprechen Sie nicht darüber, Monsieur, ich beschwöre Sie.» Ich fragte: «Haben Sie mich also abgeschrieben?» Sie musste wieder lächeln: «Aber nein, Monsieur Casanova, ich liebe Sie weiterhin; und auch Sie dürfen mich weiter lieben. Nur können wir uns körperlich nicht mehr näher kommen, sondern wir bleiben Freunde, nicht wahr? Abgesehen davon werde ich nächste Woche mit meinem Gatten nach Basel reisen, wo wir bis Ende November bleiben werden; und es ist Ihnen wohl klar, dass wir uns dort nicht treffen dürfen ...» Ich nickte. «Das ist der Todesstoss, Madame; aber ich werde mich Ihrem Willen beugen, denn das Schicksal will es so; alles, was ich bis jetzt in

der Schweiz erlebt habe, war ein einziges Malheur - und damit meine ich nicht diese Krankheit ... Wenigstens konnte ich Ihre Ehre retten, Madame», sagte ich düster und küsste ihre Hände. «Sie haben die Achtung meines Mannes gewonnen, Monsieur, was nicht einfach ist; und wir werden stets wahre Freunde bleiben, nicht wahr?» Dabei blickte sie mich mit funkelnden Augen an. «Sie ist immer noch für dich entflammt», sagte ich zu mir und nickte. «Ich werde noch vor Ihnen abreisen, Madame; dann ist die Hinkende noch fester überzeugt, dass unsere Freundschaft nicht sträflich war.» Frau von Roll strich sich eine Locke aus dem Gesicht: «Sie sind ein wahrer Edelmann mit einer ebenso edlen Gesinnung, Monsieur. Aber wohin werden Sie reisen?» Ich überlegte einen Moment, meinte dann: «Nun, zurück nach Italien. Aber zuerst werde ich wohl noch einige Tage in Bern und Genf verweilen, auch wenn mich Basel doch sehr interessiert hätte ...» Sie musste lächeln: «Das ist besser so, Monsieur, denn es würde nur Gerüchte erzeugen; aber wir können uns ja gegenseitig schreiben, was meinen Sie, Herr Casanova? Und, ich gebe Ihnen noch einen Rat: Legen Sie Ihre Traurigkeit ab, sie steht Ihnen gar nicht.»

Nun trafen wir wieder mit den beiden Herren und der Dubois zusammen. Herr von Roll nahm mich beiseite und erklärte mir, wie sehr es ihn freue, dass ich eine so attraktive Frau gefunden hätte. Des Langen und Breiten legte er ihr Vorzüge aus und riet mir, die Beziehung zu ihr zu vertiefen. «Sie liebt Sie und wird von Ihnen geliebt, was bedarf es mehr», meinte er noch. «Aber es ist ja auch logisch: Wenn ein Mann mit einer solch attraktiven Frau täglich Umgang hat, dann muss es passieren. Sie ist fein, geistreich, sprachgewandt, gewitzt. Wen würde sie damit nicht verzaubern können, nicht wahr, Herr Casanova. Das

einzige, was die Sache trübt, ist der Umstand, dass Lebel dieser Dame einen schlechten Dienst erwiesen hat, denn ihr hervorragender Ruf dürfte nun ein für allemal verloren sein. Keine sittenstrenge Dame wird sie noch anstellen wollen ...» Ich überlegte einen Moment und meinte dann sachlich: «Sie wird mich nach Bern begleiten, Monsieur.» Herr von Roll nickte zufrieden: «Tun Sie das, Herr Casanova, sie hat es verdient.»
Kurz bevor mich meine Gäste verliessen, verkündete ich ihnen meinen Entschluss, in den nächsten Tagen nach Bern zu reisen und Abschied vom Landsitz zu nehmen. Der Gedanke, dass ich Frau von Roll nicht mehr sehen würde, bedrückte mich sehr und ich legte mich ohne Nachtessen ins Bett, und selbst die Dubois zog sich zurück, weil sie meine melancholischen Gefühle hoch achtete.
Drei Tage später kam ein kleines Briefchen von meiner Angebeteten. Darin forderte mich Frau von Roll auf, am nächsten Morgen unerwartet gegen zehn Uhr bei ihr zu erscheinen. Ich konnte beinahe kein Auge zu tun und machte mich beschwingt, aber auch voller Unruhe auf den Weg. Als ich bei den von Rolls eintraf, begrüsste mich der Gatte freudestrahlend und hiess mich herzlich willkommen. «Leider kann ich Ihnen nicht länger Gesellschaft leisten, Monsieur Casanova, denn die Pflicht ruft und ich werde nicht vor ein oder zwei Uhr zurück sein», teilte er mir lächelnd mit. «Warten Sie doch meine Rückkehr hier ab, meine Gattin kann Ihnen Gesellschaft leisten». Die Hausherrin unterrichtete gerade ein Dienstmädchen in der Kunst der Stickerei, deshalb wollte ich sie nicht stören. Kurz vor Mittag verliess das Mädchen den Raum und ich war mit Frau von Roll allein. «Gehen wir doch auf die Terrasse hinaus», sagte sie leise und zog mich mit. Wir schöpften ein wenig

frische Luft und liessen uns dann in einem kleinen Erkerzimmer nieder, von dem aus man die ganze Strasse bestens im Blick hatte.

Wir küssten und herzten uns in einemfort und waren schnell beide erregt. «Wieso», keuchte ich, «haben Sie mir eine solche Gunst sonst nie gewährt?», wollte ich von ihr wissen. «Weil mein Mann Verdacht geschöpft hätte», gab sie zur Antwort. «Ihre Maskerade als Kellner hätte dann allein mir gegolten und den Rest hätte er sich bestens zusammenreimen können. Doch durch Ihr Verhalten haben Sie ihn überzeugt und die Dubois gab den Rest, den er glaubte von Anfang an, Sie seien ihn sie verliebt. Wissen Sie, Monsieur, er selber hat sich in dieses zauberhafte Geschöpf verliebt und ich glaube, er würde sogar eine Zeit lang mit Ihnen bzw. mir tauschen», fügte sie mit zärtlicher Stimme hinzu. «Oh wäre es doch so!», rief ich und zwängte meine Hand durch ihr Korsett, um Frau von Rolls wunderbar üppigen Busen zu streicheln.

Sie errötete an mehr als einer Stelle ihres Körpers und wenn nicht mein Malheur immer präsent gewesen wäre, hätte sie mir sicher mehr gewährt, als was nun folgte. Ihre Hand war sehr geschickt und schlüpfte in meine Hose, um sich an meiner emporgereckten Männlichkeit vorzutasten. Sie wusste, wie es ging, und bald hatte sie mich soweit, dass nur noch ein, zwei Bewegungen genügt hätten, meinen Samen zu entleeren. Doch sie hielt sich zurück und genoss das Tasten meiner Finger in ihrem Höschen, das von seliger Wärme und einem Schwall Feuchtigkeit begleitet wurde. Ich rieb ihre Lustknospe zärtlich mit meinem geschickten Mittelfinger und als ich spürte, dass ihr Atem immer schneller ging, nickte ich ihr zu und sie verstand, was zu tun war. Schnell hatte sie ein seidenes Tüchlein

zur Hand, in das ich dann meine Manneskraft ergoss, und wir sassen eine ganze Weile nach Atem ringend eng beieinander. Erst als wir den Wagen des Hausherrn hörten und dann auch um die Ecke rollen sahen, standen wir geschwind auf, zogen unsere Kleider zurecht, lüfteten unsere Köpfe an der frischen Luft und gingen hinunter, um Herrn von Roll zu empfangen. Er entschuldigte sich mehrmals, so lange weg geblieben zu sein und bei Tisch sprachen wir eigentlich nur von der Dubois, ja, ich bemerkte bei meinem Gastgeber eine gewisse Gereiztheit, als er vernahm, dass ich sie nach Lausanne bringen und in die Arme ihrer Mutter zurückführen wolle. Nach dem Mahl verabschiedete ich mich mit Wehmut von meinen Gastgebern und fuhr noch zum Gesandten, dem ich mein amouröses Abenteuer in allen Einzelheiten schilderte. Ich schuldete es ihm, hatte er doch sehr viel zu meinen - leider nicht erfüllten - Hoffnungen beigetragen. Auch Monsieur Chavigny bewunderte die Dubois, schwärmte nicht nur von ihrem anmutigen Körper, sondern von ihrem Geist und ihrem einnehmenden Wesen. «Selbst in meinem Alter würde ich es schätzen, ein solches Geschöpf dauernd um mich zu haben», meinte er mit nostalgischer Stimmung. Als ich ihm gestand, dass ich mich in sie verliebt hätte, gratulierte er mir freudig. «Ich gebe morgen eine Abendgesellschaft, kommen Sie doch auch; so können Sie von allen hier in Solothurn Abschied nehmen.» Ich willigte sofort ein und traf meine Angebetete also nochmals. Ich glaubte schon, ich würde sie nie mehr wiedersehen, aber es sollte zehn Jahre dauern, bis dies geschah. Wo, wann und unter welchen Umständen soll der Leser an anderem Orte erfahren ...

Herr von Chavigny setzte noch einen Begleitbrief für mich auf, damit man mich in Bern, wo ich einige Wochen bleiben wollte, gebührend empfange. Auch versprach er, mich Herrn Muralt in Thun zu empfehlen, den Brief werde er mir durch seinen Haushofmeister zukommen lassen. Dann nahmen wir Abschied voneinander.

Die anstehende Abreise aus Solothurn, jener Stadt, in der mich mein Glück verlassen hatte, stimmte mich melancholisch. Ich bedankte mich bei der Dubois, die mich bereits erwartet hatte, und teilte ihr mit, dass wir in drei Tagen endgültig unsere Zelte hier abbrechen würden; sie solle morgen beginnen, unsere Koffer zu packen. Beim Frühstück anderntags fragte sie mich, ob ich sie wirklich mitnehmen wolle. «Aber gewiss», gab ich zur Antwort, «es sei denn, meine Gesellschaft ist Ihnen lästig geworden.» Sie nickte heftig und meinte, sie wolle mich wieder heiter und gesund sehen wie zuvor. «Nicht elend und krank wie jetzt. Sollte ich sie einmal verlassen, Monsieur, dann

nur, wenn ich sie glücklich weiss.» Genau in diesem Moment trat der Dorfarzt ein und teilte mir mit, dass es Leduc wirklich schlecht gehe. «Ich werde ihn in Bern behandeln lassen», teilte ich dem Alten mit. «Sagen Sie ihm, wir reisen übermorgen ab.» Er runzelte die Stirn: «Herr Casanova, ich bin skeptisch, ob er das überstehen wird, denn schon eine kleine Reise könnte zu viel für ihn werden.» Zuerst wollte ich ihm nicht glauben, aber als ich meinen Leibdiener besuchte, wurde mir klar, dass er wie gelähmt war und kaum noch ein Wort sprechen konnte. Es gehe ihm gut, brachte er hervor, aber ich glaubte ihm nicht. «Wie sollen wir dich denn nach Bern bringen?», fragte ich ihn. «Lassen Sie mich dorthin tragen», meinte er ernst, «dann werde ich schon wieder gesund.» Ich sah, dass er gewillt war, mich tatsächlich zu begleiten, und beschloss, es so ausführen zu lassen. Einer der Diener bekam folglich den Auftrag, Leduc nach Bern zu befördern, koste es, was es wolle. Schliesslich hatte er mir einen grossen Dienst erwiesen und ich gedachte, mich zusammen mit ihm im Hotel «Falken» einzuquartieren.
Gegen Mittag tauchte Lebel auf, übergab mir die Schreiben des Konsuls sowie etliche Rechnungen, die ich noch bezahlen musste. Ich lud ihn zu mir an den Tisch ein und unterhielt mich bestens. Seine Gedanken kreisten beinahe alle um die Dubois. Er habe sie erst jetzt richtig kennengelernt, denn in Lausanne seien ihre Kontakte äusserst gering und kurz gewesen. «Dürfte ich mit Mademoiselle korrespondieren?», fragte er sie frei heraus. Sie war sofort einverstanden und erklärte mir später auch, warum. Lebel war ein liebenswürdiger Kerl um die fünfzig und wirkte wie immer absolut vertrauenswürdig. Beim Abschied umarmte er meine Haushälterin ganz offen, ohne mich deswegen um Erlaubnis zu bitten. Sie war erfreut und liess es sich

gefallen. Nachdem er hinausgegangen war, meinte sie zu mir: «Die Bekanntschaft mit ihm kann mir sehr von Nutzen sein, Monsieur. Es freut mich ausserordentlich, dass er mit mir im Briefverkehr stehen will ...»

Den ganzen nächsten Tag waren wir mit Reisevorbereitungen beschäftigt. Leduc wurde schon mit einer Sänfte vorausgetragen, er sollte zwischen Solothurn und Bern übernachten. Früh morgens um vier Uhr liessen wir die Pferde anspannen und fuhren los. Noch vor Mittag kamen wir im «Falken» in Bern an, wo auch Leduc bereits eingetroffen war. Ich handelte mit dem Wirt den Preis genau aus, denn meine bisherigen Erfahrungen in der Schweiz hatten mich vorsichtig werden lassen. Den mitgebrachten Diener schickte ich aus, den besten Arzt in Bern ausfindig zu machen und in den «Falken» zu holen. Dann speiste ich mit der Dubois zusammen auf ihrem Zimmer, liess einen Boten kommen, der Herrn von Muralt mein Schreiben des Konsuls übergeben sollte, und machte mich auf, die Stadt Bern zu Fuss zu erkunden und mich wieder einmal dem Spiel des Zufalls zu überlassen ...

Kapitel 5
Badefreuden, Lebel, Dubois und die kleine Sarah

Von einer Anhöhe aus überblickte ich die Stadt. Ein prächtiger Fluss schlängelte sich durch Bern und auf einem treppenartigen Weg stieg ich gegen das Wasser hinunter. Auf einmal sah ich Dutzende von kleinen Hütten vor mir - es musste sich um Badekabinen handeln. Ein stämmiger Mann fragte mich freundlich, ob ich mich im Wasser vergnügen wolle. Als ich dies bejahte, schloss er eines der kleinen Häuschen auf und sofort kamen mir etliche hübsche Fräuleins entgegen, die mich hier bedienen sollten. «Das Bad, die Mädchen und ein üppiges Frühstück kosten sie nur fünf Batzen», meinte der Mann. Ich kam mir vor wie ein Sultan in seinem Harem und warf jener Dame mein Schnupftuch zu, die mir am besten gefiel. Zusammen betraten wir die Badehütte und sie schloss die Türe hinter mir zu. Wortlos begann sie, mich zu entkleiden, bedeckte meine Haare mit einer Mütze aus Baumwolle und geleitete mich zur Wanne. Sobald ich im Wasser war, entkleidete sie sich, wie wenn es nichts Natürlicheres auf der Welt gebe. Immer noch wortlos kam sie zu mir ins Bad und begann, mich überall mit einem weichen Tuch abzureiben. Aus einem Reflex heraus hielt ich beide Hände über mein Geschlecht - das übrigens gar nicht erregt war. Als ich mich richtig durchgewalkt fühlte, verlangte ich Kaffee. Sie gehorchte sofort, verliess das Bad, ging zur Tür und gab meine Bestellung auf. Dann kehrte sie zu mir ins Wasser zurück. Als man den Kaffee brachte, holte sie ihn auf einem

Tablett und streckte ihn mir so wie auf einem Präsentierteller entgegen. Ich leerte die heisse Brühe in mich hinein und sie setzte sich neben mich.
Eigentlich hätte sie mich erregen müssen, denn sie war gut gebaut, hatte stämmige Hüften, einen vollen Busen und lange braune Haare. Auch ihr Gesicht war wohlgeformt, ein hübscher Mund, helle blaue Augen, eine gesunde Farbe und sogar blitzende weisse Zähne. Ihre Hände waren nicht sehr sanft, aber das hing wohl mit ihrer Arbeit zusammen. Sie zählte kaum achtzehn Jahre, meine junge Schweizerin, und trotzdem blieb in mir alles kalt.
Ich fragte mich selber, wieso und gab mir auch gleich selber die Antwort: «Vielleicht ist sie einfach zu natürlich und es fehlt ihr jede Koketterie; jene Anmut, die kultivierte Frauen haben und dazu benutzen, uns mit ihren Sitten zu verführen. Also ist sie ohne Arglist - und das macht mich nicht an? Verkehrte Welt! Lieben wir denn nur Frauen, die falsch spielen? Oder brauchen wir eine gewisse Ziererei, die uns erst Erregung verschafft? Weil wir erst durch einen Schleier von Scham hindurch aufmerksam werden? Nur, wir kleiden uns an, aber das Gesicht, das uns wohl körperlich am wenigsten zu befriedigen vermag, lassen wir offen und frei? Und dennoch spielt genau dieses Gesicht eine überaus wichtige Rolle bei der Verführung! Verlieben wir uns nicht immer zuerst in ein Gesicht? Und fällen auch danach unser Urteil, weil wir ja den Rest meistens noch gar nicht gesehen haben? Ja, selbst wenn der übrige Teil des Körpers nicht völlig mit dem Antlitz harmoniert, verzeihen wir das doch immer! Müssten wir es nicht umgekehrt halten? Also das Gesicht verschleiern und den übrigen Körper enthüllen, ja, ihn ganz nackt zeigen, damit wir wissen, woran wir sind? Sind

wir dann von einem solchen Körper entflammt, können wir uns das entsprechende Gesicht hinzudenken und es würde sofort unseren Reizen und Lüsten entsprechen. Jeder vollkommene Körper würde uns entzücken und selbst wenn wir nach dem Geniessen der fleischlichen Lust ein hässliches Gesicht entdecken würden, wäre uns dies egal. Jede noch so hässliche Frau könnte uns durch ihren Körper erobern! Und sie könnte einfach weiterhin ihr Gesicht verschleiern ... Die Schöne könnte es jederzeit enthüllen, ja, sicher, aber die Hässlichen würden sich uns erst zeigen, wenn wir schon völlig von ihnen und ihren Körpern bezaubert worden wären ... Und ist nicht die Liebe deshalb unbeständig, weil wir dauernd neue Gesichter sehen? Wäre dies nicht der Fall, könnten wir für ewig bei der Ersten bleiben, die uns betören würde ... Na ja, vielleicht denke ich auch bloss närrisches Zeugs, aber sei's drum ...»
Als ich das Bad verliess, reichte mir das Mädchen Handtücher, trocknete mich ab, streifte mir mein Hemd über und kämmte mein Haar, alles ganz nackt, so wie Gott sie geschaffen hatte. Erst als ich mich ankleidete, tat sie das gleiche. Ich gab ihr das Geld und sechs Franken für sie selber, doch mit verächtlicher Miene gab sie mir diesen Betrag wortlos zurück, was mich verletzte. Doch dann wurde mir klar, dass ich sie gekränkt haben musste, und in ihrer Selbstachtung lehnte sie meine milde Gabe ab. Ich kehrte übel gelaunt ins Hotel zurück und berichtete nach dem Essen alles der Dubois. «Und sie war wirklich hübsch?», fragte sie mich ungläubig. «Sonst hätten Sie sich doch nicht so geziert», fügte sie schmunzelnd hinzu. «Ich möchte das Mädchen sehen», sagte sie dann ernst. «Einverstanden, aber nur, wenn Sie mich in Männerkleidung begleiten», warf ich ein. Es dauerte keine Viertelstunde, da stand sie in einem von Leducs

Anzügen vor mir und hatte mich überzeugt. Wir wollten die Partie am nächsten Morgen wagen.
Wir frühstückten um sechs und gegen sieben waren wir schon unterwegs zur «Matte», wie das Quartier in Bern genannt wurde. Die Dubois strahlte vor Übermut und ich muss sagen, ich bekam Lust auf einen solchen 'Mann', der da so attraktiv neben mir her schritt. Nun, man sah von weitem, dass dies kein Bursche, sondern ein stattliches Weibsbild war, so sehr sie sich auch in ihren Mantel hüllte. Derselbe Mann wie gestern bot uns an, ein Bad für vier Personen zu nehmen, wir willigten in den Vorschlag ein und betraten die Hütte. Als die Dienerinnen kamen, zeigte ich der Dubois die Schöne vom Vortag und sie wählte sie sogleich für sich aus; ich selber entschied mich für eine stattliche Matrone.
Also schliessen wir uns ein, entkleiden uns, nur meine Haushälterin zögert. Hat sie sich zu weit vorgewagt? Doch als sie sieht, wie mich meine stämmige Schweizerin in die Mangel nimmt, besiegt sie ihre Scham, entledigt sich ebenfalls ihrer Kleider und steigt zu uns ins Bad. Alle ihre Reize liegen nun offen zu Tage. Das andere Mädchen will sie schon in Behandlung nehmen, wie am gestrigen Tag mich, aber die Dubois weist sie zurück; also beginne ich selber, sie zu 'behandeln'. Zuerst sträubt sie sich ein wenig, als aber die beiden jungen Schweizerinnen sich ebenfalls gegenseitig bearbeiten - die Dicke spielt dabei den Mann - gerate nicht nur ich in Wallung. Auch der Atem der Dubois geht schneller und ebenso wie ich, lässt der Anblick dieser beiden nackten Geschöpfe uns das Blut in alle Adern schiessen. Die Wangen meiner Freundin röten sich zusehends, mein Geschlecht versteift sich immer mehr und endlich halte ich die schon lang begehrte nackt in meinen Ar-

men. Die Triebe der Natur werden ganz von selbst entfesselt, ich zog die Dubois über mich und versenkte meinen Schwengel in ihrer heissen Grotte; alles Malheur war vergessen und auch die unappetitlichen Liebesstunden mit der Hinkenden versanken im Strudel unserer Vereinigung.

Nun, da die letzte Schranke zwischen uns beiden gefallen war, wurde die Dubois endgültig meine Geliebte. Wir genossen die folgenden Tage aus vollen Zügen und unsere Körper kamen sich dabei immer näher. Ich erkannte aber auch, dass nicht nur die Freuden - wie man so sagt - vergänglich sind, sondern auch die Leiden ...

Als wir von unserem amourösen Badeausflug in Hotel zurückkehrten, meldete man mir zu meinem Erstaunen Herrn von Muralt, den Bürgermeister von Thun. Er war nicht mehr ganz jung, ein stattlicher Mann, ganz in schwarzer französischer Kleidung und mit sanftem, höflichem Charakter. Er gefiel mir auf Anhieb. Zudem war er Mitglied der Berner Regierung. Also lud ich ihn für den nächsten Tag zu einem offenen Mittagessen ein und für den übernächsten zu einem Herrenabend. Das Mahl, das wir in Begleitung von mehreren Bernerinnen aus besten Familien genossen, mundete sehr und eine Frau von Sacconay vermochte mich mit ihrem Charme und ihrer Bildung zu bezaubern. Wäre ich länger in Bern, der helvetischen Hauptstadt geblieben, hätte ich ihr wohl den Hof gemacht.

Die Berner Damen sind bestens gekleidet - zwar ohne Luxus, weil strenge Gesetze dies verbieten, aber immer akkurat und sauber. Sie besitzen ein heiteres Wesen und ihr Französisch ist ausgezeichnet. Sie haben viele Freiheiten, die sie aber nicht missbrauchen, sie scheinen mir galant, aber niemals dekadent zu sein. Anstand und Ordnung gelten viel hier. Die Männer scheinen nicht von Eifersucht befallen zu sein, doch verlangen sie von den Damen, dass diese zum Abendessen daheim sind, welches ungefähr gegen neun Uhr eingenommen wird.

Am nächsten Morgen wurde ich kurz nach sechs Uhr von Herrn von Muralt abgeholt. Er begleitete mich zum Platz, wo die Soldaten der Berner Bürgerwehr ihre Übungen durchführten. Mein Gastgeber erläuterte mir das System des Kantons und erklärte, dass es in Bern eine Menge Ämter gebe. Auch skizzierte er mir die Rechte und Pflichten eines Schultheissen, den man anderswo Bürgermeister nenne. Danach zeigte er mir auf, wie das föderale System der helvetischen Eidgenossenschaft funktioniere, und erwähnte auch, dass jeder Kanton eine eigene Regierung habe.

Abends speiste ich - zu meinem grossen Vergnügen - mit über einem Dutzend Mitglieder des Rates. Der Ton während des Mahls war weder locker, noch scherzhaft, nein, man diskutier-

te mit grosser Ernsthaftigkeit über Staatsrecht, Wirtschaft, Handel und Spekulation. Ein häufig gebrauchtes Wort war die Vaterlandsliebe und man beharrte auf der Pflicht, die Freiheit höher zu stellen als das Leben des Einzelnen. All diese staatsmännischen Reden lockerten sich erst gegen Ende des Mahles auf, nachdem man etliche Flaschen Wein genossen hatte. Da ich auf das Mittrinken verzichtete, bemitleideten sie mich sehr, doch sie liessen mir die Freiheit, das so zu halten - ganz im Gegensatz zu Russen, Schweden oder Polen, die einen immer nötigen, bei solchen Gelagen mitzumachen. Gegen Mitternacht löste sich die ganze Gesellschaft auf, was für Schweizer schon eine sehr späte Stunde ist. Man versicherte mir von allen Seiten die Freundschaft und einer der Männer, der zu Beginn des Mahles die Republik Venedig wegen der Verbannung der Bündner angegriffen hatte, bat mich sogar um Entschuldigung. Als ich im Hotel «Falken» eintraf, erwartete mich die Dubois voller Sehnsucht. Schnell hatten wir uns in die Arme geschlossen und ebenso schnell gegenseitig entkleidet. Ich überhäufte sie mit Küssen und begann, sie überall am ganzen Körper zu streicheln; so wollte ich ihr meine Dankbarkeit beweisen. «Und wieso sollen wir uns Zwang auferlegen?», fragte ich mich selber, als ich in höchster Erregung in ihren Schoss eindrang. «Wieso sollen wir uns nicht wie Mann und Frau benehmen?», spann ich meine Gedanken weiter, während ich auf ihrem warmen Körper lag und mein Gemächt sich immer wieder von neuem seine Bahn in ihren Unterleib fand.
«Sicher werden wir uns irgendwann wieder trennen», sinnierte ich weiter, ohne auf die Freuden ihres so verlockenden Geschlechts zu verzichten. «Ich will kein Heuchler sein, der ewige Liebe verspricht», beendete ich meinen inneren Monolog, um

gleichzeitig erregt meinen Samen in ihrer Scham zu vergiessen. Tag für Tag lebten wir unser Glück aus. Und die Dubois versicherte mir regelmässig ihre Liebe. Sie war so selbstsicher, kannte keine Zweifel oder Furcht oder gar Reue. Eins ums andere meinte sie zu mir, sie könne mir jede Untreue verzeihen - immer unter der Voraussetzung, dass ich sie nicht belügen werde. Wäre so eine Frau wie die Dubois nicht die ideale Gattin für mich gewesen? Hätte ich nicht so meinen Lebensabend in Ruhe und Frieden, mit Sinnlichkeit und Abenteuern verleben können? Aber ich schien nicht für das Eheglück geboren worden zu sein ...

Rund zwei Wochen nach unserer Ankunft in Bern erhielt meine Geliebte einen ersten Brief von Lebel aus Solothurn. Aufmerksam las sie ihn durch und reichte ihn mir dann mit gespannter Miene. Während ich seine Zeilen überflog, musterte sie mein Gesicht eingehend und versuchte, meine inneren Regungen zu ergründen. Lebel kam schnell zur Sache, denn er hielt in seinem Brief um die Hand der Dubois an. Er habe sich ein wenig Zeit gelassen, weil er noch etliche Dinge habe ins Reine bringen müssen. Selbst wenn Herr von Chavigny seine Einwilligung versage, wage er trotzdem nun den Versuch. Er habe ein solides Einkommen und könne ihr einen stattlichen Haushalt bieten. Und nun habe sogar der Gesandte in sein Vorhaben eingewilligt! Er bitte um möglichst rasche Antwort: Erstens, ob sie ihn überhaupt ehelichen wolle; zweitens, falls ja, ob sie lieber mit ihm allein in B. wohnen wolle, wo sie Gebieterin über ein eigenes Haus wäre, oder ob sie als seine Frau weiterhin beim Gesandten in Solothurn bleiben möchte.

«Letzteres würde uns gestatten, unseren Wohlstand in den nächsten Jahren noch zu erhöhen», fügte er mit kräftigem

Schwung hinzu. Auch versicherte er ihr, dass alles, was sie in die Ehe mit einbringe, weiterhin ihr Eigentum bleiben werde. Abgesehen davon habe er vor, ihr eine Summe von 100'000 Franken als Mitgift zu übergeben. Mich selber erwähnte Lebel in seinem Brief mit keinem Wort.

Ich war zwar ein wenig gekränkt, aber trotzdem sagte ich zur Dubois: «Du allein, meine Teuerste, magst entscheiden. Nur glaube ich nicht, dass du mich einfach so verlassen wirst, weil dir klar ist, wie unglücklich ich dann sein würde!» Sie versicherte mir, dass es ihr ebenso ergehen würde: «Wenn du mich nur liebst, dann ist es mir gleich, ob du mich je heiraten wirst», fügte sie hastig hinzu. «Und wie willst du nun antworten?», fragte ich sie ganz direkt. «Keine Angst, du darfst morgen meinen Brief lesen. Ich werde ihm sagen, dass wir uns gegenseitig lieben und dass ich überaus glücklich mit dir bin, so dass ich mich kaum auf das sorglose Leben, das er mir bietet einlassen kann. Und», fügte sie hinzu, «ich werde ihm für seinen Vorschlag danken, aber sagen, meine Leidenschaft zu dir sei grösser als jede Vernunft.» Ich nickte zufrieden: «Gut gesprochen; schreib genau das. Denn einzig und allein deine Liebe zu mir zählt doch; und du bist ehrlich zu ihm, das wird er wohl akzeptieren müssen. Aber dennoch, muss ich sagen, betrübt mich dein Brief nicht wenig ...» Sie schaute mich ungläubig an: «Aber wieso denn, mein Liebster?» Ich zögerte einen Moment und meinte dann mit zittriger Stimme: «Weil ich dir keine 100'000 Franken Mitgift anbieten kann ...» Sie machte eine abwehrende Handbewegung und rief: «Pfui Teufel, Giacomo, was soll diese Summe an meiner Liebe ändern? Du wirst niemals in Not geraten und selbst, wenn ich mit dir im Elend leben müsste, wäre ich dennoch glücklich!»

Unser Gespräch hatte uns beide so erregt, dass wir wie Wilde übereinander herfielen und uns ausgiebig liebten. Als ich dann erschöpft neben ihrem erhitzten Leib lag, beschlich mich plötzlich eine leise Traurigkeit. Man sagt ja, dass die leidende Liebe ihre Kraft verdoppeln könne, aber das glaube ich nicht, denn Amor ist ein wahrhaft törichter Bengel, den man mit Lachen, Tändeleien und Spiel nähren muss; alle anderen 'Speisen' bekommen ihm nämlich nicht.

Der Brief, den die Dubois am nächsten Morgen an Lebel schrieb, beinhaltete genau alle Details unserer Abmachung. Deshalb hielt ich es für meine Pflicht, meinerseits Herrn von Chavigny ein Schreiben zukommen zu lassen, den ich voll warmen Gefühls und mit vielen philosophischen Gedanken ausschmückte. Ausserdem bat ich ihn um seinen freundschaftlichen Rat in meiner Liebesaffäre mit der Dubois. «Ich bin wahrlich verliebt in sie und Sie können sich denken, werter Herr Konsul, dass es mir schwer fällt, mir selber ins Herz zu schneiden. Einerseits liebe ich Mademoiselle Dubois über alles, andererseits will ich ihrem zukünftigen Glück nicht im Weg stehen - und ich kenne mich selber gut genug ...» Als meine Geliebte den Brief gelesen hatte, fiel sie mir gerührt um den Hals und war nun sehr gespannt, was der Gesandte dazu sagen würde.

Schon plante ich weitere Schritte meiner Reise in der Schweiz, denn Frau von Urfé hatte mir etliche Empfehlungsschreiben zugesandt. Eines davon war an den Marquis von Geantil d'Angalérie, das andere an den Baron von Bavois, den Befehlshaber des Bala-Regiments, an dessen Onkel und seine Tante gerichtet, die alle in Lausanne lebten. Also entschloss ich mich für ein oder zwei Wochen an die Stadt am Genfersee zu reisen und dort meine Tage zu verbringen. Die Dubois war darüber natürlich höchst entzückt.

Doch zuvor erlebten meine Gefährtin und ich noch ein höchst amouröses Abenteuer, denn mit Herrn von Muralt-Favre, der Mitglied des Kleinen Rates war, hatte ich Freundschaft geschlossen. Als er mich eines Morgens besuchte, stellte ich ihm die Dubois vor und er behandelte sie ganz wie meine Ehegattin. Auch seine eigene Gemahlin hatte er uns vorgestellt und uns dann - zusammen mit seiner Tochter Sarah - mehrmals besucht. Dieses kecke Mädchen zählte kaum dreizehn Jahre, falls sie uns nicht belog, war brünett, bildhübsch und hatte eine äusserst attraktive Figur. Sie war nicht nur frühreif, sondern hatte auch einen Witz entwickelt, der jenem einer jungen Frau entsprach. Damit reizte sie uns immer wieder zum Lachen, wobei ihre Eltern absolut von ihrer Unschuld überzeugt waren.

Dass wir, die Dubois und ich, sie von Anfang an durchschauten, und dass wir ihrer gespielten Einfalt keinen Moment lang trauten, bemerkte sie zuerst gar nicht. Sie glaubte deshalb, sie könne uns zu ihren Spielen überreden, ohne dass wir stutzig

würden. Wer hatte ihr bloss diese hintertriebene Kunst gelehrt? Fragten wir uns beide. Aber die Antwort war einfach: Niemand. Es war reine Anlage der Natur in ihrem scheinbar noch so kindlichen Wesen. Die Mutter glaubte zwar, darin erkenne man schon die Vorboten eines schnell erwachsenden Geistes, der Vater hingegen hielt das alles für launische Kindereien. Aber wenn sie wirklich nur albern, also eine 'normale' Dreizehnjährige gewesen wäre, hätte sie unser Lachen Lügen gestraft. Am meisten freute sie sich, wenn ihr Vater das Frivole als reinen Blödsinn abtat. Jedes Mal spielte sie dann die Verwunderte und fügte gleich eine zweite 'Torheit' hinzu, um die erste wieder gut zu machen. Und die zweite war jeweils noch stärker ... Sie hätte leicht beweisen können, dass wir die Dümmeren waren, aber dann hätte sie sich verleugnen und aus ihrer Rolle fallen müssen.
Eines Tages erklärte Sarah, sie sei in die Dubois verliebt. Ihre Eltern lachten über diese Aussage nur und deshalb überschüttete das Mädchen meine Freundin mit allen möglichen Zärtlichkeiten. Oft kam sie schon zum Frühstück in unser Zimmer und begann dann ungeniert, die Dubois, die noch im Bett lag, mit Küssen einzudecken. Sie nannte sie «meine geliebte Frau» und fuhr sogar mit ihrer Hand unter die Bettdecke, um sie zu kitzeln. «Ich bin dein kleiner Mann, mein Liebchen», hauchte sie zart, «und ich werde es dir heute beweisen». Die Dubois lachte nur darüber und liess sie ruhig gewähren. Einmal jedoch fiel ich in ihr Lachen ein und meinte - zum Scherz - sie mache mich wirklich eifersüchtig so. «Sie, Mademoiselle Sarah, sind kein Mädchen, sondern ein Mann, da bin ich mir ganz sicher», fügte ich in gespieltem Ernst hinzu. «Und jetzt werde ich mich davon überzeugen!»

Ich packte sie gleichzeitig und gab vor, eine entsprechende Untersuchung vornehmen zu wollen. «Sie täuschen sich, Monsieur», meinte sie kichernd und versuchte, mich abzuwehren, wobei sie meine Hand nicht etwa von ihrem Geschlecht weg, sondern im Gegenteil dahinführen wollte. «So, so, Mademoiselle ist also kein Mann», sagte ich lachend, wobei ich mit meinen Fingern über ihre Vulva strich, «fürwahr, es stimmt». Genau das aber hatte sie gewollt, deshalb zog ich meine Hand schnell zurück. «Liebste, Sarah ist wirklich ein Mädchen», meinte ich beiläufig und wollte es dabei belassen, denn ich spürte keine Erregung bei meinem Unterfangen.
Zwei Tage später war ich gerade daran, mich aus dem Bett zu erheben, als Sarah wieder ins Zimmer trat. Voller Unschuld meinte sie nun: «Monsieur, Sie wissen ja, dass ich kein Mann bin; Ihre Eifersucht ist also fehl am Platz; deshalb würde ich mich gerne zu meiner kleinen Frau legen, falls sie es mir gestattet.» Die Dubois rief schnell im Scherz: «Ach komm ruhig, Kleines!» Schon hatte Sarah ihre Kleider abgestreift und lag in den Armen meiner Freundin, die sie dauernd, «meine kleine

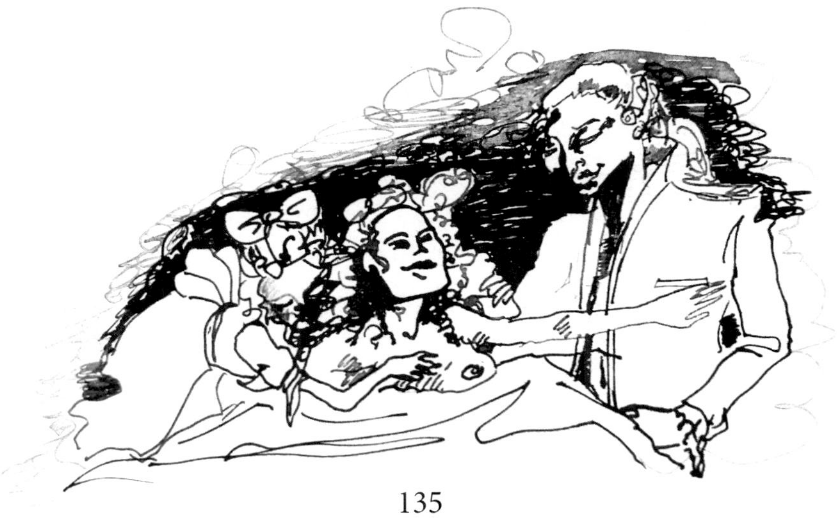

Frau» nannte und wie ein verliebter Gatte behandelte. Sarah fühlte sich ermutigt, sie streifte der Dubois das Hemd ab, warf die Decke beiseite und ich konnte ihren nackten Leib hüllenlos bewundern. Gleichzeitig zog sie der Dubois auch noch das Höschen aus, was mich nun meinerseits höchst erregte. Ich spürte, wie sich meine Männlichkeit hob und hart wurde, deshalb ging ich schnell zur Tür, verschloss sie und legte mich völlig entflammt zur Dubois ins Bett. Auch sie war durch das zunächst so unschuldige Spiel der Kleinen erregt und liess mich sofort in ihren Schoss eindringen. Rücksichtslos begann ich sie zu begatten - all dies unter den Augen von Sarah, die sich bis zum Ende völlig ruhig verhielt und nun die Überraschte mimte.

Ich wollte mich schon wieder anziehen, da meinte sie ganz leise: «Tun Sie dies doch bitte nochmal, Monsieur». Ich musste lächeln: «Das werde ich kaum können, du siehst ja», dabei zeigte ich auf mein Gemächt, dass sich wieder entspannt hatte, «wie matt er nun ist.» Ein Grinsen huschte über ihr Gesicht: «Ach was, da kann man doch sicher etwas tun.» Mit diesen Worten packte sie mein Gemächt und begann, mit geschickten Fingern daran zu reiben. «Na, sehen Sie, Monsieur, es wirkt». Mit diesen Worten wollte sie mich wieder zur Dubois schicken, doch nun griff meine Gefährtin ein: «Nein, das geht nicht, Kleine. Du hast ihn zum Leben erweckt, also sollst auch du ihn wieder aus dem Leben reissen ...» Sarah lachte heiter und meinte: «Oh wie gern würde ich das, aber ich bin viel zu eng, da ist kein Platz für dieses Mordsding!» Aber ganz entgegen ihrer Rede legte sie sich mit gespreizten Schenkeln vor meinen Augen hin, als wollte sie sagen, «ich beweise es euch beiden hier sofort!» Ich begann, ihr Spiel mitzuspielen und näherte mich in eindeutiger

Absicht ihren Schenkeln. Doch sie wich mir keineswegs aus, sondern half mir mit den Händen nach, den 'engen Platz', wie sie es nannte, hurtig zu erkunden. Ich fand keinerlei Widerstand vor, sie war weder eng, noch ängstlich, sondern weit geöffnet und feucht. Also erfüllte ich freudig ihren Willen, ohne dass sie scheinbar das geringste Anzeichen von Zweifel erkennen liess. Zwar rief sie nun immer wieder: «Komm, Liebster, komm», aber ich glaubte nicht, dass sie wirklich tiefe Lust empfand, deshalb hielt ich mich zurück und machte die eine oder andere Bewegung in ihr, allerdings ohne mich gehen zu lassen. In Sarahs Stöhnen war nun auch deutlich Angst und Schmerz zu hören, also zog ich mich schnell aus ihr zurück, gab aber der Dubois gegenüber vor, das junge Ding hätte mir wirklich alles gewährt, selbst das, was man nicht zweimal gewähren könne ... Nun schien Sarah von Gewissensbissen gepackt zu werden und sie flehte uns an, ihren Eltern nichts von diesem Abenteuer zu erzählen. «Sonst schelten sie mich fürchterlich, wie damals, als ich mir ohne ihre Einwilligung Ohrlöcher stechen liess». Dieser Vergleich brachte uns so zum Lachen, dass wir daran beinahe erstickt wären. Das junge Ding wusste jedoch ganz genau, dass sie uns nicht durch ihre angebliche Einfalt täuschen konnte, doch sie tat weiterhin alles, um als naives Dummchen zu erscheinen. Sie stellte uns in der Folge eine Menge Frage über Liebe, Nähe, Körper, usw. und eigentlich war es klar, dass sie das alles schon wusste, doch sie spielte ihre Rolle als 'Unschuld vom Land' bestens und wir unterstützten sie dabei, indem wir ganz ernsthaft auf alle ihre Fragen eingingen.

Von Lebel bekam die Dubois keine Antwort, aber dafür ich vom Konsul einen vierseitigen Brief. In seiner Weisheit meinte er, ich solle es mir genau überlegen; falls ich die Mittel hätte, meine Geliebte über meinen Tod hinaus finanziell abzusichern, dann dürfte ich diese treue Gefährtin niemals ziehen lassen. Aber infolge meines noch geringen Alters sei es wohl besser ihrer Heirat mit Lebel zuzustimmen, ja nicht nur das, sondern diese sogar zu fördern. «Ihre Liebe wird sowieso in absehbarer Zeit wieder einer anderen Frau gelten, chèr Monsieur, und dann verbindet Sie mit Mademoiselle Dubois nur noch eine Freundschaft und sie wäre Ihnen auf dem Weg zu neuen amourösen Abenteuern ein lästiges Hindernis. Ihre Freiheit gilt Ihnen doch alles; verzichten Sie darauf, später nur noch Reue zu empfinden. Aus diesen Gründen habe ich Lebel geraten, das Wagnis einer Ehe mit der Dubois einzugehen. Mir ist sie übrigens die paar Mal, die ich sie bei mir gesehen habe, derart wertvoll geworden, dass ich sie gerne weiterhin möglichst oft um mich haben will. Ich bin ja schon viel zu alt, um ihr noch den Hof zu machen, aber ihren Witz und Verstand, kurzum, ihren aufgeweckten Geist möchte ich nicht mehr missen. Dabei kann ich gerne auf ihre körperlichen Reize verzichten. Und dass Lebel Mademoiselle Dubois weniger aus stürmischem Verlangen, sondern aus Vernunft freien möchte, finde ich sehr gut. Man sollte eine Heirat nie aus dem heissen Blut heraus anstreben, sondern aus nützlichen Erwägungen ins Auge fassen». Ich gab den Brief des Konsuls meiner Freundin zu lesen. Aufmerksam überflog sie seine Zeilen und gab ihn mir völlig gleichgültig zurück. «Nun, Liebste, was hältst du davon?», fragte ich sie frei heraus. «Nun», sagte sie leise, «wir sollten tun, was der Konsul empfiehlt. Und es eilt ja scheinbar nicht. Das ist doch ganz in unserem Interesse. Wir sollten uns nicht den Kopf darüber zerbrechen, sondern unsere Liebe nochmals in vollen Zügen geniessen. Ich glaube zwar kaum, dass die Beziehung zwischen uns zwei je von Gleichgültigkeit geprägt werden kann. Obwohl mir auch klar ist, dass das immer wieder vorkommt.» Ich nickte: «Nein, gleichgültig sicher nicht, da stimme ich dir zu.» Sie meinte nun: «Dann sind wir also immer noch gute Freunde ...» - «Und solche sind einander auch nie gleichgültig, oder?», spann ich ihren Gedanken weiter. Vielleicht verabschiedet sich dabei die Liebe, ich denke, das liegt in der menschlichen Natur.» Jetzt blickte mich die Dubois fragend an: «Aber dann hat der Konsul recht und die Reue, von der er spricht, würde sich allmählich einstellen, wenn unsere Liebe erkalten würde ...» Wieder einmal musste ich ihren Scharfsinn bewundern. «Wenn du möchtest, Liebste, dann heiraten wir. Aber ich glaube, die Ehe könnte zur Feindin unserer Liebe werden ...» Am folgenden Morgen erhielt die Dubois endlich Lebels Brief. Er war genau so verständig geschrieben, wie wir ihn erwartet hatten, und seine vernünftigen Gründe standen jenen des Konsuls in nichts nach. Doch wir hatten schon am Vorabend ausgemacht, uns nun nicht weiter mit dieser Sache zu beschäftigen. Statt dessen umfingen wir einander und liebten uns gut eine Stunde lang feurig. Keuchend und verschwitzt lagen wir uns dann in den Armen und beschlossen in heiterem Bettgeflüster, Bern so schnell wie möglich zu verlassen und unverzüglich nach Lausanne aufzubrechen. Dort lebte man heiterer als in Bern und auch die kleine Sarah wollten wir nicht mehr sehen. Die Dubois meinte lachend: «Lausanne ist so klein, Giacomo, man wird dich überall feiern und rund zwei Wochen lang werden wir täglich irgendwo eingeladen sein. Durch die Montagu bin ich in Adelskreisen ziemlich bekannt und der Herzog von Rosebury hat sogar um meine Hand angehalten. Aber ich muss dich warnen: Wir werden sofort zum

Stadtgespräch und ich glaube, es würde uns beiden nicht gefallen. Auch wohnt ja meine Mutter dort, obwohl sie vermutlich nichts gegen unsere Verbindung einzuwenden hätte», dabei machte sie ein skeptisches Gesicht. «Aber?», stiess ich sie mit meiner Nase an. «Aber», fuhr sie fort, «es wäre ihr vielleicht nicht unbedingt angenehm mich als Mätresse eines fremden Mannes zu sehen ...»
Deshalb entschieden wir, dass die Dubois zuerst einmal allein nach Lausanne reisen solle und ich dann in einigen Tagen nachfolgen würde. «Ich wohne allein in einem Hotel und kann dich dann ja jeden Tag bei deiner Mutter besuchen. Wenn wir in Genf ankommen, dann schlafen wir auch wieder im gleichen Bett», fügte ich scherzhaft hinzu und begann erneut, ihren wunderschönen Körper zu vernaschen.
Zwei Tage später war die Dubois bereits abgereist, frohen Mutes, denn sie fand unseren Plan in Bezug auf Lausanne äusserst klug. Nur ich blieb traurig zurück und absolvierte noch all meine Abschiedsbesuche in Bern. Der Schultheiss von Thun händigte mir ein Empfehlungsschreiben für Herrn von Haller, den weltberühmten Gelehrten aus, den ich vor meiner Abreise aus der Schweiz unbedingt noch besuchen wollte. Am letzten Tag war ich bei Herrn von Muralt-Favre zum Mittagessen eingeladen, wo ich erneut auf die kleine Sarah traf, die mich mit Vorwürfen überhäufte weil meine Freundin bereits abgereist war. Ehrlich gesagt wäre es mir lieber gewesen, wenn ich die Kleine nicht mehr gesehen hätte.
Was dann drei Jahre später in London geschah, will ich hier kurz anfügen, obwohl sich meine dortige Begegnung mit ihr nicht in der Schweiz zutrug. Ich hatte zwar gehört, dass Herr von Muralt eine offizielle Funktion für den Kanton Bern in

London einnahm und war deshalb gleich nach meiner Ankunft in der Themse-Stadt bei ihm vorstellig geworden. Leider liess man mich nicht vor. Ich vermutete, dass ihm seine Tochter unser amouröses Berner-Abenteuer zu dritt gebeichtet hatte und auf eine Fortsetzung davon in London gern verzichten wollte. Doch einige Monate danach trafen wir dann zufällig doch aufeinander, denn ich besuchte eines Abends ein Kleintheater in der Marylebone-Street, wo man für den Eintritt nicht einmal einen Schilling zahlen musste. Irgendeine Gesangs-Komödie wurde zum Besten gegeben, während man an winzigen Tischen dazu essen und trinken konnte. Und wie der Zufall so spielte, sass ich neben einer jungen Dame, der ich zuerst keinerlei Aufmerksamkeit schenkte. Als ich sie aber näher betrachtete, kamen mir ihre Gesichtszüge irgendwie bekannt vor. Sie hatte ein reizendes Lächeln und gefiel mir auf Anhieb.
Durch meine Lorgnette mustere ich sie genauer, da lässt sie ihren Handschuh fallen. Ich hebe ihn sofort auf und sie bedankt sich ganz höflich auf Französisch bei mir. Ihre schwarzen Augen verwirren mich, denn das Feuer dahinter entzündet eine Flamme in mir. «Mademoiselle, verzeihen Sie mir; aber Sie sind wohl keine Engländerin?», frage ich sie. «Nein, Monsieur, ich stamme aus der Schweiz und ich habe die Ehre, Sie bereits zu kennen.» Nun ging mir ein Licht auf, ich blickte mich um und entdeckte neben ihr - Herrn von Muralt samt Gattin. Ich erhebe mich sofort, um die ehrenwerte Dame höflich zu begrüssen, sie nickt mir freundlich zu, aber von ihrem Mann ernte ich nur einen kalten Blick.
Ach die kleine Sarah! Keine drei Jahre waren vergangen und diese hübsche Knospe hat sich zu einer wunderschönen Blume gemausert, die kaum wiederzuerkennen ist! Bilder vom Ber-

ner Hotelzimmer huschten mir durch den Kopf, ein kleiner nackter Leib, der sich mir entgegenstreckte - und ihr schien es ähnlich zu gehen, denn die Rötung ihrer Wangen bezeugte mir bestens, dass sie sich ganz genau an unser gemeinsames Abenteuer erinnerte. In mir stieg der Wunsch auf, zu erfahren, ob sie offen dazu stehen oder ob sie alles ableugnen würde ... Sie konnte sich ja jederzeit auf ihre damalige Naivität und Unschuld herausreden ...

Sie erhob sich plötzlich und ich erkannte, dass da ein höchst attraktive junge Dame neben mir stand; keine Spur vom einstigen kleinen Mädchen mehr, sondern eine hochgewachsene Frau in üppiger Fülle stand auf einmal neben mir. «Teure Sarah!», rief ich erstaunt, «erlauben Sie mir zwei Fragen, denn ich bin sehr beeindruckt von Ihnen!» Zuerst schaute sie mich erstaunt an, dann nickte sie unscheinbar. «Mögen Sie sich noch an unseren Scherz in Bern erinnern?», kam ich ohne Umschweife zur Sache. Sie hätte gar nicht antworten müssen, denn ihre Wangen erstrahlten nun noch röter als zuvor. «Aber ja, Monsieur», sagte sie ein wenig scheu. «Und, wenn ich Ihnen sage, dass mir Ihr Anblick ganz genau jene Gefühle von damals in Erinnerung ruft, zürnen Sie mir dann etwa?» Sie schüttelte nur den Kopf. Schon lag mir eine dritte Frage auf der Zunge, aber ich hielt sie im Zaum und spürte, wie glücklich mich Sarah machen würde, und dass sie wohl diesen vertrauten Augenblick zu zweit mit mir selber herbeisehnte. So überliess ich mich meinen Wonneträumen ...

Am Nebentisch begann man damit, eine ganze Menge von Speisen aufzutragen. Angespornt davon schlug ich Frau von Muralt vor, uns Austern servieren zu lassen, sie zögerte zwar einen Moment, willigte dann aber ein. Danach bestellte ich,

was die Speisekarte hergab: Rehbraten - in England ein seltenes Gericht, Feigenschnepfen, Lerchen, dazu Trüffel, edle Konfitüren, Champagner und diverse Liköre. Die Rechnung von zehn Guineen, die mir der Kellner überreichte, ging in Ordnung, was mich aber verblüffte war die Tatsache, dass Herr von Muralt daran einiges bemängelte. Der gute Mann, der noch vor einer Stunde leblos dagesessen und mir nur einen kühlen Blick zugeworfen hatte, sass nun mit hochrotem Kopf da und strahlte übermütige Freude aus. Sarah, dieses bildhübsche Mädchen, betrachtete ihren Vater und drückte mir im Geheimen die Hände; ich hatte auf der ganzen Linie gesiegt!
Als wir nach dem Schauspiel gemeinsam die Treppe zur Strasse hinuntergingen, bat mich Herr von Muralt sogar um die Erlaubnis, mich besuchen zu dürfen. Statt einer Antwort umarmte ich ihn gerührt und konnte mein Glück kaum fassen. Als nun sein Lakaie meldete, es stehe keine Kutsche für seine Exzellenz zur Verfügung, wunderte ich mich nicht wenig. Ein so wichtiger Mann brauchte doch jederzeit einen Wagen, also anerbot ich ihm, den meinen zu gebrauchen. Für mich bestellte ich umgehend eine Sänfte. Herr von Muralt nahm mein Angebot dankend an, verlangte aber, dass ich die die Damen - die Mutter, Sarah und ihre Schwester - in der Kutsche begleiten solle, er selber begnüge sich mit der Sänfte. Nicht unwillig gab ich nach und kam neben Sarah zu sitzen. So fuhren wir gemeinsam nach Hause. Während unserer Fahrt baten mich Frau von Muralt mehrmals um Entschuldigung, weil ihr Mann mich zu Beginn so kalt empfangen habe. «Genau deshalb war ich so grosszügig», scherzte ich und freute mich darüber, dass Sarah infolge der vielen Löcher auf den Strassen immer wieder an meinen Körper geworfen wurde. Doch dann erfuhr ich

betrüblich Nachrichten: «In den nächsten Tagen verlassen wir London - wohl für immer», erklärte mir die Mutter. «Schon Morgen muss unsere Wohnung geräumt sein, weil eine neue Mietspartei einziehen will. Doch da mein Mann noch wichtige Geschäfte erledigen muss und wohl erst in acht Tagen reisebereit ist, wissen wir nicht einmal, wo wir in der Zwischenzeit bleiben sollen ...» Ich dachte, wieso ziehen sie nicht ein Hotel, fragte aber stattdessen: «Haben Sie denn für die Zwischenzeit nichts Passendes gefunden?» Sie schüttelte traurig den Kopf: «Mein Mann hofft, uns Morgen etwas verschafft zu haben», aber aus ihrer Stimme hörte ich eine gewisse Ungläubigkeit heraus, ob der Gatte dies wirklich schaffen werde. Zuerst wollte ich den Muralts meine eigene Wohnung anbieten, aber irgendetwas hielt mich davor zurück und ich beklagte mein Schicksal, dass mir die schöne Sarah schon so schnell wieder entrissen würde ...

Vor der Wohnung der Muralts angekommen stiegen wir alle aus der Kutsche, wobei ich die Damen eine nach der anderen aus dem Wagen hob. Ich nahm die Einladung, sie ins Haus zu begleiten, höflich an. Frau von Muralt residierte in der zweiten Etage, die beiden Töchter wohnten in der dritten. Da die Hausherrin mit der Wirtin noch etliche Dinge besprechen musste, führten mich die beiden jungen Damen in ihre Zimmer. Es herrschte eine wahre Finsternis hier oben. Sarahs Schwester ging schnell hinaus, um eine Lampe zu holen, ich war also mit der jungen Frau allein. Unser Entzücken war gegenseitig, doch wir hatten kaum Zeit, einen Satz auszusprechen, geschweige denn eine Umarmung auszutauschen, denn schon ertönten wieder Schritte auf der Treppe: Es war nicht die Schwester, sondern der Herr Vater, der es nun ebenfalls nach Hause geschafft hatte. Oh, flüchtiger Traum einer himmlischen Wonne! Wäre Herr von Muralt nicht so von seinen Sorgen und Geschäften beansprucht gewesen, er hätte mich nicht wiedererkannt: In meinem Gesicht loderten die Flammen der Leidenschaft und drückten Zärtlichkeit, Unruhe, Erregung, Triumphgefühle und Hingabe aus. Ich hörte mir ungeduldig eine ganze Tirade von Komplimenten an, die der Hausherr mir machte, nahm dann aber unter einem Vorwand Abschied und eilte nach Hause.

Göttliche Leidenschaft! Mir wurde klar, ich wollte England zusammen mit Sarah verlassen, denn ich glaubte, die ganze Familie würde mich als erwünschten Gesellschafter hochwillkommen heissen. Ich entwarf nicht nur einen Reiseplan in dieser Nacht, sondern skizzierte auch die nächsten Etappen meiner Eroberung. Früh am nächsten Morgen verliess ich das Haus und kehrte zu den Muralts zurück. Ich wollte ihnen vorschlagen, einige Zimmer in meinem Haus zu beziehen, selbst auf die Gefahr hin, dass Herr von Muralt bereits etwas für die Familie gefunden hatte. Doch das Glück schien mir hold, den ich traf ihn gerade an der Türe. Er war drauf und dran, auszugehen, um eine Bleibe für seine Liebsten aufzutreiben. Ich eröffnete ihm mein Angebot, beteuerte mehrmals, dass ich Platz genug hätte, und er willigte ein. Die Damen waren noch nicht aufgestanden, trotzdem erlaubte mir Herr von Muralt, bei ihm einzutreten. Seine Gattin war derart verschreckt, dass sie sich andauernd bei mir entschuldigte. Als ihr Mann nun meinen Vorschlag eröffnete, musste ich laut lachen und meinte, das Vergnügen, so hübsche Gäste bewirten zu dürfen, sei doch Entschädigung genug für mich. Zuerst wehrte Frau von Muralt mein Angebot mehrmals höflich ab, doch ich beharrte darauf und konnte sie schliesslich davon überzeugen. Wir machten aus, dass die ganze Familie am selben Abend bei mir einziehen solle, und vergnügt wie schon lange nicht mehr kehrte ich nach Hause zurück, um alles für den Empfang meiner geschätzten Gäste vorzubereiten.

Kaum eine Stunde war vergangen, als man mir zwei junge Damen meldete. Ich wollte diesen Hübschen schon mitteilen lassen, dass ich keine Zeit hätte, als ich verblüfft feststellte, dass es Sarah und ihre Schwester Lisbeth waren. Kaum waren sie in mein Empfangszimmer getreten, als mir Sarah unumwunden den Grund ihres Hierseins mitteilte: «Monsieur, wir sitzen in der Patsche. Unser Wirt will unsere Möbel nicht wegschaffen lassen, weil wir ihm noch vierzig Guineen schulden, die mein Vater im Moment nicht hat und erst in drei Tagen erhalten wird. Die Anweisung eines Kaufmanns, der dafür bürgen soll, habe ich hier; könnten Sie uns nicht aus dieser dummen Situation heraushelfen, Monsieur?» Dabei blickte sie mich mit Tränen in den Augen an. Ich nahm die Anweisung entgegen, ging ins Nebenzimmer und entnahm einer Schatulle eine Note von fünfzig Pfund, die ich meiner Angebeteten freudig überreichte. «Den Rest von zehn Pfund können Sie mir am Abend zurückgeben, Mademoiselle.» Sie bedankte sich überschwänglich, drückte mir einen Kuss auf die Wange und verabschiedete sich zusammen mit ihrer Schwester. Ich war entzückt, denn diese Bitte an mich war ein klarer Beweis dafür, wie sehr sie mir vertraute. Und gleichzeitig stellte ich schadenfreudig fest, dass ich damit Herrn von Muralt beschämte, der mich im Theater damals so unfreundlich empfangen hatte ...

Beim Mittagessen hielt ich mich zurück, denn ich wollte meinen Appetit erst beim Souper stillen, an dem ja auch die attraktive Sarah teilnehmen sollte. Kurz nach dem Essen tauchte der Diener von Herrn Muralt auf, um einige Gepäckstücke bei mir abzuladen. Gleichzeitig kündigte er die baldige Ankunft der Familie an. Gespannt wartete ich darauf, die Muralts bei mir empfangen zu dürfen, doch es wurde sieben, dann acht, ja gar neun Uhr - und noch immer war keiner von ihnen zu sehen. Ich beschloss, die Sache selber in die Hand zu nehmen und mich persönlich nach dem Grund des Ausbleibens zu erkundigen. Bei der alten Wohnung der Muralts angelangt, fand ich die Familie in Tränen aufgelöst.

Zwei bedrohlich wirkende fremde Männer brachten mich sofort auf die richtige Spur und ich erriet, was los war: «Meine Lieben», hob ich an, «ein hartherziger Gläubiger will Sie verhaften lassen, nicht wahr?» Die Damen weinten noch stärker und Herr von Muralt meinte: «Sie haben leider absolut Recht, Monsieur. Zwar werde ich die nötige Summe erhalten, aber erst in einigen Tagen; aus diesem Grund habe ich auch unsere Abreise um acht Tage hinausgezögert», meinte der Vater mit bitterer Miene. «Darf ich fragen, was für Schritte sie unternommen haben, Monsieur?», frage ich in ernstem Ton. «Nun, Herr Casanova, ich habe mich um eine Bürgschaft bemüht.» Nun wurde ich ein wenig ungeduldig: «Aber Monsieur, wieso haben Sie sich denn nicht an mich gewandt?» Er schüttelte den Kopf: «Herr Casanova, ich stehe bereits in Ihrer Schuld. Abgesehen davon sind Sie ein Ausländer und als Bürgen darf man nur englische Hauseigentümer vorschlagen.» Ich meinte trotzig: «Das mag stimmen, Monsieur, aber Sie hätten sich dennoch an mich wenden und mir eine entsprechende Nachricht zukommen lassen können! Ein vortreffliches Souper wartet auf uns und ich leide schrecklichen Hunger!»

Nach der Höhe der Summe wollte ich nicht fragen, denn ich befürchtete, dass sie mein Vermögen übersteigen würde. Da eilte mir Sarah zu Hilfe und meinte: «Es ist ein Wechsel von 150 Guineen, Monsieur, den mein Vater freimachen muss.» Ich gab mich entrüstet: «Und werden wir dann wenigstens endlich essen können?», rief ich theatralisch. Sarah musste laut lachen, ich bezahlte den Geldeintreibern die 150 Guineen bar aus, erhielt den leidigen Wechsel, steckte ihn mir ein und sagte zu Herrn von Muralt: «Sie können mir die Summe einfach vor Ihrer Abreise aus England zurückzahlen, Monsieur.» Bei diesen Worten umarmte ich ihn heftig und die ganze Familie brach in Tränen der Rührung aus. Dann begleitete ich sie alle zu meiner Wohnung und mit meiner fröhlichen Stimmung gelang es mir, ihren Trübsinn und ihre Sorgen nach und nach zu zerstreuen. Die Speisen waren ausgezeichnet, die Atmosphäre bei Tisch ausgelassen und mit Genugtuung stellte ich fest, dass Herr Muralt sich einen kleinen Rausch angetrunken hatte. Nun verspürten wir alle ein grosses Bedürfnis nach Ruhe und ich genoss in vollen Zufriedenheit das Erstaunen der vier Familienmitglieder über die grosszügige Wohnung, die ich ihnen allen hier bieten konnte. Beim Zubettgehen erklärte ich höflich, dass es mir eine Freude sein würde, bis zur Abreise in die Schweiz für ihren Unterhalt aufzukommen, und dass ich, falls sie dies wünschten, sie auch gerne dorthin begleiten würde.
Meine Selbstprüfung am nächsten Morgen fiel bestens aus, denn ich war physisch und moralisch fit und verspürte grosses Lebensglück. Sarah verdiente meine innigsten Gefühle und meine Liebe ganz und gar und ich war überzeugt davon, ihr Herz vollständig zu besitzen, so dass keine unangemessenen Begierden in mir aufkamen. Herr von Muralt hatte das Haus

sehr früh verlassen, um noch unerledigte Geschäfte zum Abschluss bringen zu können. Als ich die Damen in ihren Zimmer abholte, sah ich, dass alle Koffer geöffnet waren und überall Kleider und Krimskrams herumlag. Auf meine verwunderte Frage nach den Gründen gab mir Frau von Muralt lächelnd zur Antwort: «Monsieur, ich verstehe ihre Verwirrung; aber ein einziger Koffer für uns vier dürfte genügen, denn wir haben uns entschlossen, alles zurückzulassen und zu verkaufen, was nicht dringend nötig ist». Als ich die Auslagen überblickte, entdeckte ich neben feiner Wäsche und schönen Kleidern auch manche Preziose, die sicher einiges an Wert hatte.

Es tat mir irgendwie leid, dass all dies einfach zu einem Schleuderpreis verkauft werden sollte und teilte meine Meinung Frau von Muralt ganz offen mit. Sie lächelte nur und sagte: «Ach, es sind allerdings einige hübsche Sachen darunter, aber viel hübscher ist es doch, wenn man seine Schulden begleichen kann, nicht wahr, Monsieur.» Ich erwiderte, dass ich es auf keinen Fall dulden würde, wenn etwas davon verkauft werden sollte: «Ich kann alle Ihre Schulden hier doch begleichen, Madame; dann begleite ich Sie in die Schweiz und wir sehen weiter ...» Sie bedankte sich zwar herzlich für mein grosszügiges Angebot, aber sie schien die Aufrichtigkeit und meine Absichten zu bezweifeln. «Madame, dies ist mein heiliger Ernst, denn hier sehen Sie nämlich den Gegenstand meiner Wünsche». Mit diesen Worten fasste ich Sarah an der Hand und führte diese an meine Lippen, worauf die junge Frau stark errötete und fragend zu ihrer Mutter hinüber blickte.

Frau Muralt zögerte einen Augenblick, dann erklärte sie Folgendes: «Monsieur, Ihre Absicht ehrt mich. Und ich sehe, wie sehr Sie meiner Tochter gefallen. Aber schauen Sie, mein Gatte hat uns in eine schwierige Lage gebracht: Dass wir hier Schulden haben, ist nicht so schlimm, denn er wollte uns vor Not schützen. Aber dass er unsere ganze Familie unbedingt hierher mitnehmen wollte, das verzeihe ich ihm nicht. Denn jene zweitausend Taler, die uns die Berner Regierung dafür zahlte, reichen hinten und vorne nicht aus; zwar konnte mein Schwiegervater erwirken, das die Berner Regierung einen Teil der Schulden berappt, aber nun hat diese gleichzeitig beschlossen, die Gesandtschaft hier aufzulösen und folglich keinen Geschäftsträger mehr nach London zu schicken. Dafür wird ein Bankier damit beauftragt, sämtliche Zinsen des Kapitals einzuziehen, das die Republik Bern hier noch hat. Und, Monsieur», fügte sie hinzu, «dass Ihnen Sarah so gut gefällt, reicht meiner Tochter zur Ehre, aber ich bezweifle, dass mein Gatte mit einer Heirat einverstanden sein wird!» Sarah errötete bei diesen Worten übers ganze Gesicht und auch ich wurde von einem wohligen Schauer durchflutet; aber leider sah ich mich ausserstande, meinen Herzenswunsch verwirklichen zu können.

Zwei Altwarenhändler sollten am Nachmittag herkommen und die Sachen der Muralts abholen, teilte mir der Hausherr mit. Ich beschwor ihn, dies nicht zu tun, eröffnete ihm nochmals meinen Plan, die Familie auf der Reise in die Schweiz zu begleiten: «Behalten Sie Ihre Kleider und den Rest, ich schiesse Ihnen gerne 200 Guineen als Darlehen vor, Monsieur.» Herr von Muralt zeigte sich entzückt und setzte flugs einen Schuldschein mit der Verpflichtung auf, mir das Geld bis zum Tag der Rückzahlung angemessen zu verzinsen. Den erworbenen Schuldschein über 40 Guineen legte ich hinzu, noch mit zehn Guineen aufgestockt. Die Heirat mit Sarah war im Moment lo-

gischerweise kein Thema mehr und ich liess es darauf beruhen. Wie versprochen unterbreitete Frau von Muralt ihrem Gatten meinen Antrag; drei Tage später trafen wir uns zum Gespräch und beredeten die ganze Sache ausführlich. Herr von Muralt dankte mir zuerst überschwänglich, dann aber meinte er ernst: «Ich habe Sarah in Bern einem Mitglied der Familie von Wattenwyl versprochen und werde zu meinem Wort stehen, denn familiäre Interessen zwingen mich dazu, an dieser Vereinbarung festzuhalten. Abgesehen davon könnte ich meinen alten Vater nicht davon überzeugen, dass sich verschiedene Religionen zu einer gemeinsamen Ehe verbinden lassen ...» Ich konnte seine Gründe und Erläuterungen gut akzeptieren, meinte aber noch, die Umstände könnten sich ja im Lauf der Zeit ändern, bis dahin würde es mich beglücken, einfach seiner Freundschaft versichert zu sein. «Die Reisevorbereitungen gehen auf meine Kosten, Monsieur», fügte ich hinzu und Herr von Muralt betonte nochmals, wie hoch er meine Freundschaft zu ihm und auch meine Liebe zu Sarah doch schätze.
Nun gut, ich liess es mir nicht nehmen, Sarah in Gegenwart ihrer Familie mit Zeichen von Zärtlichkeit und Liebe zu überschütten - soweit es mir erlaubt war und ich die Grenzen des Anstandes damit nicht überschritt. Sie schätzte meine Zuneigung sehr und ich spürte auch, dass sie mich wirklich liebte.
Zwei Tage danach besuche ich meine neue Angebetete in ihrem Zimmer und sie ist allein. Wir werfen uns gegenseitig in die Arme, ich bedecke ihr Gesicht, den Nacken und ihre herrlichen Brüste mit meinen Küssen, aber ich spüre, dass sie meine Liebesglut nicht teilt. Sanft, aber bestimmt vereitelt sie eins ums andere die Erfüllung meiner intimen Wünsche: Die Hand, die sich gegen ihren Venushügel vortastet, zieht sie mit ihrer

Rechten zurück, und als ich versuche, meine Hose zu öffnen, schüttelt sie energisch den Kopf. Jetzt will ich von ihr wissen, warum? Ich solle von ihr nichts verlangen, was sie mir nicht gewähren könne, meint sie leise. Als ich sie daraufhin frage, ob sie mich denn nicht mehr liebe, gibt sie zur Antwort: «Doch, mein teurer Freund, ich bete dich an!» Nun will ich den Grund für ihren Widerstand erfahren, und sage: «Du hast mir doch schon einmal alle deine Reize gewährt, liebe Sarah.» Aber sie winkt ab, sie habe mich doch ebenso umarmt wie ich sie - und das müsse heute genügen. «Aber aus welchem Grund?», bohre ich weiter. «Wenn du mich liebst, dann quält es dich doch auch, wenn du so enthaltsam sein musst, oder?», füge ich hinzu. Nun erklärte sie mir, Duldung und Geduld machten ihr nichts aus, auch könne sie ihre Leidenschaften erfolgreich bekämpfen. «Ich schulde mir das selber, Monsieur. Damals als ich mich Ihnen hingab, geschah es aus freiem Willen und in spielerischer Manier, und ich musste mich dabei nicht erniedrigen; und wahre Liebe gedeiht nur in reiner Freiheit!»
Ich schüttle den Kopf und widerspreche: «Sarah, du hast aber eine seltsame Logik, die deinen Geist zu irrigen Schlüssen verleitet; du legst dir ja selber freiwillig unnötige Fesseln an; denk doch mal, wie zärtlich ich immer bin und beruhige dich; und natürlich schuldest du mir gar nichts!» Jetzt schüttelt sie den Kopf: «Aber du musst zugeben, dass du meinen Vater nicht so grosszügig unterstützt hättest, wenn du mich nicht lieben würdest, oder?» Doch ich verneine das, und versichere ihr, auch der Respekt vor ihrer Mutter hätte mir das gleiche Verhalten geboten. «Mag sein», meint sie nun, «aber ich werde es nicht zulassen, dass Verstandesschulden mit meinem Herzen bezahlt werden ...» Ich bin frappiert und hake nach: «Aber deine Emp-

findungen mir gegenüber, liebe Sarah, genügen sie den nicht, dein Herz zu entflammen?» Wieder schüttelt sie den Kopf: «Ich benötige keine stärkere Glut, Monsieur». Das kann ich nicht auf mir sitzen lassen und ich rufe: «Aber Sarah, wieso bestrafst du mich denn so? Das habe ich wirklich nicht verdient!» Doch sie wendet sich von mir ab und meint: «Erspar mir bitte solch grausame Vorwürfe, lieber Giacomo, und hilf mir dabei, deine Zärtlichkeit zu bewahren; wir können uns doch lieben wie bisher ...»

Was ich hier mitteile, ist wohl kaum ein Hundertstel von dem, was wir bis gegen Mittag alles miteinander besprochen haben. Sarah liegt immer noch im Bett, als Frau von Muralt eintritt und lachend fragt, wieso ich denn ihre Tochter nicht aufstehen lassen würde ...

Ich ging zurück in mein Zimmer und kleidete mich an. Woher bloss dieser Sinneswandel von Sarah stammte? Ich konnte mir keinen Reim darauf machen und schrieb es einer gegenwärtigen romantischen Laune der jungen Dame zu. Wie sonst hätte ich mich mit dieser sanft-resoluten Abfuhr abfinden können? Das folgende Mahl verlief harmonisch und vergnügt. Es war kein Schimmer mehr von unseren morgendlichen Spannungen übrig. Am Abend führte ich die ganze Familie ins Theater von Coventgarden, wo wir entzückt einer italienischen Oper lauschten. Ein frugales Mahl folgte und in beinah vollkommener Seelenruhe gingen wir alle zu Bett.

Beim nächsten Morgenessen kam ich auf das Thema zurück und fragte Sarah - in Anwesenheit ihrer Mutter - ob ich den hoffen dürfe, ihr Herz ganz gewinnen, falls es mir gelingen sollte, in Bern die Einwilligung ihres Vaters zu bekommen. Frau von Muralt erhob sich rasch und meinte, sie wolle unsere

Herzensangelegenheiten nicht durch ihre Anwesenheit stören; gleichzeitig ergriff sie die Hand ihrer älteren Tochter und zog diese mit sich. Sie müssten noch einige Besuche absolvieren ...
Jetzt griff Sarah unser Gespräch vom Vortag wieder auf: «Zweifelst du etwa noch an meinen Gefühlen und daran, dass ich dich liebe, mein werter Giacomo? Wenn es meine Bestimmung ist, deine Gattin zu werden, dann werde ich alles daran setzen, dass wir ein gemeinsames Glück finden und mein Wille wird dem deinigen überallhin und in allem folgen, selbst wenn dies bedeutet, dass ich meine Heimat verlassen soll.» Ich war entzückt und schloss sie feurig in meine Arme. Schon spürte ich mein Geschlecht hart werden, aber ich war vorsichtig genug, die Situation nicht auszunutzen. Sarah warf sich an meine Brust und beschwor mich, nicht mehr von ihr zu verlangen, als sie geben dürfe: «Nicht ohne den Segen der Kirche», fügte sie ernst hinzu. «Meine Verzweiflung entzückt dich wohl!», rief ich ungeduldig. «Du bringst mein Leben in Gefahr durch deinen Widerstand», fügte ich hastig hinzu, «kannst du mich wirklich lieben und gleichzeitig so denken?» Dabei brach ich wahrhaftig in Tränen aus. Als Sarah dies sah, wurde ihr schwindlig und sie musste sich aufs Bett legen. Ihr totenbleiches Gesicht beunruhigte mich stark und ich zog rasch ein Flakon mit Eau de Luce aus meiner Tasche. Ich hielt es ihr unter die Nase und sie öffnete endlich wieder ihre Augen und bot mir die Lippen zum Kuss dar.
Sie wäre so schwach gewesen, aber ihr Zustand verhinderte jeden Gedanken in mir, daraus Vorteile zu ziehen; und wirklich bewusstlos war sie nicht, hätte sicher schnell gemerkt, was ich insgeheim für Absichten hegte ... Statt etwas zu sagen, überschüttete ich ihre Lippen, Augen, Ohren, Arme und Hände

mit einer Flut von Küssen, und als sie wieder ganz wach wurde, flüsterte sie: «Ach, was für ein schöner Beweis für deine Liebe, Giacomo!» Ich tat entrüstet: «Hast du wirklich geglaubt, ich könnte deine Ohnmacht schamlos ausnützen, liebe Sarah! Nie würde ich etwas von dir verlangen, was du mir nicht freiwillig gewährst!» Sie lächelte und meinte: «Das weiss ich doch, Liebster. Aber ich war ja nicht wirklich bewusstlos - und wenn ich auch keinen Widerstand hätte leisten können, dann wäre wohl meine Liebe zu dir endgültig erloschen ...» Ich küsste sie fest auf die Wangen und sagte erschüttert: «Was bist du doch für eine göttliche Kreatur, liebe Sarah! Du entzückst und quälst mich zu gleichen Teilen, mio amore!»

Nach diesem Gespräch begrub ich meine Hoffnungen in Bezug auf eine längere Beziehung mit Sarah von Muralt. Mein Temperament kannte ich bestens und ich wusste, dass ich mich nicht weiter in eine Verbindung mit ihr verstricken durfte; für moralisches Heldentum war ich die falsche Person und ich hatte keine Kraft dafür übrig. Die Hoffnung, Sarah je als Gattin zu gewinnen, verblich nun in weiter Ferne und das einzige, was ich noch wahrnahm, war ein nahender Abgrund. Sollte mich diese junge Frau ins Elend stürzen? Und ich könnte ihr nicht einmal die Schuld daran geben?

Deshalb verkündete ich beim Abendessen mit der Familie Muralt meinen Entschluss, vorläufig auf die Reise nach Bern zu verzichten. Ich mache ihnen klar, dass ich mich nicht auf viel zu vage Zusagen verlassen wollte und die Reaktion des Vaters, der volles Verständnis für meinen Entscheid hatte, bestätigte mir das Ganze. Herr von Muralt merkte noch an, ich könnte ja im Briefwechsel mit seiner jüngeren Tochter bleiben.

Die nächste Nacht war schrecklich: Schlaflos wälzte ich mich hin und her in meinem Bett, fühlte mich geliebt und war doch todunglücklich. Zwar ergaben sich noch ein, zwei Möglichkeiten, allein mit Sarah zu sein, doch ich hielt mich zurück und ausser ein paar Zärtlichkeiten geschah nichts mehr zwischen uns. Ich unterdrückte die Stimme meiner Leidenschaft erfolgreich. Die Erfahrung, die ich dabei machte, zeigt, dass man zwar durch Enthaltsamkeit manchmal die Glut der Leidenschaft steigern kann, dass sie aber häufig das Gegenteil bewirkt. Und ich war mir sicher, dass Sarah in meinen Augen und Sinnen nach und nach immer gleichgültiger geworden wäre, ohne dass ich die Achtung vor ihr verloren hätte oder gar unsere Freundschaft zerstört worden wäre. Als die Stunde der Trennung kam, war ich erleichtert: Die Familie der Muralts schiffte sich nach Ostende ein und ich begleitete sie noch bis zur Mündung der Themse.

Kapitel 6
Abreise, Murten, von Haller, Lausanne und Abschied

Ich verliess Bern mit einem guten Gefühl. Leduc war immer noch sehr schwach, aber ich konnte kaum auf seine Dienste verzichten, traute ich doch wirklich nur ihm bedingungslos. Frau von Urfé hatte mir den Auftrag übermittelt, in Murten Herrn Herrenschwandt, einen angesehenen Arzt aufzusuchen, und so mussten wir vier Stunden nach Bern schon wieder anhalten. Der Doktor war sehr freundlich, lud mich sofort zum Mittagessen ein, wobei er mir die ausgezeichnet mundenden Fische des hiesigen Sees vorsetzen wollte.

Für ein wissenschaftliches Gutachten über den Bandwurm händigte ich ihm zwei Louisdor aus und er führte mich nach dem Essen zur Strasse nach Avenches bis hin zu einer Kapelle, die voller Gebeine von Toten war. «Sehen Sie, Monsieur, hier ruhen etliche burgundische Ritter, die von den Schweizer Soldaten in der berühmten Schlacht bei Murten erschlagen worden sind», erklärte er mir mit stolzer Brust.

Verwundert blickte ich mich um, denn ich hatte von der Stadt Murten bis jetzt eine erhabene Vorstellung gehabt. Dieser Ort, der seit siebenhundert Jahren einen heldenhaften Ruf hatte und drei Belagerungen überstand, musste doch gewaltig sein, aber ich sah gar nichts davon. «Nun, Monsieur, das alte Murten ist wohl zerstört worden?», fragte ich meinen Gastgeber. Er lachte nur: «Keineswegs, es ist schon seit Ewigkeiten gleich geblieben ...» Nun, dachte ich mir, wer nur liest und nicht reist, wird vieles falsch oder gar nicht verstehen; erst wenn man sein

Wissen vor Ort überprüfen kann, werden einem die Dinge klarer. Unwissenheit ist dumm, aber Falschwissen noch schlimmer - sagte ja auch schon Monsieur de Montaigne.
Am nächsten Morgen fuhr ich nach Roche, mit dem Ziel, dort den weltberühmten Gelehrten Albrecht von Haller kennenzulernen. Mein Empfehlungsschreiben öffnete mir wieder einmal eine wichtige Türe und mir gegenüber stand ein stattlicher Mann, der mindestens einen Meter achtzig mass. Seine durchgeistigte Schönheit hinterliess bei mir einen grossen Eindruck, ebenso seine Gastfreundschaft, mit der er mich empfing und königlich bewirtete. Auch teilte er mit einer wohl angeborenen Bescheidenheit und freiwillig sein immenses Wissen mit mir, was eine gewisse Ratlosigkeit in mir zurückliess. Mit freundlichem Ton schien er nicht nur seinen Besucher, sondern vor allem auch sich selbst zu belehren. Seine Fragen zu wissenschaftlichen Themen beinhalteten meistens bereits eine mögliche Antwort.
Physiologie, Medizin und Anatomie waren Hallers Hauptdomänen. Wie Morgagni, dessen Unterricht er genossen hatte, hatte er sich mit den inneren Kräfte des Weltalls befasst und vertraut gemacht und dabei etliche Entdeckungen realisieren können. Er korrespondierte häufig mit Morgagni, auch mit Pontedera, deren Briefe er mir zeigte. Pontedera war Botaniker und auch Haller interessierte sich für dieses Fachgebiet. Als wir über diese hochgelehrten Männer sprachen, deren Unterricht ich in Padua genossen hatte, brachte meine Gastgeber eine gewisse Kritik an Pontedera an: «Seine Briefe bereiten mir Kopfzerbrechen, denn das von ihm benutzte Latein erscheint mir äusserst sinister zu sein! Dabei wäre doch Klarheit so wichtig!»
Denn, so erläuterte er mir, vor kurzem habe er von einem Mit-

glied der Berliner Akademie eine wunderbare Nachricht erhalten: «Stellen Sie sich vor, Monsieur, der König von Preussen hat endlich den Gedanken aufgegeben, die lateinische Sprache zu unterdrücken! Und wissen Sie wieso? Weil ich in einem meiner Briefe betont habe, dass jenem, dem es gelinge, die Sprache eines Cicero oder eines Horaz aus unserer Gelehrten-Republik zu verbannen, nur eines damit erreichen würde - nämlich sich selber ein Monument der eigenen Unwissenheit zu erschaf-

fen. Wenn es unter uns Gelehrten nötig ist, eine gemeinsame Sprache für unsere Entdeckungen zu haben, so kommt unter den toten Sprachen nur das Latein in Frage, denn Griechisch und Arabisch haben doch ausgedient und einen Endpunkt erreicht!»

Doch Haller glänzte nicht nur als Wissenschaftler, sondern war auch ein guter Lyriker; und selbst als Staatsmann leistete er seinem Vaterland gute und wertvolle Dienste. Wie ehrlich er alles meinte, belegte er mit einem Sinnspruch, den er mir vortrug: «Es gibt kein besseres Mittel der Erziehung als selber ein gutes Beispiel zu sein.» Und wen erstaunte es, dass dieser vorbildliche Bürger auch ein Mustergatte war? So hatte er sich nach dem Tod seiner zweiten Frau wieder vermählt - mit einer noch sehr jungen Frau, deren Gesicht Klugheit und Güte ausstrahlte. Die gemeinsame Tochter, kaum achtzehn Jahre alt, war ebenfalls von ausserordentlichem Reiz. Während dem Mahl richtete sie nur einige Male eine Frage an einen jungen Mann, der neben ihr sass. Ich wollte wissen, wer dies sei und Haller meinte: «Er ist der Lehrer meiner Tochter.» Spontan sagte ich: «Oh, ein solcher Lehrer und eine solche Schülerin, das dürfe eine amouröse Beziehung kaum ausbleiben!» Haller entgegnete ruhig: «Nun, falls der Himmel es will, dann sei es so», und mit seiner sokratischen Antwort beschämte er meine voreilige Bemerkung als albernen Einwurf. Rasch versuchte ich nun, das Gespräch auf einen anderen Gegenstand zu lenken und schlug zu diesem Zweck eines von Hallers Büchern auf und las daraus vor: «Utrum memoria post mortem, dubito», und blickte meinen Gastgeber herausfordernd an: «Sie bezweifeln also, dass die Erinnerung ein wesentlicher Bestandteil unserer Seele ist?»

Seine Antwort musste logischerweise ausweichend sein, denn er wollte nicht, dass man seine Rechtschaffenheit in Zweifel zöge. Als ich ihm während des Essens die Frage stellte, ob ihn denn Voltaire häufig besuche, antwortete er mit einem Zitat aus dem Werk von Horaz: «Vetabo, qui Cereris sacrum vulgavit arcanum, sub iisdem sit trabibus». Ich nickte nur und übersetzte es für mich selber: «Wer das heilige Dunkel der Ceres enthüllt, darf nicht mit mir unter der gleichen Decke atmen». Mir wurde klar, dass sich Haller so gegen Voltaires mangelnden Respekt gegenüber der Religion abgrenzte. Folglich brachte ich das Gespräch während der nächsten drei Tage, die ich im hallerschen Haus zubringen durfte, nicht mehr auf dieses Thema. Als ich dennoch äusserte, ich würde gerne Voltaires Bekanntschaft machen, meinte mein Gastgeber nur: «Er ist ein Mann bei dem sich das lohnt; nur sagen einige - entgegen der physikalischen Gesetze - er wirke aus der Ferne betrachtet doch grösser als aus der Nähe ...»
Bei Haller wurde üppig aufgetischt, er selber mässigte sich aber, trank nur Wasser und griff erst beim Nachtisch zu einem Gläschen Likör - und selbst das verdünnte er noch mit Wasser. Er wusste vieles über Von Boerhaave zu berichten, dessen Lieblingsschüler er scheinbar gewesen war. Neben Hippokrates galt ihm dieser als grösser Arzt überhaupt und als Chirurgen schätzte er ihn sogar noch höher ein, als sämtliche Heilkünstler, die seither gelebt hatten. Ich konnte es mir nicht verkneifen, meinem Gastgeber deshalb folgende Frage zu stellen: «Aber sagt, Monsieur Haller, wieso hat Boerhaave selber kein hohes Alter erreicht?» Er antwortete schlagfertig: «Quia contra vim mortis nullum est medicamen in hortis!» Er meinte also, gegen den Tod sei kein Kraut gewachsen, und fügte hinzu: «Hätte

der ehrenwerte Boerhaave nicht die Laufbahn zum Arzt eingeschlagen, wäre er schon als Jüngling gestorben; dann hätte ihn eine vergiftete Wunde schnell hinweggerafft, denn diese konnte von keinem anderen Heilpraktiker geheilt werden; er selber jedoch ersann eine Kur mit einer Lösung von Kochsalz und seinem eigenen Urin - und es gelang ihm, sie zu heilen.»
Um ein anderes Thema anzuschneiden fragte ich Haller nun: «Eine Madame X behauptet beharrlich, Sie, Monsieur, hätten den Stein der Weisen gefunden ...» Er musste lächeln: «So, so; nun die Welt behauptet solches; ich aber zweifle daran.» Ich insistierte: «Aber gibt es ihn oder ist es unmöglich, ihn zu finden?» Wider lächelte er: «Nun, seit über dreissig Jahren beschäftigt er mich und ich versuche, mich von seiner Unmöglichkeit zu überzeugen; aber auch das will mir nicht gelingen. Es ist wahrlich eine grosse Aufgabe und jeder Chemiker sollte sie eigentlich für lösbar halten ...» Als er mich verabschiedete, schlug er mir vor, ihm mein Urteil über Voltaire per Brief mitzuteilen und so entstand unsere Korrespondenz in französischer Sprache, im Laufe derer er mir insgesamt 33 Briefe zukommen liess - was für ein grosser Mann, dieser Haller! Sein letztes Schreiben erhielt ich rund sechs Monate vor seinem viel zu frühen Tod; und ich gebe zu, je älter ich werde, desto fester klammere ich mich an solche Schätze aus Papier, wobei ich gleichzeitig weiss, dass ihr Besitz mir den Tod nur noch verhasster macht.
Weil ich in Bern die «Héloise» von Rousseau gelesen hatte, wollte ich sein Urteil darüber hören. Haller sagte: «Nun, Monsieur, ich will ehrlich sein: Ich habe nur wenig davon gelesen, weil mich ein Freund darum gebeten hat. Aber das genügte mir schon, dieses Buch ist wohl der schlechteste aller Romane, weil er viel zu viel schönreden will. Wenn Sie im Waadtland unter-

wegs sind, werden Sie eine schöne Gegend entdecken; aber die Gemälde, von denen Rousseau schwärmt, gibt es dort nicht; aber der Kerl meinte ja, man dürfe in einem Roman ruhig lügen ... Nun, Monsieur Casanova, 'Ihr' Petrarca log in seinen Schriften nicht. Ich besitze alle seine lateinischen Werke, doch niemand will sie mehr lesen, weil man das Latein verteufelt - völlig zu Unrecht! Petrarca war absolut echt und auch seine Liebe zu Laura beruhte nicht auf Einbildung, sondern er liebte sie auf eine überaus menschliche und vielleicht schlichte Art. Hätte Laura, ihn, Petrarca, zu Lebzeiten erhört, dann wäre sie nicht von ihm in seinen Liedern gefeiert worden.» Und indem er von Petrarca sprach, konnte Haller von Rousseau ablenken, der ihm völlig missfiel. Ich fand heraus, dass er den Philosophen verabscheute: «Er will durch Antithesen und paradoxe Sehweisen glänzen und ich halte ihn für äusserst geschwätzig, Monsieur, Casanova.» Nun, Haller gehörte zu den berühmtesten Gelehrten der Welt, aber dieser Schweizer war bescheiden geblieben und mochte keinen Prunk; er hatte es auch nicht nötig, in seinen Unterhaltungen immer sein immenses Wissen einfliessen zu lassen, ob unter Fachleuten oder im Familienkreis, das war ihm egal.

In einem Brief an die Dubois fasste ich den Charakter von Haller so zusammen: «Er kann sich allen anpassen, ist liebenswert und unauffällig. Wieso ist er so beliebt? Das fällt schwer zu sagen, selbst wenn man seine Eigenschaften auflistet. Auf jeden Fall hat er nicht den Dünkel der Besserwisserei wie viele andere Gelehrte und selbsternannte grosse Geister. Er tritt mit mannhaftem Ernst auf, ohne jedoch streng zu wirken. Auch wenn er die Unwissenden verachtet, zeigt er dies nicht, denn was ihm sicher missfällt, sind jene, die wenig wissen, aber überall mitreden wollen. Nie jedoch sah man seine mögliche Geringschätzung aus ihm hervortreten. Er will, das scheint mir klar, von jedermann geliebt werden. Zwar verbirgt er seinen Geist nicht, aber er will, dass man ihn bei ihm selber errät; und nie habe ich erlebt, dass er aus seinem guten Ruf Kapital schlagen wollte. Er spricht sehr eloquent und kann sich trefflich ausdrücken und tut dies, ohne andere Meinungen zu unterdrücken. Über seine eigenen Werke schweigt er lieber und bringt jemand das Gespräch darauf, versucht er sofort, das Thema zu wechseln. Falls er einmal wirklich jemandem widersprechen muss, macht er das äusserst ungern.»

Als ich in Lausanne ankam, wollte ich einige Zeit lang unerkannt bleiben. Ich folgte dem Ruf meines Herzens und ging schnurstracks zur Wohnung der Dubois, die ich auch auf Anhieb fand, denn sie hatte mir den Weg dorthin in allen Details geschildert. Sie war nicht nur mit ihrer Mutter zusammen, sondern ich traf - zu meiner Verwunderung - auch Lebel dort an. Noch ehe ich mein Erstaunen ausdrücken konnte, schon lag sie an meiner Brust und herzte mich sehr. Lebel fragte ich anschliessend, wie lange er denn schon in Lausanne weile und auch, ob es dem Konsul gut gehe. Lebel berichtete freundlich, er sei am Morgen in Lausanne angekommen, um hier einige Geschäfte abzuschliessen. «Und Herrn von Chavigny geht es ausgezeichnet», fügte er noch hinzu. «Als ich nun Madame Dubois hier besuchen kam, war ich erstaunt, dass ihre Tochter bei ihr weilte. Sie, Monsieur, kennen meine Absicht ja bereits. Sollten Sie Ihren Entschluss gefasst haben, dann teilen Sie mir den bitte schriftlich mit. Dann kann ich umgehend Mademoiselle Dubois hier abholen, nach Solothurn bringen und sie dort heiraten.»

Seine Haltung war klar, deshalb sagte ich zu ihm: «Monsieur Lebel, niemals werde ich mich dem Willen meiner Freundin widersetzen. Bis jetzt hält sie an ihrer Meinung fest, dass sie mich nie verlassen werde - ausser ich würde sie von mir stossen.» Als Lebel dies hörte, war er gar nicht zufrieden und er bestand darauf, nächstens eine klare Antwort zu bekommen. «Ich werde Ihnen in den nächsten zehn bis zwölf Tagen meine Entscheidung per Brief mitteilen», sagte ich zu ihm - in der klaren Absicht, seinem Ansinnen nicht nachzukommen. Lebel verliess Lausanne am nächsten Morgen und reiste nach Solothurn zurück. Die Mutter der Dubois verstand unsere Seelenregungen bestens, hatte sie es hier doch mit zwei immer noch frisch Verliebten zu tun, die sich unter keinen Umständen trennen wollten; entsprechend sanft sprach sie mit uns. Mit meiner Angebeteten verabredete ich eine tägliche Besuchszeit bis jeweils um Mitternacht; auch, dass wir nächstens eine gemeinsame Entscheidung in der Liebesangelegenheit treffen sollten.

Die Toilette am nächsten Morgen verrichtete ich äusserst gewissenhaft, weil ich ausgehen wollte, um endlich meine Empfehlungsschreiben zu übergeben. Der erste, den ich traf, war Baron von Bercher, seines Zeichens Onkel meines Freundes Bavois. «Monsieur, es ist mir eine Freude, Sie zu sehen, denn - wie allgemein bekannt - verdankt mein Neffe sein Glück einzig und allein Ihnen! Die Achtung, die man ihm entgegenbringt, und auch seine Beförderung zum General! Wir freuen uns alle, Sie endlich kennenlernen zu dürfen und ich stehe ganz zu Ihren Diensten, Monsieur. Ich möchte Sie zwingen, täglich bei uns vorbeizuschauen und mit uns zu speisen - und falls Sie nicht wissen, was Sie tun möchten, stehen Ihnen hier alle Türen offen. Nur um eines bitte ich Sie, Monsieur Casanova, erzählen Sie niemandem von dem dummen Entschluss meines Neffen, Katholik zu werden ... Hier bei uns würde ihm dieser Streich in der Öffentlichkeit sogleich seine Ehre kosten ...» Ich versprach dem Baron, seiner Bitte nachzukommen und dieses Detail wegzulassen; und schon war ich im Kreise der Familie zum Diner eingeladen.
Leider reihte sich nun ein Diner, Souper und Ball an den anderen und es wurde mir allmählich zu viel des Guten. Ganze vierzehn Tage lang hatte ich nun keine freie Minute mehr für mich und vermochte deshalb nur noch eine einzige Nacht bei und mit der Dubois zu verbringen. «Da hast du sie nun für dich allein und kannst ihre Freuden nicht geniessen», sagte ich mir und deshalb beschloss ich, nächstens nach Genf weiterzureisen. Beinahe jeder wollte mir einen Brief für Voltaire mitgeben, obwohl er hier in Lausanne nicht zuletzt wegen seines Witzes überall in Verruf stand. Einige der Damen fragte ich: «Stimmt es denn, dass sich Monsieur de Voltaire Ihnen gegenüber un-

höflich benommen hat, obwohl Sie doch seine Schauspiele aufführten?» Die Damen nickten: «Aber oui, Monsieur, und wie! Jedes Mal, wenn wir unsere Rollen vor ihm einübten, begann er zu brummen und zu grummeln. Wir konnten es ihm nie recht machen, und er bemängelte nicht nur Stimme und Aussprache, sondern vor allem auch unsere Vorstellungen. Eine falsche Silbe oder ein nicht deutlich ausgesprochener Vers zogen eine üble Strafpredigt nach sich. Wir würden seine Stücke verstümmeln, grollte er uns. Wir hatten alle Angst vor ihm, und einen Grund zum Tadel gab es immer: Einmal hatte eine nicht laut genug gelacht, das andere Mal bei der 'Alzire' ihre Tränen nur vorgetäuscht.» Ich war verblüfft: «Verlangte Monsieur de Voltaire wirklich, dass Sie richtig weinen sollten?» Sie nickten. «Aber ja, Monsieur, und voller Ernst; man müsse wirkliche Tränen vergiessen, alles andere sei nicht akzeptabel ... Ein Schauspieler, der bei seiner Aufführung keine richtigen Tränen vergiesse, könne das Publikum doch niemals zu Tränen rühren ...» Ich nickte, sagte aber: «Nun, da hat Monsieur de Voltaire schon nicht ganz Unrecht; aber ein verständiger Dichter müsste doch gegen Laien anders verfahren als gegen professionelle Schauspieler. Nun gut, die Schöpfer verfallen oft in solche Fehler und es wird wohl kaum je einer von ihnen wirklich zufrieden sein mit der Umsetzung seiner Verse.» Eine der Damen meinte: «Ja, Monsieur, und einmal brachten wir vor, vielleicht liege es nicht bei uns, wenn seine Verse nicht ihre ganze Wirkung entfalten könnten. Ich musste schmunzeln: «Und, hat er darüber gelacht, Madame?» Sie gab sich entrüstet: «Gelacht? Gewiehert wie ein Pferd hat er, Monsieur! Er ist ein brutaler und unverschämter Kerl, mit einem Wort: Er ist unausstehlich!» Dann wollte ich von den Damen wissen, ob sie ihm denn verziehen hätten. «Gott bewahre, Monsieur, keinesfalls! Wir haben ihn fortgejagt!» Ich gab mich erstaunt: «Fortgejagt?» Und nun nickten sie alle im Chor: «Genau, fortgejagt! Und dann hat er seine Mietwohnung aufgegeben und ist weggezogen; und niemals besucht er uns noch, selbst auf persönliche Einladung hin, niemals!» Ich wollte nun wissen, ob sie ihn denn überhaupt noch einladen würden - nach all dem Vorgefallenen? «Aber ja, Monsieur; trotz allem schätzen wir sein Talent, und unser Zorn hatte einzig die Absicht, ihm ein wenig Lebensart beizubringen. Falls Sie Ihn treffen, Monsieur, erwähnen Sie ruhig Lausanne - dann hören Sie selber, was er von uns denkt und wie er über uns urteilt. Alles natürlich in seinem üblich spöttischen Ton.»

Auch den Herzog von Rosebury traf ich mehrmals. Er hatte früher der Dubois vergeblich den Hof gemacht und war ein schöner junger Mann, doch überaus schweigsam. Zwar versicherte man mir, er besitze Esprit und Elan, aber bei allen Diners, Gesellschaften und Bällen, die er besuchte, bestand seine Höflichkeit in wortlosen Verbeugungen. Wurde er angeredet, gab er nur einsilbige Antworten; sein Französisch schien gut zu sein, doch seine Schüchternheit erzeugte den allgemeinen Eindruck, jedes Gespräch sei ihm lästig. Eines Tages war ich bei ihm zum Mittagessen eingeladen und fragte ihn nach seinem Vaterland. Seine Antwort war treffend, bestand aber nicht aus mehr als fünf oder sechs Worten ... Dabei errötete er wie eine junge Dame bei einem Heiratsantrag. Nun gut, acht Monate später begegnete ich ihm in Turin wieder - und zwar als Liebhaber von Madame Martin, der Gattin eines reichen Bankiers. Scheinbar hatte es diese Frau verstanden, ihm endlich die Zunge zu lösen ...

Ich verbrachte bereits den neunten Tag in Lausanne und am Abend gelang es mir, die Dubois zu besuchen. Wir vergnügten uns bis gegen Mitternacht, schliefen miteinander, tändelten herum, küssten uns gegenseitig oben und unten und ich beglückte sie mit meinem zu wahrer Grösse angeschwollenen Geschlecht. Am nächsten Morgen frühstückten wir gemeinsam und ihre Mutter brachte das Gespräch zurück zu Lebel. «Monsieur Casanova, ich bin von Ihrer Redlichkeit überzeugt. Deshalb erwarte ich von Ihnen, dass Sie sich noch vor Ihrer Abreise nach Genf dem armen Lebel gegenüber klar aussprechen und endlich Ihre Absicht kundtun.» Bei diesen Worten übergab sie mir einen Brief von ihm, in dem er sie bat, bei Herrn Casanova vorstellig zu werden und alles klären zu lassen. «Madame, wenn Ihre Tochter nicht jetzt freigegeben wird, wann dann? Je länger es dauert, desto schwieriger wird die ganze Sache für uns alle; ja, möglicherweise wird sie dann sogar nicht mehr wie beschlossen durchzuführen sein ... Und was, wenn dann noch ein lebendes Andenken und Pfand hinzukommt? Was geschieht dann mit uns?»

Mutter Dubois begann zu weinen und ging aus dem Zimmer. Ich musste nun mit meiner Angebeteten darüber beraten und endlich unsere gemeinsame Schicksalsfrage klären. «Es gibt zwei Möglichkeiten, mein lieber Giacomo, die wir Lebel vorschlagen müssen: Entweder verzichtet er auf mich oder dann kommt er sofort herbei, um mich hier abzuholen ...» Ich blickte sie mit grossen Augen an: «Ist dir ernst damit, Chérie?» Sie nickte. «Aber wenn ich ihm das schreibe», fügte ich hinzu, «dann muss ich dich heiraten.» Sie erhob sich, rief laut: «Aber nicht doch!», und ging hinaus.

So allein gelassen, rang ich gut eine Viertelstunde mit mir selber und griff dann zu Papier und Tinte: Ich war entschlossen, Lebel zu schreiben, dass er Madame Dubois ehelichen können, weil dies ihrem Herzenswunsch entspräche ... «Deshalb bleibt mir nichts übrig, als diesem Handel zuzustimmen, Monsieur. Ehelichen Sie die Witwe Dubois und werden Sie mit ihr glücklich», schloss ich meinen Brief, in dem ich ihn auch aufforderte, sofort von Solothurn hierher zu reisen. «Empfangen Sie die Hand der Tochter von Madame Dubois, wenn ich noch zugegen bin», fügte ich hinzu.

Als ich die Feder zur Seite legte, ging ich sofort ins Nebenzimmer und bat Mademoiselle Dubois, den Brief in Gegenwart ihrer Mutter zu lesen. «Falls du einverstanden bist, meine Liebe, setze einfach deine Unterschrift hinzu ...» Sie las das Schreiben mehrmals durch, während die Mutter in Tränen zerfloss. Dann blickte sie auf, mir in die Augen und ehe ich's mir versah, war ihre Unterschrift auf dem Papier. «Au Revoir, ma Chère», sagte ich zu ihr. «Wer werden uns erst wieder sehen, wenn Lebel eingetroffen ist». Zu diesen Worten drehte ich mich um, verliess Mutter und Tochter und kehrte zu meinem Hotel zurück. Ich musste meinen Kummer überwinden, liess mich krankschreiben und wollte mich zuerst einmal auskurieren. Vier Tage später stand gegen Abend plötzlich Lebel vor mir. Wir begrüssten einander und er bat mich, ihn bei seiner zukünftigen Braut aufzusuchen. Ich versprach ihm, mich für das Diner am nächsten Tag dort einzufinden. Ich ordnete alle meine Angelegenheiten, damit ich nach dem Essen schnell abreisen konnte. Am nächsten Morgen erledigte ich noch etliche Abschiedsbesuche in der Stadt und kurz vor Mittag liess mich Lebel durch eine Kutsche abholen.

Es war weder ein Leid- noch ein Freudenmahl, sondern eine

seltsame Stimmung, die während dem ganzen Essen herrschte. Als der Moment des Abschiedes gekommen war, bat ich meine Angebetete, mir den Ring - wie abgemacht - für hundert Louisdor zurückzugeben. Voller Wehmut übergab sie ihn mir und nahm die Summe entgegen. «Niemals hätte ich ihn verkauft, selbst wenn ich dringend Geld gebraucht hätte», sagte sie traurig. «Wenn das so ist, Mademoiselle, dann nehmen Sie ihn wieder; aber versprechen Sie mir, dass Sie ihn auch ihn Zukunft niemals weggeben werden!» Sie fiel mir um den Hals und gab mir - im Tausch - den goldenen Trauring ihres verstorbenen Mannes. Dann verliess sie mich in Tränen. Ich trocknete meine ab und meinte zu Lebel: «Monsieur, Sie geraten nun in den Besitz eines aussergewöhnlichen Schatzes, der nicht nur unbezahlbar, sondern äusserst köstlich sein wird! Tag für Tag werden Sie merken, was für ein Wert darin liegt. Und Sie allein erhalten nun ihre Liebe, Ihr Wohlstand wird sich durch eine treffliche Hausfrau mehren und Ihre Geliebte wird keinerlei Geheimnis vor Ihnen haben. Sie wird Sie trefflich zu unterhalten wissen, Ihren Geist fördern und jede üble Laune wird bei Ihnen der Vergangenheit angehören, das darf ich Ihnen, werter Herr Lebel, versichern!»
Ich trat mit Lebel zusammen ins Zimmer der Mutter, als mich meine Freundin bat, doch nochmals mit ihr zu essen. «Mademoiselle, meine Pferde sind angespannt, und ich denke, ein Aufschub würde nur Tratsch und Gerüchte erzeugen. Aber wir könnten uns im Gasthof XXX treffen; er liegt zwei Stunden von hier entfernt, an der Strasse nach Genf. Wenn Sie mich dort zusammen mit Ihrer Mutter und Lebel beehren, dann will ich alles vorbereiten.» Alle waren einverstanden mit meinem Vorschlag und Lebel schien die kleine Lustreise ganz nach seinem

Geschmack zu finden. Im Hotel war bereits alles reisefertig, Leduc hatte es geregelt, schon fuhren wir los.
Beim Gasthof XXX liess ich anhalten, bestellte ein Souper und keine ganze Stunde später trafen auch schon meine Gäste ein. Die Dubois wirkte unbefangen und heiter, ja gar fröhlich, was mich doch in Erstaunen versetzte. Bei der Ankunft fiel sie mir gelöst in die Arme und sie verwirrte mich nicht wenig, denn ihre Stimmung blieb weiter so. Ich passte mich an, wohl oder übel, und ich fragte mich staunend, ob sie mich wohl je wirklich geliebt habe. Ihre Liebe schien sich von einem Moment zum anderen in Freundschaft umzuwandeln, aber ich beschloss, ihrem Beispiel zu folgen, und ging so vertraulich mit ihr um, wie dies zwei gute Freunde miteinander dürfen ...
Als wir beim Souper sassen bemerkte ich, dass Lebel eher auf den Besitz dieser Frau aus war und weniger von der Aussicht beseelt, sie und ihre Freuden in Zukunft geniessen zu dürfen ... «Er wirkt völlig ohne Leidenschaft», sagte ich zu mir. Auf einen solchen Mann konnte ich nicht einmal eifersüchtig sein. Die gute Laune der Dubois jedoch war in erster Linie auf ihren Wunsch zurückzuführen, mich in diesen Momenten heiter und gelassen zu sehen - und sicher auch, ihrem zukünftigen Gatten zu gefallen. Natürlich, angesichts der gesicherten und sorgenfreien Aussichten, konnte sie völlig zufrieden mit ihrem Leben sein ...
Gegen Ende des zweistündigen Mahls wurde ich wirklich ausgelassen und heiter, erinnerte mich mit Wohlgefallen an all die intimen und amourösen Erlebnisse, die ich mit der Dubois durchleben durfte, und ich blickte auf sie, wie auf einen Schatz, der lange in meinem köstlichen Besitz gewesen war - und den ich nun weitergab; wie ein grossmütiger Sultan, der die Verdienste seines Lieblingssklaven anerkennt und den er so mit

seiner Freiheit beschenkt. Ich betrachtete meine vormalige Freundin, lachte über ihre Scherze und dachte heiter an unsere Eskapaden zurück; ja, und keinerlei Bitterkeit, keinerlei Reue mischte sich in meine Ausgelassenheit und diese überaus süssen Erinnerungen. Einzig, als ich Lebel einen Augenblick lang musterte, durchzuckte mich ein gewisses Unbehagen, weil ich ahnte, dass er mich in körperlicher Hinsicht wohl niemals ersetzen können würde. Die Braut schien meine Gedanken zu erraten, aber ihre Blicken gaben mir zu verstehen, dass sie dies kaum bekümmern werde ...
Nach dem Mahl erklärte Lebel, er müsse nun nach Lausanne zurück, denn man erwarte ihn schon für den übernächsten Tag in Solothurn. Ich umarmte ihn heftig und bat ihn, mir seine Freundschaft auch in Zukunft zu bewahren, was er umgehend versprach. Ich geleitete die Dubois die schmale Treppe hinunter und sie meinte, dass ihre Herzens-Wunde wohl erst in einiger Zeit geschlossen werden könne.
«Lebel weiss, dass er nur auf meine Achtung und Freundschaft setzen kann, auch wenn ich ihm voll und ganz angehöre. Doch du allein, Giacomo, bist jener, den ich liebe, nur bei dir spüre ich die Macht der Sinne vollumfänglich; und wenn wir uns wiedersehen sollten - was ich erhoffe - dann als wahre Freunde! Unser heutiger Entschluss soll gesegnet sein! Du selber wirst über kurz oder lang wieder eine Frau finden, die du ganz und gar lieben kannst, Giacomo. Eine, die dich zu erheitern weiss. Sollte ich übrigens in guter Hoffnung sein, lieber Freund, so sei sicher, meine mütterliche Liebe gilt dann ganz dem Kind - ob von dir oder von ihm. Mit Lebel habe ich deswegen ausgemacht, dass wir uns gleich nach unserer Ankunft in Solothurn trauen lassen. Unsere Ehe soll aber im Fleisch erst in zwei Mo-

naten vollzogen werden. Werde ich nun vor dem nächsten April entbunden, dann bist du der Vater meines Kindes; selbst dann aber wird die Umwelt glauben, dass dieses Kind die Frucht meiner rechtmässigen Ehe ist. Kommt es aber später, dann ist die Sache ebenfalls klar. Lebel ist übrigens Urheber diese weisen Plans; und er würde auch dein Kind wie sein eigenes lieben! Unser Hausfrieden ist demnach gesichert. Sobald ich dann einen Brief von dir erhalte, werde ich dir umgehend reinen Wein einschenken. Und, Giacomo, ein Kind wäre ein viel grösseres Geschenk als dein Ring, mein Lieber! Ach, schau, wir weinen und Lebel sieht uns lächelnd zu!»

Ich presste sie nochmals fest an meine Brust und hob sie dann in die Kutsche. Lebel trat herbei und versicherte mir, dass ihn unser Unternehmen und das Mahl hier sehr erfreut hätten. Dann rollte der Wagen eilends davon, sehr zur Freude der Dienstmägde, die mit Lichtern in der Hand hatten warten müssen, bis das Gefährt verschwunden war. Ich aber ging traurig und heiter zugleich zu Bett.

Kapitel 7
Genf, die Theologin, Voltaire und noch ein Abenteuer

Am nächsten Morgen fragte mich ein Pastor aus Genf, ob er mit mir reisen dürfe. Zehn Stunden Fahrt warteten vor uns und ich dachte, dieser Mann könne uns den richtigen Ort zum Essen nennen. Er liebte es zu plaudern, so dass die Zeit sehr schnell verging. Ich genoss seine Leichtigkeit, mit der er mir alle, selbst die heikelsten religiösen Fragen beantworten konnte. Mysterien existierten für ihn nicht, er war ein reiner Vernunftmensch. Es gab wohl keinen Geistlichen, der ein praktischerer Christ als er war, ein Biedermann, der übrigens auch ein sehr sittsamer Mensch war. Dann wurde mir klar, dass nicht er allein dieses Praktische ausübte, sondern seine ganze Gemeinde. Sein Christentum schien mir verdächtig und ich behauptete, er sei wohl ein Schein-Calvinist, denn er leugne ja sogar die «Kosubstanzialität» von Sohn und Vater ... Aber er antwortete mir mit sanfter Stimme: «Calvin hat sich nie als unfehlbar erklärt - wie etwa der Papst!» Daraufhin hakte ich nach: «Aber Calvin hat behauptet, der Papst sei der Antichrist im Sinne der Johannes-Offenbarung!» Er wurde ein wenig rot, aber erklärte ehrlich: «Leider wird dieser Irrtum in Genf noch weiterbestehen, solange man nicht jene Inschrift entfernt, die deutlich über einer Genfer Kirchentür prangt, und die den Papst leider so betitelt, Monsieur.»

«Nun, das Volk ist ja in der Regel überall unwissend und abergläubisch», meinte der Pastor. «Aber ich habe eine sehr besondere Nichte, sie ist zwar erst zwanzig Jahre alt, teilt aber die meisten landläufigen Ansichten überhaupt nicht. Ich will sie Ihnen vorstellen, Monsieur, sie dürfte Ihnen gefallen, denn sie ist eine äusserst hübsche Theologin». Ich war sofort interessiert: «Gut, mit Vergnügen, Herr Pastor. Doch auf eine Disputation mit ihr werde ich mich kaum einlassen.» Jetzt musste mein Gegenüber lächeln: «Es wird Ihnen keine andere Wahl bleiben, Monsieur, aber seien Sie versichert, Sie werden es kaum bereuen.» Als ich ihn nach seiner Wohnung fragte, winkte er ab: «Ich hole Sie direkt aus Ihrem Hotel ab.» Ich wählte das Hotel «Waage» und erhielt dort vorzügliche Zimmer; man schrieb den 20. August 1760. Früh am nächsten Morgen suchte ich den Bankier Tronchin auf, bei dem ich meine Gelder deponiert hatte. Er legte mir meine Rechnungen vor und stellte mir Kreditbriefe für Marseille, Genua, Florenz und Rom aus. Ich nahm 12'000 Franken Bargeld mit und mein gesamtes Vermögen belief sich auf über 50'000 französische Taler. Anschliessend überbrachte ich meine Empfehlungsschreiben und kehrte dann geschwind zum Hotel zurück.

Der Pastor wartete auf meinem Zimmer und lud mich zum Mittagessen ein. «Übrigens, Monsieur Casanova, Herr de Villars-Chandieu wird auch zugegen sein; er kann Sie am Nachmittag zu Monsieur Voltaire begleiten, der Ihrer Ankunft schon seit Tagen gespannt entgegensieht.» Nachdem ich mich zurecht gemacht hatte, ging ich mit dem Pastor mit und fand bei ihm eine angenehme Gesellschaft vor. Besonders gut gefiel mir die hübsche Theologin, seine Nichte, mit der er beim Nachtisch folgende Unterhaltung begann:

«Ma chère nièce - womit hast du dir denn heute Morgen die Zeit vertrieben?», fragte der Pastor. Sie habe im heiligen Augustinus

gelesen, gab sie zur Antwort. Sie sei aber über die sechzehnte Lektion anderer Ansicht gewesen und habe ihn deswegen weggelegt. «Es wäre viel zu einfach, ihn dabei widerlegen zu können», merkte sie an. Jetzt wollte ihr Onkel wissen, worum es in diesem Kapitel denn gehe. «Nun, Augustinus behauptet, die heilige Jungfrau habe Jesus durch ihre Ohren empfangen. Was doch aus drei Gründen völlig absurd ist: Erstens ist Gott doch körperlos - wieso sollte er eine Öffnung brauchen, um in ihren Körper zu gelangen. Zweitens besitzt das Trommelfell absolut keine Verbindung zu jenen Organen, die mit der Geburt zu tun haben. Und drittens hätte man die Entbindung ja dann auch durch die Ohren vornehmen müssen ... Dann könnte man vielleicht von einer jungfräulichen Niederkunft sprechen.»
Wie alle anwesenden Gäste war auch ich baff. Aber niemand liess sich deswegen etwas anmerken. Der göttliche Geist der Theologie schaut wohl auf die fleischlichen Niederungen herab - so kam es mir vor. Baute diese junge Theologin wohl darauf? Auf jeden Fall bat sie mich um meine Meinung. «Mademoiselle, ich würde Ihnen - wäre ich Theologe - sicher zustimmen; und wäre gegenüber sämtlichen Wundern auch äusserst kritisch eingestellt. Da ich es aber nicht bin, pflichte ich Ihnen bei und tadle wie Sie den heiligen Augustinus. Und stellen Sie sich vor, die Jungfrau Maria wäre taub gewesen ... Und die Anatomie beweist ganz genau, dass jene drei Nervenpaare, die das Gehör erzeugen, nicht die geringste Verbindung zu den Geburtsorganen besitzen. Also ist es unbegreiflich, wie die Empfängnis stattgefunden hat - ein Wunder eben ...» Die übrigen Gäste blickten mich alle erstaunt an.
Die junge Dame jedoch pflichtete mir erfreut bei und meinte, an mir sei ein grosser Theologe verlorengegangen. Ich musste

an Einsiedeln denken und lachte in mich hinein. Der Pastor seinerseits bedankte sich bei mir für die wertvollen Gedanken, die ich seiner Nichte vermittelt hätte. Die Gesellschaft stellte ihr noch etliche Fragen und jeder begriff, dass ihre grosse Stärke das Neue Testament war. Aber über dieses merkwürdige Fräulein werde ich später noch mehr berichten.Nach dem Essen fuhren wir zu Herrn von Voltaire. Dort hatte man gerade die Tafel aufgehoben, als wir eintraten und mein Beitrag zur Konversation gestaltete sich äusserst feierlich: «Monsieur de Voltaire», rief ich erregt, «dies ist der glücklichste Augenblick meines Lebens, denn endlich treffe ich meinen Lehrer, bei dem ich schon an die zwanzig Jahre in die Schule gehe!» Der grosse Philosoph lachte nur: «Monsieur, wer immer Sie auch sein mögen, erweisen Sie mir doch noch weitere zwanzig Jahr die Ehre, bevor Sie mir das Schulgeld berappen!» Reihum folgte Gelächter: «Aber sicher, Monsieur, das verspreche ich Ihnen; Sie jedoch müssen mir meinerseits versprechen, mich zur Geldübergabe persönlich zu erwarten!» Wieder reihum Gelächter. Sein Witz wurde geschätzt, meiner auch. Und wer die Lacher auf seiner Seite hat, gehört zu den Siegern; es war eine kleine Kabale, auf die man in seiner Gesellschaft immer gefasst sein musste.

Man erzählt sich auch die Anekdote zweier Engländer, die dem Philosophen vorgestellt wurden. Dabei steht Voltaire auf und sagt: «Sie sind Engländer? Oh wäre ich doch auch einer!» Ein eher zwiespältiges Kompliment, denn nun wären die Besucher eigentlich genötigt worden mit «Wären wir doch Franzosen» zu antworten. Aber die beiden zögern - sollen sie lügen oder schämen sie sich die Wahrheit zu sagen? Denn ein Mann voll Ehrgefühl darf seine Nation immer über, aber nie unter einer fremden platzieren.

Kaum haben wir Platz genommen, wendet sich Voltaire mir zu: «Sie, Monsieur Casanova, kennen als Venezianer zweifelsohne Graf Algarotti?» Ich nicke: «Sehr wohl, Monsieur, aber ich kenne ihn nicht als Venezianer - so gut wie alle meine Landsleute wissen nichts von ihm, auch nicht, dass er ein Gelehrter ist; nein, ich habe ihn in Polen getroffen, wo er sieben Jahre lang weilte; und ich bewundre den Grafen - weil er Sie bewundert, Monsieur de Voltaire!» Jetzt nickt er: «Ja, wir sind Freunde; aber bewundern muss er niemand, denn wer ihn kennt, achtet ihn automatisch.» Ich wage es meinem Gastgeber zu widersprechen: «Der Graf hat sich seinen Namen als Bewunderer geschaffen, als jener von Newton; so konnte er mit den Damen über das Licht sprechen ...» Voltaire scheint erstaunt: «Ist dem wirklich so?» Ich nicke erneut: «Nun, vielleicht nicht so gut wie von Fontenelle mit seiner Theorie der Mehrheit der Welten, aber er hat es geschafft.» Voltaire sinniert einen Moment, meint dann: «Oui, c'est vrai, das stimmt wohl. Sagen Sie dem Grafen, Monsieur, wenn Sie ihn in Bologna treffen sollten, ich erwarte sehnsüchtig seine Briefe über Russland. Er soll sie mir doch über Signor Bianchi, den Mailänder Bankier schicken. Aber stimmt es, dass ihr Italiener ihm wegen seiner Sprache grollt?» Ich nicke schon wieder: «Oui, Monsieur; seine Werke sind eigenartig und mit Gallizismen gespickt; wir bedauern ihn deshalb.» Jetzt lächelt Voltaire: «Aber verschönern denn die französischen Redewendungen etwa Ihre Sprache nicht, Monsieur?» Jetzt muss ich lachen: «Aber nein, ein solcher Stil ist unerträglich; oder glauben Sie, dass ein mit italienischen Wörtern gespicktes Französisch besser wäre? Selbst wenn es von Ihnen verwendet würde, wäre es ebenso unausstehlich!» Voltaire denkt nach und sagt dann: «Da haben Sie wohl recht,

Monsieur Casanova, eine Sprache soll möglichst rein gebraucht werden; selbst Livius wurde getadelt, weil sein Latein einen patavinischen Einschlag hatte.» Ich erwidere: «Mein Lehrer Abbé Lazzarini, der mir Latein beibrachte, stellte Livius noch über Sallust ...»
Voltaire blickt erstaunt: «Sie meinen jenen Abbé Lazzarini, der die Tragödie 'Ulisse il giovane' verfasste? Die kennen Sie vielleicht nicht, weil Sie zu jung dafür sind, aber ich hätte ihn gerne gekannt; wie den Abbé Conti, ein Freund Newtons und Verfasser von vier Tragödien, worin die gesamte römische Geschichte enthalten ist, diesen habe ich tatsächlich gekannt.» Ich erkläre ihm, dass auch ich den Abbé Conti kannte. «Ich schätze mich glücklich, damals jung gewesen zu sein, und habe das Gefühl, es sei erst gestern gewesen. Ach wäre ich doch der Jüngste des gesamten Menschengeschlechts!» Voltaire erwidert lächelnd: «Glücklicher als der Erstgeborene wären Sie dann allemal. Doch sagen Sie, Monsieur Casanova, welchem Teil der Dichtkunst widmen Sie sich denn?», und blickt mich dabei interessiert an. «Keinem, Monsieur, das kommt vielleicht noch, nein, ich lese soviel ich nur kann und studiere die Menschen auf meinen vielen Reisen.» Er nickt wieder: «Ein guter Ansatz, Monsieur, nur dass Ihr 'Buch' ein wenig gar gross geraten ist; Sie könnten die Geschichte studieren und kämen einfacher ans Ziel.» Doch ich erwidere, dass die Geschichte oft lüge und viele Tatsachen ungewiss seien. «Auch langweilt mich ihre Untersuchung, nein, lieber wandere ich durch die Welt und studiere gleichzeitig die Menschen, denen ich dabei begegne. Auch ist Horaz, den ich in und auswendig kenne, mein ständiger Begleiter», füge ich noch an. «Genau wie der Graf; der trennt sich auch nie von ihm. Dann sind Sie ein Freund der Dichtkunst,

Monsieur?» Ich erkläre ihm, dass diese eine meiner Passionen sei. «Haben Sie viele Sonette gedichtet?», will Voltaire nun von mir wissen. «Aber sicher, auch wenn mir nur zehn oder fünfzehn davon gefallen; insgesamt mögen es zwei- bis dreitausend sein. Die meisten davon schaue ich nie mehr an.»
Wir prosten uns zu und dann ruft Voltaire: «Ihr Italiener seid in das Sonett wahrhaftig vernarrt!» Ich bestätige ihm dies: «Wenn Sie unter Narretei das Streben bezeichnen, einen Gedanken in einem harmonischen Zusammenspiel erklingen zu lassen, der ihn so in noch schönerem Licht erstrahlen lässt, dann ja. Und vergessen Sie nicht, Monsieur de Voltaire, das Sonett ist eine höchst anspruchsvolle Gedichtform, auch wenn es nur vierzehn Verse sind, man darf einen Gedanken deswegen weder überdehnen, noch kürzen. Ein gutes Sonett taugt nichts, es muss vortrefflich klingen!»
Wider prosten wir uns zu. Voltaire meint nun: «Sie haben so wenige davon, weil es ein wahres Bett des Prokrustes ist; und wir Franzosen haben gar keines - was an unserer Muttersprache liegt.» Ich füge hinzu, dass daran auch der französische Geist mitschuldig sei: «Man glaubt bei Ihnen doch, dass ein Gedanke an Kraft und Glanz verliere, wenn er über einen Alexandriner hinausgeht ...» Er fixiert mich mit seinen Augen: «Glauben Sie das etwa nicht?» Ich schüttle den Kopf: «Keineswegs, Monsieur, es kommt doch auf die Art eines solchen Gedankens an; ein amüsanter Einfall wird wohl nie zu einem Sonett passen ...»
Voltaire nickt wieder, fragt mich dann: «Welchen italienischen Dichter mögen Sie am liebsten?» Sofort rufe ich: «Ariost! Er ist der Einzige für mich, nicht einfach nur der Liebste; nun, Monsieur, ich kenne Ihren Angriff auf ihn, den Sie vor rund fünfzehn Jahren verfasst haben; aber schon damals sagte ich

mir, dass Sie ihn zurücknehmen würde, wenn Sie seine Werke wirklich gelesen hätten ... « Voltaire muss lächeln: «Nun, ich habe ihn gelesen, aber ich war noch sehr jung und beherrschte Ihre Sprache zu wenig; auch beeinflussten mich jene italienischen Gelehrten, die Tasso verehren, stark. So brach ich den Stab und sprach ein voreiliges Urteil über Ariost, das ich gar noch für mein eigenes hielt. Monsieur, glauben Sie mir, heute verehre ich Ariost sehr!» Ich nicke ihm zu: «Das freut mich sehr; aber exkommunizieren Sie doch jenes Buch, in dem Sie ihn lächerlich machen ...» Jetzt muss er lachen: «So gut wie alle meine Bücher sind doch exkommuniziert und verfemt; aber ich denke, Sie, Monsieur Casanova, möchten einen Beweis für meine Sinnesänderung, nicht wahr?»

Bevor ich etwas sagen kann, gerate ich ins Staunen, denn Voltaire zitiert - frei aus dem Gedächtnis - zwei lange Passagen aus dem 34. sowie 35. Gesang von «Orlando», in denen Ariost die Unterredung zwischen Astolf und dem Apostel Johannes beschreibt. Keinen einzigen Vers lässt er dabei aus und hält die Regeln der Verskunst alle ein. Aber mehr noch, einzelne Schönheiten dieser Dichtung hebt er durch sinnreiche Bemerkungen hervor und würdigt sie - wie ein wahrhaft grosser Dichter! Kein italienischer Ariost-Kenner hätte dies besser machen können. Ich höre Voltaire mit gespanntem Atem zu, immer auf einen Fehler von ihm lauernd.

Als er geendet hat, wende ich mich an unsere Gesellschaft und sage: «Mesdames, Messieurs, meine Bewunderung ist grenzenlos! Ich werde sie in ganz Italien verbreiten!» Voltaire lächelt und meint bescheiden: «Ganz Europa soll aus meinem Mund das Lob über diesen Ehrenmann hören, das seinem Genius entspricht!»

Ja, mein Gastgeber war voll des Lobes über meinen Landsmann und am nächsten Tag trug er mir folgende Übersetzung einer von Ariosts Stanzen vor:

Quindi avvien che tra principi e signori
Patti e convenzion' sono si frali.
Tan lega oggi re, papi e imperatori,
Doman saran nimici capitali:
Perchè qual l'apparenze esteriori
Non anno i cor', non an gli animi tali:
Che non mirando al torto, più ch'al dritto,
Attendon solamente al lor profitto.

Voltaires Übersetzung lautete:

Les papes, les Césars apaisent leur querelle,
Jurent sur l'évangile une paix éternelle;
Vous les voyez demain l'un de l'autre ennemis;
C'était pour se tromper qu'ils étaient réunis;
Nul serment n'est gardé, nul accord n'est sincère,
Quand la bouche a parlé, le coeur dit le contraire.
Du ciel qu'ils attestaient ils bravaient le courroux,
L'intérêt est le Dieu qui les gouverne tous.

Und für unsere Leser, die des Französischen nicht mächtig sind, das ganze Gedicht noch auf Deutsch:

Päpste und Kaiser einigen sich geschwind,
schwören aufs Evangelium ewigen Frieden;
auch wenn sie morgen wieder Todes-Feinde sind;
Nur zum Schein haben sie sich getroffen,
kein Wort ist ehrlich, keine Predigt eingehalten,
aussen tönt es so, aber ihr Herz ist schon am Erkalten;
Vom Himmel lassen sie sich scheinbar lenken,
Auch wenn sie nur an ihren eignen Vorteil denken.

Niemand am Tisch verstand Italienisch, doch Voltaires Vortrag

fand allgemeinen Beifall. Nachdem man sich wieder beruhigt hatte, fragte mich seine Nichte, Madame Denis, auf einmal, ob denn jene Stelle, die ihr Onkel soeben rezitiert hatte, zu den schönsten des Dichters zählten. «Aber ja, Madame, sie ist eine der schönsten, aber nicht die allerschönste.» Sie nickte: «Aber hat man denn eine zur schönsten gewählt, Monsieur?» Jetzt nickte ich zurück: «Sehr wohl, Madame, sonst hätte er nicht den Olymp der Dichter besteigen können.» Sie war beeindruckt: «Man hat ihn also gar heiliggesprochen? Das wusste ich bisher nicht, Monsieur!»
Darauf ertönte allgemeines Gelächter, wobei Voltaire wohl der lauteste Lacher war; man unterstützt Madame Denis also einstimmig. Ich bin im Moment der Einzige, der absolut ernst bleibt, was den Gastgeber sofort zu folgender Aussage verleitet: «Ich weiss, wieso Sie, Monsieur Casanova, nicht in unser Gelächter einstimmen; Sie glauben, es müsse eine wahrhaft übermenschliche Passage sein, weshalb man Ariost auch 'den Göttlichen' nennt, nicht wahr?» Ich bewundere sein Feingefühl und erwidere: «Ganz genau, Monsieur ...» Nun will Voltaire wissen, welche Stelle ich denn meine. «Nun, es sind die 36 Stanzen des 23. Gesanges. Darin wird der Wahnsinn derart genau beschrieben, der Roland befällt, dass man diese Stanzen für eine physiologische Analyse halten könnte. Nie zuvor hat jemand so exakt beschrieben, wie ein Mensch vom Wahnsinn befallen wird, nur ihm gelang dieses Meisterstück. Ich bin mir sicher, dass auch Sie, Monsieur de Voltaire, von Schauder ergriffen worden sind, als sie diese Verse gelesen haben ... Man wird von ihnen richtig aufgewühlt.»
Unser Gastgeber nickte: «Ja, ich erinnere mich sehr gut daran; alles Fürchterliche, das in der Liebe enthalten ist, kommt

hier zum Vorschein, und ich werde sie möglichst schnell wieder einmal lesen.» Da mischte sich Madame Denis ein: «Monsieur Casanova, wären Sie nicht so freundlich, uns diese Passagen vorzutragen?» Und wandte sich dabei fragend an ihren Onkel. Voltaire hatte keine Einwände dagegen und ich sagte: «Falls Sie mir zuhören möchten, sehr gerne ...» Madame Denis zeigte sich erstaunt und Voltaire fragte mich: «Können Sie denn all das auswendig, Monsieur?» Ich nickte: «Seit ich fünfzehn bin, lese ich Ariost zwei- bis dreimal im Jahr. So haben sich seine Verse in mir eingegraben - ohne besondere Anstrengung sind sie teil meiner Selbst geworden. Einzig die Genealogien und die historischen Episoden bilden eine Ausnahme, weil sie nicht nur den Geist ermüden, sondern auch das Herz kalt lassen. Al-

lein von Horaz weiss ich alles, aber einige seiner Verse in den Episteln sind mir zu spröde ...»
Voltaire blickte mich herausfordernd an: «Nun, Horaz, na gut; aber wenn Sie tatsächlich Ariost auswendig kennen, dann ist das eine wahre Leistung, schliesslich handelt es sich um 46 lange Gesänge!» Ich verbeugte mich leicht und erwiderte: «Sprechen wir von 51, Monsieur.» Jetzt verstummte Voltaire tatsächlich. Und man hörte Madame Denis rufen: «Dann wollen wir mal sehen! Tragen Sie uns doch die 36 Stanzen vor, die dem Dichter zu seinem Übernamen 'der Göttliche' verholfen haben ...»
Ich rezitierte sie aus dem Stand und vermied dabei die in Italien üblichen Betonungen. Ariost braucht für seine Grösse keinen Pathos, sondern wenn man seine Verse ganz normal vorträgt, genügt das völlig. Und ich verstehe die Franzosen, wenn sie das pathetische Vortragen übertrieben finden. Ich sprach die Verse, wie wenn sie ganz schlichte Prosa wären und versuchte, die Gefühle rein durch den Ton meiner Stimme und die stumme Sprache meiner Augen bei meinen Zuhörern zu wecken. Natürlich sahen alle, wie ich mich zwingen musste, meine Tränen zurückzuhalten. Aber als ich zur Stanze kam:

Poichè allargare il freno al dolor puote
Che resta solo senza altrui rispetto,
Giù dagli occhi rigando per le gote
Sparge un fiume di lagrime sul petto ...

Da brach ich vor allen Augen in Tränen aus und die ganze Gesellschaft war so gerührt, dass sie geschlossen mitweinte. Madame Denis zitterte vor Rührung und Voltaire schloss mich heftig in seine Arme. Doch ich wollte die Stelle zu Ende rezitieren, denn nachdem der Hirt das Zimmer verlassen und sei-

nen Schmerzen in einer wahren Welle aus Tränen freien Lauf gelassen hatte, die bis auf seine Brust hinunterrollten, musste Roland seinerseits entdecken, dass er im selben Bett zur Ruhe kam, indem einst Medor voller Glück Angelikas enthüllte Reize umarmen durfte. Und genau das wird in der nächsten Stanze besungen. Folglich veränderte sich der Ton meiner Stimme von einer düsteren Klage zum Ausdruck reinen Entsetzens über jene Wut, mit der Rolands übermenschliche Kraft zu rasen begann - einem die ganze Welt erschütternden Erdbeben gleich.
Ich beendete meinen Vortrag und nahm den Beifall der Gesellschaft mit wehmütigem Staunen entgegen. Herr von Voltaire rief laut: «Ich hab es ja schon immer gesagt, wenn ihr wollt, dass wir alle weinen, dann müsst ihr es selber tun! Nur brauchte es dazu Empfindung und eine Seele, die sie uns eingibt.» Dabei umarmte er mich noch einmal und versicherte mir seinen Dank; auch versicherte er mir, er wolle am folgenden Tag dieselben Stanzen selber vortragen und ebenfalls dazu weinen; und er hielt Wort. Dann setzten wir das Gespräch über Ariost fort, und Madame Denis meinte verwundert: «Aber wieso hat man seine Werke in Rom nicht auf den Index gesetzt?» Voltaire erklärte: «Nun, Madame, das Gegenteil ist der Fall. Papst Leo X. hat durch eine Bulle alle in Bann gesetzt, die Ariost verdammen wollten. Und die beiden grossen Häuser Este und Medici wetteifern darum, den Dichter vor allen Unbillen zu schützen. Bei allen anderen hätte ein solcher Vers gereicht, um sie zu bannen, wo er nämlich die Schenkung Roms durch Kaiser Konstantin an Papst Silvester mit den Worten ‚puzza forte' bezeichnet.»
Hier bat ich Voltaire um Erlaubnis, auf noch Verse hinzuweisen, die noch weit verrufener seien: «Das stinkende Geschenk

ist noch lange nicht das Schlimmste bei ihm, denn Ariost bezweifelt in einer Passage die Auferstehung der Menschen am Ende der Welt. Er spricht dort von einem Eremiten, der Rodomont daran hindern will, sich Zerbins Witwe Isabelle zu nähern; als aber der Einsiedler unaufhörlich zetert, wird der Afrikaner dieser Strafpredigt überdrüssig, packt den frommen Mann und schleudert ihn gegen einen Felsen, wo dieser tot liegen bleibt. Aus seinem Schlaf, in den er nun verfällt, kann 'ihn vielleicht erst der jüngste Tag aufwecken' - meint Ariost; Und dieses 'vielleicht', das ja wohl mehr der rhetorischen Ausschmückung dient, verursachte ein unerhörtes Geschrei, über das sich der Dichter sicherlich schelmisch amüsiert hätte, wenn es noch zu seinen Lebzeiten ausgebrochen wäre ...»
Madame Denis gab sich leicht entrüstet: «Schade, dass Ariost nicht auf Übertreibungen verzichten wollte.» Doch Voltaire gebot ihr Einhalt: «Psst, liebe Nichte, «selbst seine Übertreibungen beinhalten doch wahre Schönheit und besitzen tiefe Bedeutung.» Unsere Diskussion drehte sich nun um allerlei Gegensätze, die in der Literatur eine prägende Rolle spielen und am Schluss kam die Rede auf Voltaires Stück «Die Schottländerin», das wir in Solothurn aufgeführt hatten. Er fand, man müsse das Stück wieder aufnehmen: «Und diese Frau von Roll, von der mir Chavigny berichtet hat, sollte die Rolle der Lindane spielen; auch Sie, Monsieur Casanova, könnten mittun; und ich selber würde dann den Montrose geben.» Ich bedankte mich für seinen Vorschlag, lehnte aber höflich ab: «Frau von Roll befindet sich für längere Zeit in Basel, Monsieur; und ich muss morgen leider auch schon wieder abreisen.» Das wollte der Gastgeber nicht hinnehmen und echauffierte sich richtiggehend. So brachte er die ganze Gesellschaft in Aufruhr.

«Monsieur Casanova, wenn Sie nicht mindestens acht Tage bei mir zu Besuch bleiben, dann fasse ich das als persönliche Beleidigung auf!» Worauf ich antwortete: «Herr von Voltaire, vielen Dank, aber ich habe meine Geschäfte hier in Genf nun erledigt. Ich bin ja eigentlich nur Ihretwegen hierhergereist, Monsieur. Nun habe ich hier nichts mehr zu schaffen.» Er schaute mich verblüfft an: «Sie sind hierhergekommen, um mit mir zu sprechen? Oder sollte ich mit Ihnen sprechen, Monsieur?»
Ich verbeugte mich leicht und sagte: «In erster Linie wollte ich Ihre Unterhaltungen geniessen, Monsieur.» Darauf rief er: «Dann müssen Sie aber wenigstens noch drei Tage bleiben und jeden Mittag bei mir essen, sonst grolle ich Ihnen!» Ich nahm seinen Vorschlag sofort an, um mich dann zu verabschieden; ich hätte noch einiges zu ordnen, meinte ich zu ihm, aber ich wollte vor allem das ganze Geschehen in seiner Gesellschaft wortwörtlich aufzeichnen. Auch ein Brief an Frau von Roll sollte von mir verfasst werden.
Ich war kaum in meinem Gasthof angekommen, als ein Rechtsgelehrter mich besuchte, der auch beim Essen von Voltaire zugegen gewesen war. Er fragte, ob er mit mir das Souper einnehmen dürfte. Ich lud ihn ein. Bei Tisch meinte er: «Ich habe Ihr Rededuell mit dem grossen Mann schweigend angehört, Monsieur Casanova. Und ich würde gerne mit ihnen weiterplaudern.» Bis um Mitternacht blieb er bei mir und wir hatten eine angeregte Konversation. Er sprach nicht von Literatur, war aber ein Anhänger der Philosophen Epikur und Sokrates. Auch wusste er eine Menge amüsanter Geschichten und gab mir eine Übersicht über alle Vergnügen, die man in Genf geniessen konnte. Als er sich von mir verabschiedete, lud er mich für den folgenden Abend zu sich ein. «Es wird ein lustiges Tref-

fen werden, das kann ich Ihnen versichern, Monsieur.» Ich versprach ihm, bei mir im Gasthof auf ihn zu warten, auch durfte ich niemandem von unserer Verabredung erzählen.

Am nächsten Morgen sah ich mir die Stadt Genf an und fuhr am Mittag zu Voltaire nach Délices. Dort war gerade der Herzog von Villars eingetroffen, der sich von Tronchin, dem berühmten Arzt, beraten lassen wollte, und der ihm vor zehn Jahren das Leben gerettet hatte. Bei Tisch sagte ich fast nichts und später begann der Hausherr mit mir ein Gespräch über Venedigs Verfassung. Er glaubte, dass ich mit der dortigen Regierung höchst unzufrieden sei, aber seine Erwartung wurde getäuscht, denn ich versuchte, ihm zu beweisen, dass es kein Land der Welt mit mehr Freiheiten gäbe. Als er merkte, dass mich das Thema sichtlich nervte, führte er mich in seinen Garten hinaus, den er selber geschaffen hatte. Am Ende einer kleinen Allee hatte man eine wunderbare Sicht auf den Montblanc. Voltaire deutete auf den nahen Fluss: «Das ist die Rhone, die ich nach Frankreich sende.» Ich musste lachen: «Wahrlich eine Sendung, die sie so gut wie nichts kostet.» Doch Voltaire kam auf die italienische Literatur zurück; er hatte viel Wissen angesammelt und sprach mit Geist und Verve - doch seine Schlüsse erwiesen sich häufig als falsch. Doch ich hörte ihm aufmerksam zu, auch als er auf Homer, Dante und Petrarca zu sprechen kam. Ich kannte seine Meinung zu diesen Geistesgrössen und in seinen Essays schrieb er so, wie er über sie dachte - was ihm in der Öffentlichkeit etliche Kritik einbrachte. Ich antwortete ihm, dass jene Männer ihren Rang verdient hätten, nicht zuletzt weil sich eine Menge Leute mit ihren Texten intensiv beschäftig hatten.

Nun stiessen auch der Herzog von Villars und Doktor Tron-

chin zu uns. Der Doktor war ein grosser Mann, sehr gebildet und beredt, doch niemals schwatzhaft. Er schien mir ein äusserst gründlicher Physiker zu sein und war einer der Lieblingsschüler von Boerhaave gewesen. Mit der Geschwätzigkeit vieler Scharlatane hatte er nicht das geringste gemein und die Krankheiten seiner Patienten heilte er meistens mit Hilfe von Diäten, wobei ich sicher bin, dass er, um diese genau zu bestimmen, ein gründlicher und seriöser Beobachter sein musste.
Der Herzog von Villars war ein ganz anderer Typ: Der ehemalige Gouverneur der Provence kam mir wie eine abgehärmte sechzigjährige Frau in Männerkleidern vor. Er war mager, ausgezehrt, ohne Saft und Kraft, musste in seiner Jugend sicher einmal schön gewesen sein. Dicke Schminke überzog seine bleichen Wangen, auf den Lippen trug er karminrot und die Augenbrauen waren schwarz eingefärbt. Er hatte falsche Haare und künstliche Zähne. Seine Perücke wurde durch eine duftende Pomade am Kopf gehalten und in seinem obersten Knopfloch trug er ein Sträusschen, das ihm bis ans Kinn reichte. Jede seiner Bewegungen schien mir einstudiert und sollte seine Liebenswürdigkeit betonen, er lispelte mit süsser Stimme, dass man ihn kaum verstehen konnte. Er gab sich höflich und leutselig, aber seine Manieren trugen deutlich das Zeichen der früheren Regentschaft, unter der er gedient hatte.
Voltaire bat mich, ihn in sein Schlafzimmer zu begleiten, wo er die Perücke und das Käppchen wechselte, das er trug, um sich gegen rheumatische Beschwerden zu schützen. Auf seinem riesigen Arbeitstisch lagen die Schriften mehrerer italienischer Dichter, darunter auch «Secchia rapita», das heroisch-komische Epos von Alessandro Tassoni. «Dies ist wohl das einzige Gedicht seiner Art, das Italien besitzt. Tassoni, dieser gelehrte

Mönch, hatte wahrlich Sinn für die schönen Künste und besitzt dichterisches Talent», erklärte mir mein Gastgeber. «Nun, Monsieur, sagen wir, den Dichter lassen wir gelten, aber den Gelehrten? Er verspottete Kopernikus und sein System und behauptete gar, danach könne man keine Mondphasen bestimmen ...» Voltaire blickte mich erstaunt an: «Wo hat er denn solche Albernheiten geschrieben?», fragte er mich ernst. «In seinen 'Discorsi academici', Monsieur», gab ich zur Antwort, worauf der Philosoph sofort meinte, die besitze er nicht, er müsse sich diese Schriften besorgen. Darauf notierte er sich den Titel. Und meinte weiter: «Wenigstens hat Tassoni Ihren Petrarca richtig beurteilt - streng und gewissenhaft.» Ich nickte: «Schon, aber das hat seinem Geschmack sowie auch seinem wissenschaftlichen Geist wenig zur Ehre gereicht. Genau wie Muratori, dem Historiker.» Voltaire wandte ein: «Aber dessen beinahe unendliche Gelehrsamkeit anerkennen Sie doch, Monsieur?» Ich lächelte und sagte: «Est, ubi peccat - genau die ist sein Fehler!»

Nun öffnete Voltaire eine Tür zum Nebenzimmer und vor mir lag ein Archiv, in dem sicher gegen hundert hohe Papierstösse lagen. «Monsieur, hier ist meine Korrespondenz. Es sind rund 50'000 Briefe, die hier lagern und die ich beantwortet habe», erklärte er mir stolz. «Behalten Sie Abschriften von Ihren Antworten zurück?», wollte ich von ihm wissen. «Vom grösseren Teil, ja. Ich habe dafür einen Schreiber eingestellt, der das für mich besorgt», erklärte er nickend. «Signore!», rief ich aus, «es gibt etliche Buchhandlungen, die würden für Ihre Schätze hier ein Vermögen bezahlen!» Voltaire lachte: «Nehmen Sie sich bloss in Acht vor den Buchhändlern, Monsieur! Wenn Sei ein Werk in Druck geben wollen - oder haben Sie gar schon etwas veröffentlicht?» Ich verneinte: «Nun, wenn ich ein wenig älter bin, kann ich wohl den Anfang machen» und zitierte dann einen Vers von Merlino Cocai. «Was ist denn das?», wollte Voltaire sofort wissen. «Ein Vers aus einem berühmten Gedicht von 24 Gesängen - in makkaronischer Manier, einer Mischung aus Latein und Italienisch.» Ob es denn berühmt sei, fragte er mich nun. «Es sollte es sein, ja, aber man muss den Dialekt von Mantua verstehen, sonst kann man seine parodistischen Elemente nicht geniessen.» Voltaire war höchst interessiert: «Verschaffen Sie es mir, Monsieur?» Ich nickte: «Ich bin so frei, es Ihnen morgen zu überreichen». Er lächelte: «Dann stehe ich in Ihrer Schuld, Monsieur Casanova!»

Dann wurden wir beide zu einem Festmahl gerufen und die nächsten zwei Stunden vergingen wie im Flug. Voltaire erwies sich als glänzender Dichter und Gastgeber und unterhielt die ganze Runde. Sein Geist sprudelte vor Ideen und auch seine satirischen, ja gar beissenden Beiträge wurden mit Beifall bedacht. Er selber lachte dabei oft am Lautesten und zog die anderen mit. Was für eine anständige Gesellschaft! Und wohl kaum irgendwo ass man besser als hier. Monsieur de Voltaire war bereits 66 Jahre alt und hatte ein jährliches Einkommen von 125'000 Livres. Nun, nicht etwa weil er die Buchhändler übervorteilt hätte, nein, es verhielt sich eher umgekehrt, denn viele übervorteilten ihn; ausgenommen der Verlag Cramer, aber auch der machte zum Glück grosse Geschäfte mit seinen Büchern. Aber oft verschenkte er seine Werke, immer mit dem Ziel, möglichst grosse Verbreitung zu finden. Als ich ihn besuchte, verschenkte er etliche Bände seiner «Prinzessin von Babylon», diese reizende Erzählung, die er in drei Tagen niedergeschrieben hatte.

Nun, der epikureische Rechtsgelehrte hielt Wort und holte mich im Gasthof ab, um mich ganz in der Nähe drei reizenden Damen vorzustellen. Sie waren jung, nicht unbedingt sehr schön, aber geistreich, anmutig und am Genuss fröhlich interessiert. Vor dem Souper trieben wir eine halbe Stunde lang dezente Konversation, bei Tisch gab dann der Jurist den Ton an. Was folgen sollte, konnte ich schon voraus ahnen ... Es herrschte eine Affenhitze, also nutzten wir den Vorwand, um uns abzukühlen und entledigten uns der meisten unserer Kleider. Wir erreichten beinahe den Zustand paradiesischer Unschuld. Nun, wir ergötzten uns aneinander, aber ich will hier nicht alles beschreiben. Unsere Lustigkeit war zügellos, ich genoss den Anblick von wogenden Busen, prallen Schenkeln und lockenden Schamhügeln. Durch den Champagner, den wir tranken, sowie einige anzügliche Reden weiter erhitzt, trug ich Villarets «Ygrec Gécourt» vor:

Marc une béquille avait
Marcs Instrument, wen wundert's
Faite en fourche, et de manière
War gabelartig und besonders
Qu' à la fois elle trouvait
So dass er beide finden konnt'
L'oeuillet et la boutonnière.
Das Löchlein und die Leiste.
D'une indulgence plénière,
Um seine Gabel einzusetzen
Il crut devoir se munir
Glaubt er zur Sicherheit gar,
Et courut pour l'obtenir

‘Nen Ablass zu beschaffen und
Conter le cas au Saint-Père
Rennt zum Heiligen Vater.
Qui s’écria: Vierge Mère
Der schreit: Bei der Gottesmutter
Que ne suis-je ainsi bâti!
Wär ich doch auch gar so gebaut!
Va, mon fils, baise, prospère
Geh hin, mein Sohn, und werke,
Gaudeant bene nati!
G‘segnet sei das schöne Instrument!

Ich hatte meine geilen Verse - eines Abbés würdig - kaum fertig deklamiert, da sah ich schon die Augen der drei schönen

Flammen, wie sie vergnügte Funken sprühten. Also sagte ich zu ihnen: «Mesdames, lassen Sie mich doch beweisen, wie und weshalb der schöne Urteilsspruch gefällt wurde und was er bezweckt ...»
Allgemeines Gelächter folgte und ich schritt sofort zur Tat. Eine nach der anderen setzte sich auf meine Schenkel und ich führte das gabelartige Ding in sie ein, immer auch meine Hand zu Hilfe nehmend. Sie ergötzten sich daran und wirkten danach recht glücklich, worüber sich wohl am meisten der Rechtsgelehrte freute. Als man zum Aufbruch blies, bedankte man sich bei mir und ich nahm die Einladung der Hübschen für den nächsten Abend freudig an. Der Jurist hingegen zog mich beiseite und sagte auf dem Heimweg heiter und ernst zugleich: «Seien Sie vorsichtig, Monsieur, bei Ihren Spielen. Nicht, dass Sie mir eine der drei Demoiselles in einen Zustand versetzen, der bei uns hier im Städtchen Genf doch übles Ärgernis auslösen würde ...» Ich versprach ihm sogleich, meine Spiele nicht weiter zu treiben als am heutigen Abend, also auf das letzte Vergnügen des Mannes zu verzichten ...
Am nächsten Morgen verfasste ich einen Brief für Monsieur de Voltaire, den ich ganz in reimlosen Versen hielt; hätte ich alles gereimt, wäre es mir wohl leichter aus der Hand geflossen ... Das Gedicht von Folengo, das ich vorne weg stellte, hätte ich lieber sein lassen, denn mir war bewusst, dass er es wohl nicht schätzen würde ... Für das Diner ging ich erneut nach Délices, wobei sich der Hausherr leider nicht blicken liess; dafür genoss ich die Gesellschaft von Madame Denis, die in ihrer Person gesunden Menschenverstand, Geschmack und Belesenheit vereinte, ohne den geringsten Anflug von Anmassung oder Hochmut. Allein Friedrich der Zweite erregte ihren Abscheu. Als Voltaire

auftauchte, war es bereits 17 Uhr. Er hielt einen Brief in der Hand und fragte mich: «Enchanté, Monsieur Casanova. Kennen Sie vielleicht die beiden Herren Senator Marquis Albergati Capacelli aus Bologna und Graf Paradisi?» Dabei hielt er mir das Schreiben hin. «Paradisi kenne ich nicht, Albergati einfach vom Hören und Sehen; aber - soviel ich weiss - ist er nicht Senator, sondern einer der 'Vierzig' - wobei es in Bologna scheinbar fünfzig davon gibt», gab ich zur Antwort. «Monsieur, Sie sprechen in Rätseln; was soll das denn heissen?», meinte er lachend. Als ich von ihm wissen wollte, ob er denn diesen Albergati kenne, rief er: «Nein, aber er schickt mir ein Theaterstück von Goldoni, die Übersetzung meines 'Tankred' und dazu einen ganzen Bund Bologneser Würste! Auch schreibt er, dass er mich besuchen wolle ...» Ich versicherte ihm, dass Albergati dies nicht tun würde: «Dazu ist er zu klug.»
Jetzt schaute Voltaire mich verdutzt an: «Zu klug? Aber wozu denn? Ist ein Besuch bei mir denn gar eine Dummheit?» Ich nickte: «Für ihn schon! Albergati weiss genau, dass er bei Ihnen zu kurz kommen würde. Bis jetzt glaubt er wohl, Sie hätten eine hohe Meinung von ihm; sobald er aber hier wäre, würden Sie seine Nichtigkeit gnadenlos durchschauen, seine Selbsttäuschung würde zerplatzen wie eine Seifenblase. Nun, er ist ein braver Kerl, ein Kavalier der alten Schule, der 6000 Dukaten ausgeben kann und von einer wahren Theaterwut besessen ist. Als Schauspieler ist er wirklich gut; doch über seine Lustspiele in Prosa lacht niemand.» Voltaire drückte mir die Hand: «Danke für Ihre Empfehlung, Monsieur; aber sagen Sie, was hat es mit diesen fünfzig 'Vierzigern' auf sich? Wie kann denn das sein?» Ich lächelte: «Nun, genauso wie es in Basel um elf Uhr Mittag ist.» Jetzt musste er lachen: «Aha, ich verstehe. So

wie Euer 'Rat der Zehn' insgesamt siebzehn Mitglieder hat!» Ich bestätigte ihm dies. «Nur diese verdammten 'Vierzig' in Bologna haben eine andere Seite ...» Er stutzte: «Verdammte 'Vierzig'? Sind es denn Ausgestossene?» Ich grinste: «Das wäre schön; nein, sie alle sind nicht dem Fiskus unterworfen, was sie schamlos ausnützen. Es gibt kein Verbrechen, das sie nicht begehen, sie bleiben straflos, können das Land jederzeit verlassen und ihre Einkünfte ohne Störung aufbrauchen.»
Jetzt lachte Voltaire: «Aber das ich doch kein Verdammnis, sondern eher eine Erlösung, Monsieur. Doch zurück zu diesem Albergati: Ist er denn ein wahrer Gelehrter?» Ich erklärte ihm, dass der Graf seine Muttersprache gründlich kenne und auch gut schreibe. «Aber sobald er etwas vorliest oder vorträgt, langweilt er nur, da er sich selber gerne reden hört. Er hat weder Witz, noch Geist.» Voltaire fragte sofort: «Sie sagten, er sei Schauspieler?» Ich nickte: «Ja, und sogar ein guter, wenn er eines seiner Stücke aufführt oder gar eine Liebhaberrolle spielt.» Jetzt wollte mein Gastgeber wissen, ob Albergati denn schön sei. «Auf der Bühne, ja; aber nicht aus der Nähe, denn sein Gesicht ist nichtssagend.» Ob denn seine Stücke gefallen würden? Ich schüttelte den Kopf: «Nein, falls man sie verstünde, würde man ihn bloss auspfeifen ...» Nun fragte Voltaire nach Goldoni, was ich von dem hielte. «Er ist unser Molière, Monsieur.» Wieso er sich denn 'Dichter des Herzogs von Parma' nenne, wollte der Hausherr nun von mir wissen. «Nun, er mag Titel; der Herzog selber hat keine Ahnung davon. Goldoni nennt sich auch Advokat, aber er schreibt gute Komödien, nicht mehr, nicht weniger. In Venedig weiss jeder, dass ich sein Freund bin. Doch in Gesellschaft ist er fad und langweilig, vermag er nicht zu glänzen ...» Voltaire nickte: «Genau das hat man mir über ihn

geschrieben. Man sagte, er sei arm und wolle Venedig deshalb verlassen. Den Theaterdirektoren, die seine Stücke spielen lassen, wird das sicher nicht gefallen, sondern es wird ihnen schaden ...» Ich stimmte ihm zu: «Nun, man wollte ihm eine Pension aussetzen, aber die Entscheidung fiel zu seinen Ungunsten aus; man glaubt nämlich, dass er nichts mehr schreibt, sobald er ein sicheres Einkommen habe ...» Jetzt lachte Voltaire nochmals laut: «Auch dem Homer hat man eine solche verweigert - aus Angst, sämtliche Blinden würden dann auch eine Pension für sich verlangen!»

Die Stunden vergingen wie im Flug und wir genossen eine heitere Gesellschaft. Voltaire bedankte sich für das Makkaronicon und versprach auch, es nächstens zu lesen. Dann stellte er mir einen Gehilfen vor, der ein abgehalfterter Jesuit war: «Er heisst nicht etwa Adam», meinte er lachend. «Wir spielen manchmal Tricktrack zusammen und wenn ich verliere ...» Dann flogen, laut anderen Gästen, dem Jesuiten schon mal Becher und Würfel um den Kopf. Am Tag vor meiner Abreise besuchte ich Herrn Voltaire nochmals. Bei Tisch bedankte er sich zwar für das Geschenk, fand aber, das Gedicht sei keineswegs überzeugend. «Ich habe vier Stunden damit verschwendet, dieses alberne Zeugs zu lesen!» Ich sträubte mich gegen seine Wertung und sagte: «Lesen Sie ihn ruhig nochmals - und Sie werden ihn noch mehr loben als ich es tat ...» Dann zitierte ich etliche Beispiele, die meine Aussage belegten. «Das kann man erst beim zweiten Mal schätzen», fügte ich noch hinzu. «Nun gut, so mag es sein; trotzdem habe ich diesen Merlin auf die Seite gelegt; er kann nun der 'Pucelle' von Chapelain Gesellschaft leisten.» Ich gab mich nicht geschlagen: «Aber die 'Jungfrau' hat auch schlechte Verse - und dennoch wird sie von Kennern geschätzt,

Monsieur. Die 'Pucelle' ist ein gutes Gedicht und ihr Schöpfer war wirklich ein Poet!» Das ärgerte Voltaire erneut - was eigentlich zu erwarten war; auch dass das Makkaronicon nun neben der «Pucelle» lag, denn ich wusste, dass er selber ein schlüpfriges Gedicht verfasst hatte - oder zumindest als dessen Verfasser galt. Doch unser Gespräch beruhigte sich leider nicht, nein, es wurde nun scharf und bitter.
«Chapelain hat das Verdienst, seinem Gegenstand ein gewisse Anmut geliehen zu haben - ohne Lüsternheit oder schlüpfrige Lästerungen. So urteilt übrigens auch mein Lehrer Crébillon», meinte ich trocken. «Voilà, ein bekannter Name! Nun, Monsieur, inwiefern war denn Crébillon Ihr Lehrer?», fragte er schnippisch. «Nun, er lehrte mich Französisch in kaum zwei Jahren! Zum Dank übersetzte ich seinen 'Radamiste' auf Italienisch - alles in Alexandrinern. Meine Wenigkeit war der erste, der versuchte, dieses Versmass in unserer Muttersprache anzuwenden.» Voltaire lachte nervös: «Monsieur Casanova, Sie mögen mir verzeihen, aber der erste der dies tat, war mein Freund Martelli!» Ich bat ihn selber um Verzeihung. Doch er meinte weiter: «Nun, ich habe doch seine in Bologna gedruckten Werke in meiner Studierstube!» Ich nickte: «Ja, es stehen schon Verse mit vierzehn Silben drin, Monsieur de Voltaire, aber ohne Wechsel zwischen männlichen und weiblichen Reimen. Der gute Mann glaubte tatsächlich selber, er habe Alexandriner verfasst; besonders lachen musste ich über seine Vorrede - die Sie vielleicht gar nicht gelesen haben ...» Doch er insistierte: «Monsieur, Vorreden gehören zu meinen Steckenpferden! Und Martelli beweist doch in seiner, dass seine Verse im italienischen Ohr genau so klingen wie die Alexandriner im französischen ...» Ich gab mich nicht geschlagen: «Weit gefehlt,

da irrt Martelli! Sie sollten sich selber ein Urteil dazu bilden, Monsieur. Der ursprüngliche männliche Vers hat nur zwölf Silben, der männliche dreizehn. Aber bei ihm haben alle vierzehn Silben. Einzig jene, die mit einer langen Silbe enden, bilden dabei eine Ausnahme. Und wenn Sie genau hinschauen, sehen Sie sofort, dass Martellis Alexandriner in der ersten Zeile jedes Mal sieben Füsse hat, während es bei der französischen Version nur sechs sind. Entweder war er völlig taub oder sein Gehör gewaltig eingeschränkt.» Voltaire war beeindruckt, meinte: «Dann beachten Sie also in Ihrem Alexandriner alle unsere Regeln?» Ich nickte: «Ganz genau, Monsieur, alle - auch wenn es mich viele Mühen gekostet hat, denn bei uns enden beinahe alle Wörter mit kurzen Silben.» Dann wollte er wissen, wie denn mein Versmass gewirkt hätte. «Nun, ich will ehrlich sein: Sie missfielen häufig, weil sie niemand so rezitieren konnte. Wenn ich sie aber selber vorlas, so heimste ich wahre Triumpfe ein ...» Dann fragte er mich, ob ich einige Stellen davon zitieren könnte. «Monsieur, soviel Sie wollen; sagen Sie mir einfach, wie viele sie hören möchten.»

Ich trug ihm deshalb eine Stelle vor, die ich schon vor zehn Jahren auch bei Crébillon zum Besten gegeben hatte. Und sie verfehlte ihren Eindruck nicht. «Darin kann ich nichts Gezwungenes entdecken, mon ami», meinte Voltaire anerkennend. Ein grösseres Lob hätte er mir kaum machen können. Sogleich rezitierte er nun eine Passage aus seinem «Tankred», der zu jener Zeit noch nicht veröffentlich worden war, und der dann später als grosses Meisterwerk gefeiert wurde. Nun wäre eigentlich alles zwischen uns bereinigt gewesen, aber dummerweise zitierte ich zu seinem Lob eine Stelle von Horaz. Voltaire merkte nun an, dass dieser ein grosses Beispiel für die Lehren der dramatischen Poesie sei, jene, die wohl nie veralten würden. Ich konnte es nicht unterlassen und sagte: «Aber es gibt eine dieser Regeln, die Sie selber verletzen, Monsieur - so wie es sich für einen grossen Mann gehört.» Worauf er natürlich sofort wissen wollte, welche Regel dies denn sei. «Contentus paucis lectoribus - Sie schreiben nicht nur für wenige Leser ...» Er schüttelte den Kopf: «Ach was, wenn Horaz gegen den Aberglauben gekämpft hätte wie ich, dann hätte selbst er für die ganze Welt geschrieben.» Nun war es an mir, zu widersprechen: «Geben Sie diese Mühen auf, Monsieur, auch Ihnen wird es nicht gelingen, den Aberglauben auszurotten! Und selbst wenn ja - was würden Sie denn an seine Stelle setzen?» Jetzt lachte er trotzig: «Na, das ist mal eine Frage! Ich rotte eines der Ungeheuer der Menschheit aus, das sie verschlingen will - schon möchte man von mir wissen, was ich selber für eines schaffen wolle!» Ich konterte: «Dieses Ungeheuer verschlingt doch niemanden. Die Welt braucht es, um weiterbestehen zu können.» Aber Voltaire regte sich fürchterlich auf: «Ach so; aber ich liebe die Menschen und will sie glücklich und frei sehen, so wie ich selber bin. Monsieur, schreiben Sie sich das hinter die Ohren: Freiheit und Aberglauben vertragen sich nie! Oder sollte Knechtschaft ein Volk beglücken?» Dabei blickte er mich herausfordernd an. «Sie wollen also das Volk im Besitz der Souveränität sehen, Monsieur?», frage ich ihn gerade heraus. «Beim Himmel nein! Es ist immer ein Herrscher notwendig», rief er laut. «Aber dann brauchen Sie auch den Aberglauben, denn ohne ihn gehorcht kein Volk einem Monarchen.» Doch er insistierte: «Nicht Monarchie, das, nein. Was für ein despotisches Wort. Das ist mir so verhasst wie Knechtschaft.» Als ich nun wissen wollte, wer dann aber regieren solle, wenn es

kein Monarch sein dürfe, meinte er: «Der Herrscher soll über ein freies Volk regieren; so wird er zu dessen Oberhaupt, ein Machthaber ganz ohne Willkür, das soll es sein.» Ich schüttelte den Kopf: «Nicht nur Addison verwirft einen solchen Monarchen; ein solches Oberhaupt kann es nicht geben. Da halte ich es mit Hobbes: Man soll unter zwei Übeln das kleinere wählen.

Ein Volk ohne Aberglauben beginnt zu philosophieren; und, das wissen Sie ja am besten, Monsieur, ein Philosoph will nicht gehorchen. Nur ein Volk unter Zwang und an der Kette kann glücklich sein.» Jetzt nickte er sogar: «Wenn Sie, Monsieur Casanova, meine Schriften wirklich gelesen haben, dann wissen Sie auch, dass ich den Aberglauben als grössten Widersacher der Könige sehe!»

Wir machten eine Pause und er schenkte uns nochmals ein Glas Rotwein nach. Dann sagte ich: «Keine Angst, Monsieur, ich habe Sie gelesen, fleissig und immer wieder aufs Neue. Ich kenne Ihre Leidenschaft für die Menschheit. Aber diese macht Sie blind. Sie sollten die Menschen so lieben wie sie sind. Ihre Wohltaten werden dort gar nicht geschätzt, sondern Sie machen das Menschengeschlecht nur noch unglücklicher und auch bösartiger. Lassen Sie ihm doch jenes Ungeheuer, das sie verschlingt; es ist den Menschen viel wert und teuer. Denken Sie an die Galeerensklaven, die Don Quixote befreit hatte - und die sich dann gegen ihn wandten, obwohl er ihnen in seiner Seelengrösse beigestanden war. Ich musste laut über diese Szene lachen!» Voltaire wischte meine Worte weg: «Fühlen Sie sich denn in Venedig frei, Monsieur Casanova?» Ich nickte: «So frei, wie man unter einer aristokratischen Verfassung nur sein kann. Nun, wir geniessen nicht Englands Freiheiten, aber wir sind trotzdem zufrieden.» Schroff meinte er nun: «Auch in den Bleikammern?» Ich widersprach: «Meine Gefangenschaft, auf die Sie anspielen, war ein Gewaltstreich. Doch ich gebe zu, ich hatte die Freiheit missbraucht; und trotz aller Unannehmlichkeiten musste ich meine Verhaftung billigen, selbst bei den Formfehlern, die dabei gemacht wurden ...» Jetzt grinste er: «Also ist in Venedig niemand wirklich frei?» Ich gab ihm recht, meinte aber, man müsse halt nur an seine Freiheit selber glauben. Doch das stritt er ab: «Auch die Mitglieder Ihrer Aristokratie sind nicht wirklich frei, Sie dürfen ja nicht einmal ohne Erlaubnis verreisen.» Ich wies ihn darauf hin, dass sie selber sich dieses Gesetz gegeben hätten. «Es sollte ihre Souveränität erhalten, Monsieur. Nennen Sie einen Berner auch unfrei, weil es dort Gesetze gegen den Luxus gibt? Auch er hat sich das selber auferlegt ...»

Voltaire benutzte meine Worte, um das Thema zu wechseln und fragte mich, woher ich denn komme ... «Ich war in Roche, Monsieur. Ich wollte die Schweiz keinesfalls verlassen, ohne den berühmten Haller zu sehen. Es ist ein wahrer Genuss, ihm zuhören zu dürfen; bei Ihnen, Monsieur, fand ich nun die Würze dazu.» Dies schmeichelte ihm und er meinte, der Besuch bei Haller habe mir sicher gefallen. «Es waren drei herrliche Tage dort!» Er gratulierte mir dazu und meinte, Haller sei ein vortrefflicher Mann, vor dem man sich in Ehrfurcht beugen dürfe. «Gewiss, Monsieur, Sie sind sehr gerecht ihm gegenüber; hätte er doch nur die gleiche Einsicht Ihnen gegenüber gehabt ...» Jetzt musste Voltaire laut lachen: «Ha, ha, ha! Vielleicht irren wir uns ja beide!» Lauter Applaus folgte dieser schlagfertigen Antwort und wir liessen die Literatur beiseite. Ich hörte einfach nur noch stumm der Runde zu und empfahl mich dann, fragte bei Madame Denis nach, ob ich etwas für sie in Rom erledigen könne, und verabschiedete mich. Unser Disput hatte mich nicht kalt gelassen: Einem so grossen Geist hatte ich Stand gehalten! Aber ich spürte auch einen gewissen Umut in mir; und ich begann das, was ich nun aus der Feder von Voltaire noch las, viel strenger zu beurteilen ...

Abends holte mich noch einmal der Rechtsgelehrte ab und wir

soupierten erneut mit den drei frivolen jungen Damen. Zwar durfte ich ihnen meine gebogene Harke nicht mehr so frei vorführen, aber dafür gewährten sie mir tolerant einiges an Zärtlichkeiten und mein Körper kam ebenso auf Kosten wie die ihren ... Meine grosse Liebe zu Frau von Roll hatte ich verspielt, aber für ausgelassene Tändeleien war ich doch immer wieder bereit. Am nächsten Morgen reiste ich ab, nicht ohne das Versprechen zu geben, auf meinem Rückweg aus Rom wieder hier in Genf halt zu machen.

Kapitel 8
Genf & die Lebel zum Zweiten; Helene und die Liebe

Ich hielt mein Wort und erreichte zwei Jahre später nochmals Genf. Von Basel kommend, wohin ich Frau von Urfé begleitet hatte, und wo uns Imhoff im Gasthof zu den «Drei Königen» gehörig gerupft hatte, steuerte ich erneut die Stadt am Genfersee an und nahm sofort Kontakt zum lebenslustigen Rechtsgelehrten auf. Er war freudig überrascht, mich wiederzusehen, hatte ich ihm doch seit meiner Abreise lange nicht mehr geschrieben. «Ich hatte die Hoffnung, Sie nochmals zu treffen, völlig aufgegeben», teilte er mir ehrlich mit. Er umarmte mich sicher ganze zehn Mal und meinte, die Fräuleins würden mich sicher mit grösster Freude empfangen.

Vom Syndikus erfuhr ich, dass Voltaire aus Délices aus- und in ein Haus in Ferney gezogen war. «Ganz ehrlich, ich muss ihn nicht unbedingt besuchen; aber die drei Fräuleins würde ich gerne schon heute Abend wiedersehen. Ich habe vor, drei bis vier Wochen hier in Genf zu bleiben ...» Erneut umarmten wir uns und mein Freund bat mich, eine halbe Stunde zu warten - er müsse die Demoiselles von meiner Ankunft unterrichten und meinen Besuch bei ihnen vorbereiten. Ich nutzte die Zeit, um mehrere Briefe zu schreiben; einer davon ging nach Lausanne, zu Madame Lebel, der ich mitteilte, ich würde sie gerne dort aufsuchen.

Unterwegs zu den drei Fräuleins sah ich einen prächtigen englischen Wagen, den ich für hundert Louisdor auf der Stelle erwarb. Dann begegnete ich doch tatsächlich dem Pastor, mit dessen Nichte ich theologische Disputationen ausgetragen hatte ... Er lud mich für den nächsten Tag spontan zum Dinieren ein. Als ich noch nicht bei den Fräuleins angelangt war, tauchte der Syndikus wieder auf und teilte mir mit, dass dort eine sehr hübsche junge Dame anzutreffen sei: «Sie ist noch nicht in die Mysterien der Liebe eingeweiht», fügte er augenzwinkernd hinzu.

Was für eine Freude, als ich die drei Fräuleins wiedersah! Selten hatte ich mich glücklicher gefühlt. Ihr Empfang war offen und ungekünstelt, freudig, dankbar und sehnsüchtig. Sie liebten und schätzten einander wie zuvor, kannten weder Eifersucht noch Neid und brachten mir dieselben Gefühle einmütig entgegen; ich erwiderte sie voller Herzlichkeit. Wir umarmten uns innig, doch die Anwesenheit der neuen, noch ungeübten Freundin, veranlasste uns, dabei nicht über eine normale Schicklichkeit hinauszugehen. Küsschen hier, Küsschen dort, und auch die Neue gewährte mir scheu und mit geröteten Wangen eines. Wir lachten und scherzten und etliche unserer Anspielungen erahnte sie wohl mehr, als dass sie sie verstand. Ich versicherte der Neuen nun, sie sei schön wie ein Engel, was wohl bedeuten würde, dass ihr Geist gewisse Niederungen eher meide ... Doch sie lächelte und sagte: «Monsieur, die Vorurteile von Religion und Moral teile ich nicht ...» Ihre Antworte brachte mich zum Schweigen. «Es gilt hier, behutsam zu Werke zu gehen», sagte ich mir und blickte sie wortlos an. Als nun der Syndikus meinen Namen nannte, rief die Schöne sofort: «Dann sind also Sie es, die vor zwei Jahren mit meiner Cousine, der Nichte des Pastors gar seltsame Thesen diskutierte? Was für eine Freude, Ihre Bekanntschaft zu machen, Monsieur Casanova!» Ich lächelte

und meinte: «Hoffentlich hat Ihnen jene Dame nur Gutes über mich erzählt, Mademoiselle ...!» Sie nickte mit roten Wangen: «Aber ja doch, Sie hat von Ihnen geschwärmt, und achtet Sie bis heute hoch!» Was für eine Freude ... «Morgen werde ich übrigens mit Ihr essen, Mademoiselle; und mich dann bei ihr für das Gehörte bedanken ...» Das Fräulein glühte nun vor Interesse: «Monsieur, ich werde alles daran setzen, um morgen bei diesem Diner dabei zu sein. Ich liebe philosophische Gespräche, auch wenn ich es nicht wage, aktiv daran teilzunehmen ...» Mein Freund pries nun ihre Klugheit, und auch, dass sie sehr bescheiden sei, mit der Passion eines wahrhaft Verliebten; entweder hatte er das junge Mädchen bereits verführt oder er beabsichtigte es. Als ich nun die drei Fräuleins fragte, ob denn Helene - so hiess sie - auch unsere Schwester sei, gab die älteste von ihnen lächelnd zur Antwort: «Nun, sie ist unsere Schwester, hat jedoch keine Brüder.» Dabei umarmte sie Helene voller Zärtlichkeit. Der Syndikus und ich äusserten nicht nur eine Menge Komplimente, sondern auch die Hoffnung, Brüder einer derart schönen Schwester zu werden. Als Helene das hörte, errötete sie und schwieg verschämt. Um ihre Verlegenheit zu überspielen, öffnete ich ein kleines Kästchen voller Schmuck, das ich mitgebracht hatte. Sie waren alle vier entzückt und ich gebot ihnen, es solle jede von ihnen eine Auswahl treffen. Mein Geschenk war grosszügig und wurde immens geschätzt. Als es eindunkelte, musste uns Helene verlassen und wir konnten nun in voller Freiheit den Abend geniessen.
Die Liebe des Syndikus zu diesem Mädchen war vollumfänglich gerechtfertigt, denn ihre Reize waren wirklich umwerfend. Doch die drei Fräuleins hatten ihre Bedenken, dass es uns gelingen würde, sie zur Gefährtin unserer Sinnesfreuden

zu machen. Doch das tat unserer Stimmung keinen Abbruch und äusserst vergnügt nahmen wir das Souper miteinander ein. Dann vergnügten wir uns mit frivolen Versen, huldigten der Schönheit unserer fast nackten Körper und ein Pfandspiel, das eine der drei Damen vorschlug, erregte immer wieder nicht nur unser Gelächter ... Ich streichelte die eine hier, küsste die andere dort und die dritte gab all ihre Reize für unsere Runde preis. Der Syndikus schien ein wenig müde zu sein und begnügte sich als reiner Zuschauer; er war froh, nicht stärker in unsere Spiele involviert zu sein, und kam trotzdem auf seine Kosten. Erst um Mitternacht trennten wir uns alle.
Am nächsten Tag war ich beim Pastor zu Gast und fand zahlreiche Leute vor, darunter einen Monsieur de Ximénès, der zu mir trat und sagte, dass Voltaire von meiner Ankunft in Genf wisse und einen Besuch von mir erwarte. Statt einer Antwort verbeugte ich mich tief vor ihm. Hedwig, die Nichte des Pastors, empfing mich herzlich und meinte, wir könnten uns doch regelmässig sehen, besonders da ich auch ihre Freundin Helene kennengelernt hätte. Dies allein war mein grosser Wunsch. Hedwig war mit 22 Jahren noch sehr jung; aber der Theologin fehlte jener weibliche Reiz, jenes Undefinierbare, das in uns Männer Begierden weckt. Ich wollte einzig und allein Helene besitzen. Und die Kontakte mit Hedwig dienten mir dazu, diesem Wunsch allmählich näher zu kommen ...
Beim Essen herrschte belanglose Konversation. Erst beim Dessert forderte der Pastor Herrn von Ximénès auf, seiner Nichte doch einige Fragen wissenschaftlicher Art zu stellen. Scheinbar hatte er einen guten Ruf als Gelehrter; doch statt eines mathematischen Problems, fragte er die junge Dame, ob denn die reservatio mentalis, also der unausgesprochene Vorbehalt

reiche, um eine Lüge rechtfertigen zu können. Die Theologin erklärte nun bescheiden, dass eine solche unmoralisch sei und fügte hinzu: «Selbst dann, Monsieur, wenn scheinbar eine Lüge notwendig sein sollte.» Der Gelehrte hakte nach: «Wie ist es denn zu verstehen, wenn Christus sagt, er wisse nicht, wann das Ende der Welt kommen werde?» Die Gefragte antwortete sofort: «Nun, Christus sprach die Wahrheit, denn jene Zeit war ihm offenbar nicht bekannt.» Nun kam natürlich der Einwand, dass er in diesem Falle nicht Gott gewesen sein könne ... Doch die Theologin ging nicht auf diese Argumentation ein, sondern sagte keck: «Dieser Schluss ist falsch, Monsieur, denn Gott thront ewig über allem Seienden; für ihn gibt es keinen Begriff der Zukunft; er kennt keine Futurität.»
Als ich dieses Wort hörte, erschien es mir äusserst tiefsinnig. Man klatschte der jungen Dame allgemein Beifall und ihr Onkel ging sogar um den Tisch herum und umarmte sie. Dann wandte er sich an mich und bat mich, eine besonders schwierige Frage aus der christlichen Theologie vorzulegen. «Sehr gut, Monsieur le Pasteur, Ihre Bitte kommt mir sehr entgegen.» Er ermutigte mich: «Also schiessen Sie los, Monsieur!» Ich schwieg einen Moment und sagte dann: «Nun, also, etwas Neues soll es sein ... ja, da ist es schon! Geben Sie zu, Mademoiselle, dass Christus alle Vollkommenheiten eines Menschen in sich vereinigt?» Sie nickte: «Fürwahr, Monsieur, er war ohne menschliche Schwäche.» Ich lächelte: «Rechnen Sie dann die Zeugungskraft zu den Schwächen?» Sie winkte ab: «Aber nein, gar nicht.» Ich nickte: «Gut, dann beantworten Sie mir folgende Frage: Hätte Christus mit der Samariterin ein Kind gezeugt, was wäre dies für eines geworden?» Die ganze Gesellschaft schaute mich entgeistert an, Hedwig wurde feuerrot im Ge-

sicht und ich durchbohrte sie mit meinen Blicken. Die Theologin überlegte fieberhaft und ein Herr von Harcourt meinte, für diese Frage müsse man wohl Monsieur de Voltaire holen. Nun aber reckte sich Hedwig und sagte bestimmt: «Christus hatte zwei vollkommen verschiedene Naturen, die aber in völligem Gleichgewicht zueinander standen. Hätte die Samariterin körperlichen Umgang mit dem Erlöser gehabt, dann wäre das Resultat ganz klar ein männliches Kind gewesen; zu einem Viertel göttlich und zu drei Vierteln menschlich.»

Allgemeiner Beifall folgte und Herr von Ximénès meinte: «Ich bewundere die Logik Ihrer Berechnung, Mademoiselle Hedwig. Hätte nun wiederum dieser Sohn geheiratet, dann wären die Nachkommen zu sieben Achteln Menschen und zu einem Achtel göttlich geworden.» Jetzt griff ich ein: «Falls er keine Göttin geheiratet hätte, nicht wahr? Denn sonst hätte sich das Verhältnis ja wieder merklich verschoben ...» Nun erwiderte Hedwig: «Und geben Sie mir doch bitte an, was für ein Verhältnis ein Kind in der sechzehnten Generation haben würde?», und wandte sich dabei an Ximénès. «Moment, ich brauche einen Bleistift», sagte der Gelehrte und wollte schon loslegen. «Nicht nötig, das zu berechnen, Monsieur», warf ich ein, «es würde einen Teil jenes Geistes besitzen, der auch Sie beseelt.» Allgemeiner Beifall folgte und diese Galanterie von meiner Seite gefiel auch jener jungen Dame, der sie eigentlich galt, denn die blonde Helene entflammte mich immer mehr durch ihren Esprit.

Darauf bat ich Hedwig, doch mit ihrer Freundin zu sprachen und sie zur Annahme eines Schmuckstückes aus meiner Schatulle zu bewegen. Die Theologin versprach es mir sofort und entführte mein Kästchen. Keine Viertelstunde später kamen

die beiden Frauen zurück und die Siegerin zeigte mir den ausgewählten Ring direkt an ihrer Hand, die ich voller Inbrunst und Begierde küsste.
Abends berichtete Helene den drei Freundinnen und ihrem Mentor, dem Syndikus, genauestens, was sich beim Mittagessen alles ereignet hatte. Wir baten die Hübsche dringend doch zum Souper zu bleiben, aber sie wehrte unser Anliegen ab. Also entschieden wir, ihre Mutter darum zu bitten, sie möge der Tochter erlauben, für zwei Tage mit uns in ein Landhaus zu fahren, dass die Schwestern am Seeufer besassen. Wir konnten unser Anliegen am nächsten Morgen anbringen und schon einen Tag später fuhr Helene mit den drei Fräuleins los. Der Syndikus und ich folgten zu Fuss und wurden zum Abendessen eingeladen. Nicht erlaubt wurde uns, in diesem Gebäude zu schlafen, deshalb trieb mein Freund ganz in der Nähe ein solides Gasthaus auf, wo uns dann später unser Nachtlager erwartete. So hatten wir keine Eile. Die älteste Schwester wollte den Wunsch des Syndikus erfüllen, also erklärte sie ihm, er könne gerne in meiner Gesellschaft bleiben, während sie und ihre Schwestern bereits zu Bett gehen würden. Zusammen mit Helene suchte sie ein Zimmer zu unserer Linken auf, die beiden anderen teilten sich eines zur Rechten.
Als es Zeit wurde, begab ich mich nach rechts, er sich nach links, doch kurze Zeit später - ich genoss gerade die Freuden mit meinen beiden Gefährtinnen - tauchte er bei mir auf und rief: «Monsieur, bitte begleiten Sie mich zum Gasthof!» Ich wollte wissen, welche Laus ihm denn über die Leber gelaufen sei, da murrte er: «Nichts. Aber Helene verkriecht sich dauernd unter der Bettdecke und will meiner Unterhaltung mit der Ältesten überhaupt nicht folgen. Und wenn ich mir ihr gegenüber

nur die geringste Freiheit erlaube, dann stösst sie mich heftig zurück. Ich ertrage das nicht länger. Bitte versuchen Sie doch, diese Widerspenstige ein wenig zu zähmen, Monsieur Casanova; sonst erreiche ich niemals mein Ziel. Da ich morgen den ganzen Tag über geschäftlich in Genf zu tun habe, kommen Sie doch zum Diner hierher und bearbeiten Sie meine Geliebte ... Ach, wenn wir Sie doch nur ein wenig betrunken machen könnten ...» Doch dies redete ich ihm sofort aus: «Nein, das wäre weder schön, noch eines Kavaliers würdig, mein Freund. Überlassen Sie die ganze Sache ruhig mir.»
Am nächsten Mittag fand ich mich zum Essen ein und danach gingen wir alle spazieren. Ich blieb mit Helene zurück und versuchte, ihre Festung ein wenig zu schwächen; doch sie wehrte alle meine galanten Attacken kühl ab und blieb kalt wie eine Eissäule. «Mademoiselle, unser Freund, der Syndikus liebt sie sehr», begann ich. «In dieser Nacht ...» Sie lachte hämisch: «In der letzten hat er sich mit seiner alten Geliebten vergnügt, ich weiss. Aber ich habe meine Grundsätze und folge ihnen; jeder soll das seinige tun.» Ich erwiderte: «Mademoiselle, falls ich Ihr Herz gewinnen könnte, würde ich mich den glücklichsten aller Sterblichen preisen.» Nun meinte sie kühl: «Dann laden Sie doch den Pastor und Hedwig ein; dann könnte ich Sie abends sogar begleiten.» Ich frohlockte innerlich und sagte: «Das höre ich gern, Mademoiselle; doch hat Ihre Cousine etwa einen Liebhaber?» Sie schüttelte energisch den Kopf. «Ja, ist das denn möglich? Eine so hübsche junge Dame, die nicht nur gewitzt und geistreich ist, soll keinen Herzensbuben haben?» Jetzt lächelte Helene: «Monsieur, ich sehe, Sie kennen unser Genf noch nicht. Gerade weil sie so geistreich ist, macht ihr hier niemand den Hof. Und falls es mal einer wagt, die erste

Unterredung mit ihr ist immer auch die letzte, denn wenn sie spricht, verstummen all diese öden Kerle ... Keiner gilt gern als Dummkopf und überhaupt verstehen die jungen Genfer wenig von Geist oder gar Esprit, Monsieur. Ein Mädchen wie Hedwig muss sich deshalb verstellen, wenn sie nicht als Jungfer sterben will.»
Ich musste schmunzeln: «Und deshalb haben Sie an der Tafel des Pastors also kein Wort über Ihre sinnlichen Lippen gebracht, nicht wahr?» Doch sie erwiderte mir: «Ach, bei mir gibt es nichts zu verbergen. Doch ich habe mich an jenem Tag köstlich amüsiert. Ich fand es toll, wie meine Cousine vom Heiland sprach - als ob ich von meinem Vater sprechen würde ... Sie hat sich derart tapfer geschlagen und es allen gezeigt!» Nun meinte ich: «Ma chère Hélène, ich freue mich bereits auf unser gemeinsames Diner. Ihre Cousine mag liebenswürdig sein, aber allein Ihre Gegenwart kann mich beglücken, denn ich liebe Sie unendlich.» Sie kniff ihre Augen zusammen: «Aha, so, aber dass Sie mit den Schwestern so alles gemacht haben, was sie wollten, das weiss ich auch ... Sie täuschen mich, Monsieur. Aber die Schwestern bedauern mich.» Ich wollte von ihr wissen, weshalb? «Nun, sie liefern sich Ihnen aus, aber Ihre Liebe gewinnen sie damit nicht.» Jetzt blies ich zum Angriff: «Und Sie, Mademoiselle, sind Sie denn mit Ihrem Zartsinn glücklicher als die Schwestern?» Sie nickte: «Ich glaube es schon - obwohl ich auf diesem Gebiet überhaupt nicht bewandert bin. Aber Sie, Monsieur, können mir doch sagen, ob ich recht habe ...» Ich bestätigte ihr dies ohne Umschweife. «Aha», meinte sie nun, «wenn Sie mich den Demoiselles gleichstellen, bedeutet das überhaupt nicht, dass ich dadurch einen Beweis Ihrer Liebe erhalte, nicht wahr?» Was für ein kluges Köpfchen! «Sie haben

wieder recht, ma chère. Und ich bitte Sie deswegen um Verzeihung. Doch genug davon; sagen Sie mir nur, was ich tun soll, damit der Pastor eine Einladung zum Diner bei mir annimmt.»
Jetzt lächelte sie: «Ganz einfach, Monsieur. Gehen Sie hin und laden Sie ihn ohne weitere Umstände ein. Wenn Sie sicher gehen wollen, dass ich auch dabei bin, dann bitten Sie ihn um die Erlaubnis, dass auch ich und meine Mutter anwesend sein dürfen.» Ich war verblüfft: «Was zum ... was hat denn Ihre Mutter damit zu schaffen?» Sie lachte verschmitzt: «Nun, der Pastor war vor zwanzig Jahren ungeheuer in sie verliebt - und er ist es noch ...»
Kleine Teufelin, dachte ich. So unschuldig bist du also nicht! «Aber wo soll ich ein solches Essen geben?», wollte ich nun von ihr wissen. «Sie erwähnten doch gestern, dass Tronchin Ihr Bankier sei; erbitten Sie seine Erlaubnis für einen Tag sein Landhaus nutzen zu dürfen. Es steht direkt am See und er wird es Ihnen gerne zur Verfügung stellen. Bereiten Sie alles vor - aber den drei Schwestern sagen Sie nichts, bis alles vorbei ist ...» Hübsche kleine Teufelin! «Aber wird Ihre Cousine meiner Einladung folgen?» Sie nickte: «Da können Sie ganz sicher sein.» Ich rieb mir im Geist die Hände und sagte: «Auf geht's! Morgen werde ich Ihren Rat vollumfänglich befolgen und übermorgen kehren Sie in die Stadt zurück; dann werde ich also zwei Tage später das Vergnügen haben, Sie zu einem glanzvollen Diner bei mir zu empfangen!» Und dann wirst du ganz mir gehören ...
Kurz nach der Dämmerung kam der Syndikus zu uns, wir assen gemeinsam und feierten fröhlich. Danach gingen die Damen zu Bett. Mein Freund ging nach rechts zu den beiden Schwestern, ich nach links. Ich vergnügte mich mit der Ältesten, ja, ich

gab mir alle Mühe, ihre Lüste zu befriedigen, denn ich hoffte, die kleine Helene vielleicht heute schon erweichen zu können, aber es blieb alles vergeblich. Mehr als ein paar Küsse konnte ich ihr nicht abringen. Weil ich fürchtete, ihr so zu missfallen, brach ich meine Liebesnacht mit der Ältesten ab und ging hinüber zum Syndikus. Der sass allein und gelangweilt neben dem Bett und die beiden Schwestern schliefen tief und fest. Er blickte mich traurig an, als ich ihm sagte, dass ich meinen Zweck in keiner Weise erreicht hätte. «Dann schlage ich sie mir aus dem Kopf», meinte er enttäuscht, «da ist nichts zu holen. Ich vergesse sie einfach.» Ich nickte: «Das ist wohl das Beste, was Sie tun können ...», gab ich frohlockend zur Antwort.

Am nächsten Morgen fuhren wir nach Genf zurück und ich begann sofort mit der Umsetzung von Helenes Plan. Zuerst besuchte ich deshalb den Arzt, Monsieur Tronchin, der sich freute, mir eine Gefälligkeit erweisen zu können, besonders, da sie ihm weder Kosten noch Mühen verursachte. Danach stattete ich dem Pastor einen Besuch ab; auch er war hocherfreut, nahm meine Einladung umgehend an und versicherte mir mehrmals, ich würde es nicht bereuen Helenes Mutter kennenzulernen. Zurück im Hotel fand ich einen Brief aus Solothurn vor - er stammte von der Lebel. Sie teilte mir darin mit, dass sie nächstens in Lausanne eintreffen werde und freute sich auf ein Treffen. «Wenn ich sofort abreise, dann kann ich noch vor ihr dort sein», sagte ich zu mir.

Ach, die Lebel! Was für eine Frau! In der Jugend hatte ich sie heiss geliebt, im Alter niemals vergessen. Sie besass alles, was man zum häuslichen Glück braucht - wenn mir ein solches je bestimmt gewesen wäre ... Nun, mein Wesen hinderte mich wohl daran, mich auf Dauer zu binden, auch wenn sich nun, im Alter, meine sogenannte 'Freiheit' eher wie das Leben eines Sklaven ausnimmt. Mit einer Frau, die mich auf eine subtile Weise zu lenken verstanden hätte, wäre wohl auch mein Vermögen richtig verwaltet worden, ich hätte gar Kinder - und würde nicht mittellos in der Welt stehen ... Ach, unsere Träume ...

Da ich vom Wunsch beseelt war, Madame Lebel einen Beweis für meine Hochachtung zu geben, beschloss ich sofort, mir Postpferde zu mieten. Meinem Freund, dem Syndikus, teilte ich mit, dringende Geschäfte führten mich nach Lausanne, doch er könne mich am folgenden Abend bei den drei Schwestern erwarten. Noch vor dem Souper kam ich wie ein hungriger Wolf in Lausanne an und begab mich unverzüglich zum Haus von Frau Lebels Mutter. Da sie selber nichts von der Ankunft ihrer Tochter wusste, staunte sie nicht schlecht, als sie mich hier sah. Sie tat alles, um meinen Appetit zu stillen. Gegen sieben Uhr traf die Lebel dann in Begleitung ihres Gatten ein; auf dem Schoss zappelte ein Kind von ungefähr eineinhalb Jahren. Ich erkannte mit einem Blick, dass es meines sein musste, obwohl die Mutter nichts dergleichen verlauten liess. Viele Stunden tafelten wir fröhlich, prosteten uns immer wieder zu und erzählten uns gegenseitig, was in den letzten zwei Jahren alles geschehen war. Herr Lebel versicherte mir, dass der Konsul seiner Frau wohl gesonnen sei. Man richtete mir Grüsse von diesem und jenem aus Solothurn aus. Und dann kam meine Angebetete auf das Kind zu sprechen: «Es stammt sicher von dir, Giacomo, denn meine Ehe mit Lebel wurde erst zwei Monate nach unserer Hochzeit richtig vollzogen. Alle glauben jedoch, dass es von ihm stammt», dabei zeigte sie auf ihren Gatten. Dieser zwinkerte mir zu und versicherte mir, dass die Abstammung des Kleinen ein Geheimnis bleiben solle. «Er wird mein

Universalerbe - falls mir meine Frau nicht noch weitere Kinder schenkt.» Mir wurde klar, dass nur eine weitere Person um dieses Geheimnis wusste: Frau von Roll. Doch die Dubois meinte nur, von dieser Seite drohe keine Gefahr: «Sie spricht von dir immer noch in den höchsten Tönen, lieber Giacomo», sagte die Dubois und lächelte dabei.

Nun zeigte mir Frau Lebel den Ring, den ich ihr zum Abschied geschenkt hatte; und ich holte den ihrigen hervor. Um meinem Söhnchen ein Andenken zu hinterlassen, überreichte ich der Mutter eine Uhr samt eingraviertem Porträt von mir: «Du kannst es ihm übergeben, wenn du glaubst, dass die Zeit reif dafür ist.» Dann sprachen wir lange über die Jahre seit unserer Trennung. Ich fand sie noch schöner als vorher, noch weiblicher, noch attraktiver. Sie aber meinte, ich hätte mich doch verändert: «Du wirkst nicht mehr so frisch wie früher, Giacomo». Leider hatte sie damit völlig recht ... Wir sassen nebeneinander bis der Morgen dämmerte. Dann umarmten wir uns zärtlich und das Ehepaar Lebel fuhr nach Solothurn zurück und auch ich brach nach Genf auf.

Gegen Mittag traf ich in meinem Hotel ein. Nach dem Essen schickte ich dem Syndikus einen Boten mit der Nachricht, ich sei krank und könne ihn erst am folgenden Tag wieder besuchen. Schon in zwei Tagen sollte ja auf dem Landsitz von Tronchin das grosse Gala-Diner stattfinden. Also beauftragte ich meinen Wirt, eine ganze Palette köstlicher Speisen vorbereiten zu lassen; nur das Beste sei gut genug, meinte ich zu ihm und schloss mit den Worten: «Es geht um meine Ehre, Monsieur.» Ganz besonders am Herzen lagen mir erlesene Weine und Liköre, auch Eis, Konfekt und Gebäck zu einem starken Punsch seien gefragt. Am Abend vor dem Diner offenbarte ich sowohl dem Syndikus, als auch den vier Fräuleins mein Geheimnis; Helene tat so, als hätte sie von nichts gewusst; ein sehr gutes Omen ...

Alle Gäste waren schon da, als letzter tauchte Tronchin auf, nur um uns zu begrüssen. Ich überredete ihn, er solle doch bleiben und er nahm meine Einladung freudig an. Die Nichte des Pastors glänzte wieder mit ihrem theologischen Scharfsinn und übertraf damit die bekanntesten Professoren. Tronchin, der sie noch nie disputieren gehört hatte, dankte mir allein schon dafür: «Ein wahres Vergnügen, das Sie mir bereitet haben, Monsieur Casanova.» Dann nahm er Abschied, nicht ohne uns alle zum Diner für den nächsten Tag einzuladen, eben an diesem Ort hier. Sobald er weg war, versammelten wir uns im Kreis um die Bowle und sprachen dem würzigen Punsch zu.

Der Pastor überraschte mich mit gefühlsvollen Schilderungen seiner alten Liebschaft zu Thereses Mutter. Sein Herz schien von neuem entflammt und die Jugenderinnerung mischten sich mit dem fortlaufend genossenen Wein zu einer unerwarteten Redseligkeit. Und seine frühere Geliebte stand ihm dabei in nichts nach ... Obwohl die jungen Damen eher mässig tranken, gerieten die beiden Schönen in aufgeräumte Stimmung. Flugs holte ich mir beim alten Liebespaar die Erlaubnis ein, mit Helene und Hedwig einen Spaziergang unternehmen zu dürfen. «Nur zu, Monsieur», riefen die beiden wie aus einem Guss und schon war ich mit den beiden Demoiselles Arm in Arm verschwunden.

Ich wandte mich an die Nichte des Pfarrers und meinte: «Chère Hedwig, Sie haben heute eine wahre Eroberung gemacht - Tronchin ist begeistert von Ihnen.» Doch sie reagierte verhalten: «Na ja, was könnte seine Liebe mir bedeuten? Er stellt ja doch nur alberne Fragen, an Ihre Originalität und Ihren Esprit reicht er niemals heran, Monsieur.» Ich fühlte mich geschmeichelt und lenkte unser Gespräch mehr und mehr von der Theologie zum Körperlichen. Gerade da kamen wir am Seeufer zu einem Bassin aus Marmor, dessen Stufen in kristallklares Wasser führten. Die Luft war zwar ziemlich kühl, aber der Punsch und unser Spaziergang hatten uns erhitzt. Also schlug ich den Damen vor, ein Fussbad zu nehmen: «Und, mes Demoiselles, erlauben Sie mir die Ehre, Ihnen Schuhe und Strümpfe ausziehen zu dürfen ...» Kichernd meinte die Theologin: «Sehr gut, ich steige schon hinab.» Nun war auch Helene überzeugt: «Und ich komme nach.» Ich verbeugte mich leicht und wies sie an: «Nehmen Sie beide auf der ersten Stufe ruhig Platz.»

Dann steige ich bis zur vierten Stufe hinunter und streife ihnen fröhlich Schuhe und Strümpfe ab. Weiss wie Alabaster glänzen mir Füsse und Beine entgegen; sie sind wohlgeformt, makellos und zum Anbeissen. Dass ich noch keinen Blick auf die oberen Regionen der beiden Nymphen werfen darf, stört mich überhaupt nicht. Als die zwei Frauen nun zur Stufe gelangen, die von den Wellen erreicht werden können, müssen sie sogleich ihre Röcke schürzen. Hedwig ruft lachend: «Ach, was soll's - die Männer haben ja auch zwei Beine!» Und Helene will ihrer Cousine nacheifern und hebt ebenfalls ihre Kleider. Ich weide mich an den strammen Schenkeln und entdecke am Rand der Seidenhöschen auch einige dunkle Schamhaare, die keck ins Freie drängen ...

«Nun ist aber genug, mes Demoiselles, sonst erkälten Sie sich noch!», rufe ich mit leicht erregter Stimme. Rückwärts, aber immer noch hochgeschürzt, steigen sie die Stufen wieder hinauf. Und nun ist es an mir, mit Seiden- und Taschentüchern ihnen Beine und Füsse abzutrocknen. Ich spüre, wie sich meine Manneskraft regt, geniesse jede Berührung mit der weissen Haut und kann gar nicht sagen, wie privilegiert ich mich dabei fühle ... Hedwig findet mich ein wenig zu neugierig, aber schuld daran ist eindeutig Helene, die mich dauernd mit schmachtendem Blick verschlingt, weil auch sie höchst erregt ist; noch ein gutes Omen, denke ich ... Nur ein Grönländer hätte wohl bei diesem Vorgang kühl bleiben können ... Sobald alles getrocknet ist, überreiche ich den Damen ihre Strümpfe und meine: «Mes Demoiselles, was Sie mir hier geboten haben, übertrifft alles, was ich bisher in Genf sehen durfte ...» Hedwig meint schlagfertig: «Und welchen Eindruck haben Sie davon getragen?» Ich wende verschämt meinen Kopf: «Das, chère

Mademoiselle, kann ich nicht so offen sagen; aber wenn Sie Ihr Gefühl brauchen, wissen Sie schon was ich meine ...» Sie blickt auf meine Hose und sagt dann lachend: «Dann müssen Sie jetzt auch baden, Monsieur.» Ich wehre heftig ab: «Unmöglich, ma chère, ein Mann braucht viel zu lang dazu ...» Hedwig bleibt hartnäckig: «Wir haben noch zwei Stunden Zeit, das müsste doch reichen, nicht wahr?» Ich freue mich auf die Aussichten, die sich aus diesem Interesse ergaben, beharre jedoch darauf, dass es eindeutig zu kühl sei ... «Das allerwenigste, was ich jetzt einfangen will», sage ich zu mir, «ist eine Erkältung!»
Doch dem Tüchtigen winkt das Glück, denn was entdecken wir ganz in der Nähe? Einen Pavillon mit Blick auf den See. Ich ahne was, führe die zwei Schönen geschwind dorthin und meine Hoffnung bestätigt sich, er ist mit allen Bequemlichkeiten ausgestattet. Einige Louis-XVI-Möbel stehen da, ein grosses Kanapee und sogar Blumen in Vasen, die ihren Duft verströmen. Monsieur Tronchin scheint ein wahrer Genussmensch zu sein ... Ermüdet von unserem Bad, setzen wir uns gemeinsam aufs Sofa - oder besser: ich setze mich darauf, Hedwig und Helene aber benützen meine Schenkel als Unterlage ... Da sitzen sie also auf meinem Schoss und sind gar nicht mehr so unschuldig, wie ich glaubte ... Ein keckes und kesses Spiel beginnt, bei dem Küsse und Zärtlichkeiten grosszügig verteilt werden. Ich küsse Helene, diese Hedwig und sie wiederum mich ... Wir nesteln an unseren Kleidern, die Röcke werden wieder angehoben und Finger erkunden feuchtes Terrain ... Was für göttliche Gerüche und welche Wärme sich nun in uns dreien ausbreitet ... Meine beiden Novizinnen erweisen sich als äusserst gelehrsam und ihre Hände finden auch bei mir ihnen noch unbekannte Stellen ... Aber genug des Ganzen, wir müssen auf der Hut

sein. Wir beschliessen unser Glück mit feurigen Küssen - und wenn ich auch noch lange nicht ans Ziel gelangen konnte, die Hoffnung es recht bald zu sein, begeistert mich. So vertraut wie wir nun sind, treten wir gelöst den Rückweg an und entdecken bald den Pastor Arm in Arm mit Helenes Mutter am Seeufer entlang wandern.

Zurück in Genf verbrachte ich den Abend bei den drei Schwestern. Dem Syndikus gegenüber erwähnte ich meinen Sieg bei Helene mit keinem Wort, sonst wäre womöglich seine Hoffnung, die er bereits begraben hatte, wieder auferstanden ... Ohne Hedwig hätte ich es nie geschafft, Helene zu erobern; da sie ihre Cousine wegen ihres Esprits bewunderte, fürchtete sie wohl bei unserem Techtelmechtel zu dritt eine alberne Nebenrolle zu spielen ... Mir war es mehr als recht ... Und Helene folgte nicht nur Hedwigs Beispiel, sondern übertraf es gar noch ... An diesem Abend jedoch tauchte sie nicht auf, erst am nächsten Morgen sah ich sie wieder, als ich ihrer Mutter einen Besucht abstattete. Da sie Witwe war, hatte sie einige junge Mädchen bei sich in Pension, die mich zu anderer Zeit sicher interessiert hätten ... Aber meine Zeit in Genf war beschränkt und Helene besass jetzt mein ganzes Herz. Als ich mich verabschiedete, geleitete sie mich zur Türe und flüsterte: «Morgen, bei Tronchin; dann werde ich Ihnen mitteilen, wie und wo Sie mich und meine Cousine ungestört treffen können.»

Das Diner, das Tronchin ausrichten liess, war vortrefflich. Vermutlich wollte er mir beweisen, dass ein reicher Privatmann über eine bessere Küche und einen grösseren Weinkeller verfügt, als der Wirt eines Gasthofes. Rund zwanzig Personen waren geladen, darunter die gelehrte Hedwig und ich als reicher Bohemien. Herr von Ximénès befand sich auch darunter,

er war gerade aus Ferney zurück und teilte mir mit, Voltaire wolle mich unbedingt sehen; aber ich hatte bereits entschieden, einen Besuch bei ihm zu vermeiden.
Die erste Dame des gelungenen Festes war Hedwig. Jeder wollte ihr ein möglichst schwieriges Problem vorlegen, das sie aus dem Stegreif lösen sollte. Ximénès wandte sich an sie und wollte von ihr eine Rechtfertigung dafür hören, dass Eva wohl nie ihren Adam verführt haben würde, wenn nicht Gott zuvor ein Verbot für diese Frucht ausgesprochen hätte. Hedwig schlug sich wacker, denn sie sagte sofort: «Nun, Monsieur, die Sache scheint mir klar: Wäre Gottes Verbot direkt an sie ergangen, dann hätte sie Adam niemals zum Apfelessen verleitet; da sie aber das Verbot nur von Adam selber gehört hatte, fehlte ihr der richtige Glauben.» Allgemeiner Beifall folgte, aber auch ein missbilligendes Murmeln - durch zwei Gelehrte aus Genf und durch Hedwigs Onkel. Madame Tronchin meldete sich zu Wort: «Aber das göttliche Verbot hat doch sicher sowohl für Adam, als auch für Eva gegolten, ma chère Hélène!» Ausser einem bescheidenen «Es tut mir Leid, Madame» war nichts von der jungen Theologin zu vernehmen. Nun wandte sich die Arztgattin empört an den Pastor: «Und was sagen Sie dazu, Monsieur?» Der Onkel versuchte sie zu beschwichtigen: «Auch meine Nichte ist nicht ohne Fehl und Tadel und kann sich täuschen - sie ist nicht unfehlbar ...» Aber da rief Hedwig laut: «Ich täusche mich nicht, Onkel, und werde ebenso unfehlbar wie die Heilige Schrift, solange ich etwas ausspreche, was durch sie bestätigt wird!» Nun tönte es vom Pastor: «Schnell eine Bibel her! Wir wollen doch mal sehen, liebe Nichte, wer - aber wahrhaftig, du hast ja völlig recht; hört alle mal her, hier ist nämlich die besagte Stelle, die beweist, dass Eva erst erschaffen worden

ist, als Gott das Verbot bereits erlassen hatte ...» Man klatschte von allen Seiten laut Beifall, doch Madame Tronchin und die beiden Gelehrten konnte dies nicht besänftigen.

Eine der anwesenden Damen wollte nun wissen, ob denn diese Geschichte von Evas Nascherei etwa eine symbolische Bedeutung habe? Hedwig schüttelte den Kopf: «Nein, das glaube ich nicht; dieser Apfel ist doch ein Symbol für den Liebesakt und wir sehen in der Bibel, dass Adam und Eva einen solchen im Garten Eden noch gar nicht kennenlernten ...» Man warf ein, dass die Meinungen der Gelehrten in diesem Punkt weit auseinandergehen würden. Die Theologin widersprach erneut: «Um so schlimmer für sie! Die Heilige Schrift spricht hier eine ganz klare Sprache, wie man im ersten Vers des vierten Kapitels der Genesis nachlesen kann; es heisst dort nämlich: 'Und Adam erkannte sein Weib Eva und sie ward schwanger und gebar ihm den Kain'; das ist doch sehr deutlich, nicht wahr?» Wider gab man sich damit nicht zufrieden: «Er hätte sie ja schon früher erkennen können ...» Aber Hedwig insistierte: «Dieses Erkennen hätte Evas Schwangerschaft zur Folge gehabt, da doch beide Wesen von Gott selber geformt worden waren; ansonsten hätte Gott hier wohl einen Fehler begangen.» Nun erhielt die junge Dame wieder von allen Seiten Applaus und man rühmte reihum ihre Gelehrsamkeit.

Eine Weile lang schwieg man und prostete sich zu; dann stellte Doktor Tronchin eine neue Frage: «Mademoiselle, bitte sagen Sie mir: Kann mit dem Alten Testament die Unsterblichkeit der Seele bewiesen werden?» Hedwig hatte sofort ihre Antwort bereit: «Das lässt sich nicht eindeutig sagen, denn das Alte Testament behandelt dieses Dogma nirgends ausdrücklich. Aber es ist doch ein Postulat der Vernunft; alles, was ist,

muss eigentlich unsterblich sein; allein der Gedanke an die Vernichtung realer Substanzen wird doch überall als empörend empfunden.» Tronchin liess nicht locker: «Aber ist denn in der Bibel die Existenz der Seele nachgewiesen?» Hedwig sagte ernst: «Jeder Rauch verrät die Flamme, die ihn erzeugt.» Nun wollte er wissen, ob das Denken eine Eigenschaft der Materie sei. «Ich glaube an die Allmacht Gottes; wieso sollte nicht auch in der Materie ein Denkvermögen angelegt sein?» Tronchin fragte nun: «Und Sie, Mademoiselle, was glauben Sie in dieser Beziehung von sich selbst?» Gespannt wartete man auf die Antwort: «Nun, Monsieur, ich glaube erstens eine Seele zu haben, die mit der Kraft des Denkens ausgestattet ist, aber ich weiss zweitens nicht, ob sie sich nach meinem Tode daran erinnern wird, hier mit Ihnen diniert zu haben.» Jetzt wollte der Arzt den entscheidenden Schlag setzen: «Also glauben Sie, dass das Erinnerungsvermögen denn nicht zu den Eigenschaften Ihrer Seele gehört; folglich können Sie doch keine Theologin mehr sein ...» Hedwig meinte lächelnd: «Monsieur, die Philosophie hat immer leichtes Spiel, denn das Wissen von Nichtwissen ist noch lange kein wahres Wissen!»
Von allen Seiten ertönten laute «Bravo! Bravo!»-Rufe. Hedwig blicke mich an und lächelte erneut, während der Pastor Freudentränen vergoss und sich leise mit Helenes Mutter unterhielt. Dann wandte er sich an mich und bat: «Stellen Sie doch meiner Nichte auch eine Frage, Monsieur Casanova.» Freudig rief Hedwig: «Oh ja, aber bitte etwas Neues - oder dann gar nichts.» Ich überlegte einen Moment und sagte dann: «Mademoiselle, sie verwirren mich; wie kann ich wissen, ob für Sie etwas neu ist oder nicht? Aber ich hätte da was: Erklären Sie mir doch, ob man die Natur eines Dings ergründen kann, ohne

dessen Ursprung zu kennen?» Sie schüttelte energisch den Kopf: «Sicher nicht; und genau deshalb ist Gott unergründlich, weil er ohne Anfang ist.» Ich nickte und meinte: «Danke für diese klare Antwort; ich habe sie erhofft. Aber sagen Sie mir nun, ob denn Gott sein eigenes Dasein ergründen kann?» Sie schaute mich trotzig an: «Darauf kann ich keine Antwort geben, das war gar nicht nett von Ihnen, Monsieur!» Ich schmunzelte: «Nun, Sie wollten etwas Neues von mir; nun ist es etwa nicht neu, Sie in Verlegenheit zu sehen?» Nun sah sich Hedwig in der Runde um: «Mesdames, Messieurs, helfen Sie mir, eine Antwort zu finden, stehen Sie mir bei!» Man sprach nun wild durcheinander, aber niemand wusste etwas Gescheites vorzubringen.

Nun richtete eine Dame, die bisher geschwiegen hatte, das Wort an Hedwig: «Mademoiselle, bitte definieren Sie für mich den Begriff des Geistes.» Hedwig sagte sofort: «Es tut mir leid, Madame, aber das gehört in die Philosophie. Und ich habe weder Geist noch Materie hinreichend begründet und kann deshalb keine Definition davon geben - wenigstens keine, die mich befriedigen würde. Aber wenn Sie an Gott glauben, dann haben Sie ja auch eine Vorstellung von der realen Existenz des Geistes. Deshalb sagen Sie mir doch bitte: Wie stellen Sie sich die Einwirkung des Geistes auf die Materie denn vor?»

Die Dame überlegte, dann meinte sie: «Nun, auf abstrakten Begriffen kann man kein System aufbauen, das haltbar ist. Hobbes bezeichnet dies als 'leere Vorstellungen'; man kann welche haben, aber man sollte sie nicht aufgreifen, denn sobald man von ihnen einen klaren Inhalt verlangt, gerät man damit leicht ins Absurde. Dass Gott mich sieht, das weiss ich - aber ich kann es nicht durch Spekulation beweisen; ohne Organe erhält niemand sinnliche Eindrücke - und Gott stelle ich mir als organloses Wesen vor. Aus einer philosophischen Perspektive kann Gott den Menschen aus demselben Grund nicht sehen, wie der Mensch ihn nicht sieht. Gut, Moses und einige andere heilige Männer durften Gott von Angesicht zu Angesicht schauen, das glaube ich, ohne darüber weiter nachzudenken oder zu grübeln.» Hedwig nickte: «Sie haben Recht, Madame, denn vor dem Richterstuhl der Vernunft müsste diese Aussage als ungültig erklärt werden. Sie lesen also Hobbes? Dann, chère Madame, hüten Sie sich davor, eine Atheistin zu werden!» Jetzt musste die Dame lächeln: «Oh, keine Angst, Mademoiselle, für mich gibt es keinen Atheismus.»

Als die Disputation beendet war, wurde Hedwig von allen umringt, so dass es mir verunmöglicht wurde, mit ihr einige Worte zu wechseln oder ihr gar meine Gefühle zu zeigen. Helene, nahm mich beiseite und erklärte mir, dass der Pastor und seine Nichte für den nächsten Tag bei ihrer Mutter eingeladen seien. Man werde gemeinsam das Souper einnehmen und sie habe vor, auch dort zu schlafen. «Wäre es denn einem gewissen Herrn Casanova angelegen, eine Zeit lang in einem Versteck sich aufzuhalten, von dem aus man ihn zu unserem Schlafzimmer geleiten könnte?», fragte sie mich leise. «Falls ihm dies gelegen käme, dann würde er morgen gegen elf Uhr meiner Mutter einen Besuch abstatten, und anbei könnte ich ihm den Schlupfwinkel zeigen. An diesem Ort sind Sie in Sicherheit, es ist nur vielleicht ein wenig eng und unbequem. Und Sie müssten einige Stunden lang ohne Unterhaltung auskommen, Monsieur. Doch Ihre Zuneigung zu uns dürfte diese Nachteile überwiegen ... Die liebe Hedwig bittet übrigens um Antwort!» Ich musste lächeln und fragte Helene: «Werde ich lange dort ausharren müssen?» Sie nickte: «Nun ja, ich schätze rund vier Stunden ...» Das ging ja noch. «Die Haustür wird um sieben Uhr abends verschlossen und höchstens noch geöffnet, wenn jemand klingelt.» Ach so. «Aber könnte ich mich denn verraten? Etwa, wenn ich niesen oder husten müsste?» Sie lächelte: «Gewiss, das wäre möglich ...» Nun gut. «Na, dann lässt sich das schon machen», meinte ich, «man muss die Sache wagen, um sein Glück zu finden, nicht wahr?» Ihre Wangen röteten sich ein wenig. «Sie können Ihrer Cousine mitteilen, dass ich mit allem einverstanden bin, Mademoiselle.»

Am nächsten Morgen traf ich kurz vor elf Uhr bei Helenes Mutter ein. Ich speiste mit der Familie und dann führte sie mich eigenhändig die Treppe hinunter, um mir das Versteck zu zeigen. «Kommen Sie kurz vor sieben Uhr abends her, Sie finden die Türe dann offen; sobald Sie im Haus drin sind, schieben Sie von innen den Riegel vor; passen Sie aber gut auf, dass niemand Sie beim Eintreten sieht.»

Eine Viertelstunde vor sieben betrat ich das Haus, schob den Riegel vor, schlich mich in mein Versteck und verschloss hinter mir leise die Tür. Es war ein kleines Kabäuschen, in dem ich weder stehen, noch liegen konnte. In einer Ecke hatte es einen klapprigen Stuhl, den ich in Beschlag nahm. Es roch nach Speck und Käse, vielleicht eine alte Speisekammer, dachte ich, fand aber nichts vor, als ich im Dunkeln herumtastete. Nur eine Flasche Wein fiel mir in die Hände, die - dem Gewicht nach - wohl gefüllt war. Auch zwei Teller und einen Becher fand ich. Auf dem einen Teller lag ein gebratenes Hühnchen, auf dem anderen ein Laib Brot.

Man hat gut für dich gesorgt, dachte ich, wartete aber mit Essen bis die Zeit deutlich vorgerückt war. Nur auf den Wein hatte ich Lust, fand aber keinen Korkenzieher, deshalb schlug ich der Flasche an einem Mauervorsprung den Kopf ab. Es war ein herber Rotwein, der mir jedoch köstlich mundete - vermutlich ein alter Tropfen aus Neuchâtel. Ich war gut versorgt, überhörte geflissentlich die Ratten oder Mäuse, die mit mir den Raum teilten, und freute mich auf das sinnliche Vergnügen, das noch folgen sollte ... Es muss gegen zehn Uhr abends sein, als ich endlich höre, wie jemand die Treppe hinunterkommt. Dann erkenne ich auch die Stimme des Pastors, der gerade seiner Nichte zuruft: «Au revoir, Hélène, verhalte dich geziemend bei deiner Cousine, au revoir.»

Bei diesen Worten gingen mir etliche meiner amourösen Abenteuer durch den Kopf, die ich im Laufe der Jahre mit ganz verschiedenen Frauen erlebt habe. Und mir wurde bewusst, dass meine Verführungen immer besonders stark erleichtert wurden, wenn der Gegenstand meiner Wünsche und Begierden nicht allein anwesend war. Eine junge Dame, die sich allein einem Verehrer gegenüber befindet, ist äusserst vorsichtig. Es lohnt sich also, sie dann in Angriff zu nehmen, wenn sie mit einer Freundin zusammen ist. Ein Mädchen allein hat oft keinen Mut, etwas Neues zu wagen; ist jedoch eine Gefährtin da, so geht alles leicht vonstatten: Zwar braucht der Mann nun eine doppelte List, aber - im Falle eines Erfolges - winkt ihm auch die doppelte Lust. Daher, liebe Eltern, erlaubt einem jungen Mann einen Spaziergang nur zu zweit, also sie und er; aber niemals zu dritt! Ich kann euch versichern, die Tochter ist verloren, wenn ihre Freundin dabei ist!

Es war wohl eine Viertelstunde seit dem Abschied des Pastors vergangen, da hörte ich es leise klopfen. Ich ziehe also langsam den Riegel hoch, krieche aus meinem Kabäuschen heraus, klopfe mir den Staub von den Kleidern und fasse eine zitternde Hand, ohne zu erkennen, wem sie gehört. «Lassen Sie mich los, ich muss noch das Versteck verschliessen», höre ich eine Stimme raunen. Durch wahrlich ägyptische Finsternis werde ich die Treppe hochgeführt. Dann tappe ich einem geräumigen Korridor entlang, werde über eine Schwelle geschoben und betrete ein dunkles Zimmer. Wieder wird eine Türe geschlossen und eine weitere öffnet sich, da erkenne ich auch schon an meiner Seite Helene und vor mir Hedwig in einem dünnen Nachtkleid, das mehr entblösst als verhüllt, als sie ihre Arme ausbreitet und mich fest an sich drückt. Ihre weissen Schultern lassen mich sofort an die Badeszene denken und ich freue mich auf das, was ich in dieser Nacht noch alles entdecken darf ... Die Theologin flüstert mir feurige Dankesworte ins Ohr, dass ich soviel Unbillen auf mich genommen hätte ... Das könnten wir ja noch öfters tun, meinen die beiden Mädchen dann.

«Wenn wir nun sicher sind, dann legen wir uns doch gleich hin», schlage ich vor, denn meine Manneskraft hat sich schon seit etlichen Minuten bemerkbar gemacht. «Geht ihr beiden nur», meint Helene, «ich werde auf dem Kanapee schlafen ...» Aber da hört sie von Hedwig: «Ach was, liebe Cousine: geteiltes Leid, geteilte Freud! Wir werden beide das gleiche erleben heute Nacht ...» Das lässt sich doch gut an. «Mes deux Demoiselles», sage ich leise, «Ihr seid mir beide gleich wichtig und gleich teuer; genug der Komplimente, verlieren wir keine Zeit, disputiert wurde dieser Tage wahrlich genug ...» Ich ziehe die Damen an mich: «Ich lege mich in die Mitte des Bettes und jede von Euch kommt von einer Seite. Wenn wir hier wirklich sicher und ungestört sind, dann verlasse ich Euch erst, wenn Ihr es mir befehlt. Und die Kerzenlichter sollen weiter brennen, schliesslich sollen wir auch was voneinander sehen, nicht wahr, mes chères!» Ich spreche mit Hedwig über den sogenannten Naturzustand im Paradies und entledige mich flott all meiner Kleider. Die Theologin folgt mir sogleich und streift sich ihr Nachtkleid ab; auch das Hemdchen und das Höschen müssen weichen ... Ich bewundere ihren weissen Leib, verschlinge sie vorerst einmal mit den Augen und allmählich folgt auch Helene dem Vorbild ihrere Cousine. Als Hedwig Clemens von Alexandrien zitiert, dass die Scham ihren Sitz eigentlich nur in den Falten der Kleidung habe, ist es auch um die schöne Cousine geschehen ...

Hedwig ist grösser, üppiger und fülliger als die kleine Helene, ihr Teint noch weisser und ihr Busen beinahe doppelt so stark. Sie gleicht einer der Schönen auf einem Gemälde von Rubens. Helenes Busen hingegen ist fest und straff und ihre Warzen bilden perfekte Mondringe um die gereckten Nippel. Ich ziehe Hedwig an mich heran, taste ihren ganzen Körper ab, zuerst mit meinen Lippen, dann mit meinen Händen, bis er so richtig Feuer gefangen hat. Sie drängt sich mir fest atmend entgegen, öffnet gierig ihre Schenkel und führt mein stolz gerecktes Geschlecht unten bei sich ein. Ich lasse mir Zeit, vollführe mit meinem Priapus ganz sanfte Bewegungen, damit auch Helene ihre Scheu überwinden kann, indem sie uns beide mit weiten Augen beobachtet. Als ich spüre, dass Hedwig einem Höhepunkt nahe ist, erhöre ich meine Kadenz, ohne voll aufs Ganze zu gehen. Die Theologin zittert vor Lust und windet sich keuchend um meinen Leib, als es ihr unter lautem Stöhnen kommt. Jetzt hat auch die sechs Jahre jüngere Cousine endgültig Feuer gefangen; als ich mich von Hedwig löse, zieht sie mich flink zu sich und ich

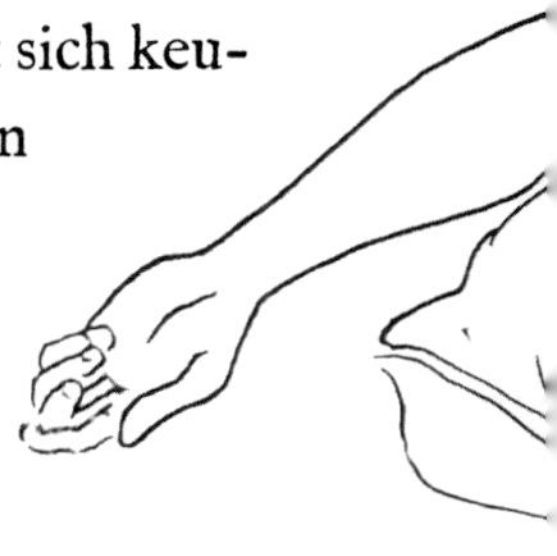

spüre, dass sie von mir nun dieselbe 'Behandlung' erwartet. Ich küsse sie und lecke lange ihre Warzen, dann findet meine Zunge über den Bauchnabel und den flaumigen Vlies den Weg zu ihrer Liebesknospe, die sich mir dunkelrot entgegenreckt. Ich knete Helenes Backen, versenke meine Zunge in ihrer Spalte und merke, wie feucht das noch unerfahrene Mädchen schon geworden ist. Nun lässt sie alle Bedenken fahren, ihr Verstand scheint ausgeschaltet und sie drängt sich mir keuchend entgegen. «Nimm mich, Giacomo, nimm mich», flüstert sie mit geschlossenen Augen und schon dringe ich in sie ein. Ein kurzer Schrei und der Weg ist gebahnt, aber Helene hat keinerlei Scheu mehr und auch ihr Leib passt sich meinen Stössen und meinem Tempo völlig an.
Oh könnte es doch immer so sein! Eine nächtliche Partie mit zwei Cousinen im warmen Bett! Und die beiden versprechen

mir noch auf dem Lager, dass wir in den nächsten Tagen nochmals ein solches Treffen veranstalten könnten ... «Wir soupieren in einem Gasthof und wer weiss, vielleicht gelingt es uns ja, diese Freuden zu wiederholen, Monsieur!» Viel zu schnell gingen dieses süssen Stunden vorbei und es dämmerte bereits der Morgen, als ich mich aus dem Haus schlich. Niemand sah mich, ich ging zu Fuss zu meinem Gasthof zurück und schlief dann bis gegen Mittag. Danach stattete ich dem Pastor einen Besuch ab, wobei ich seine Nichte in den höchsten Tönen lobte, was für eine glanzvolle Disputiererin sie doch sei und wieviel man von ihr lernen könne ... Dann lud ich Onkel und Nichte sowie Helene und ihre Mutter für den nächsten Tag zu einem Abendessen bei mir im Hotel ein.

Den drei Schwestern muss ich am nächsten Abend ziemlich kalt vorgekommen sein - logisch, nach dieser aufregenden Nacht! Ich täuschte heftige Kopfschmerzen vor und teilte ihnen mit, ich plante am folgenden Tag ein Souper für unsere theologische Philosophin Hedwig und würde sie drei gerne in Begleitung des Syndikus dabeihaben. Doch der Rechtsgelehrte lehnte rundweg ab, weil er viel zu viel Gerede und Gerüchte fürchtete, was mir wiederum völlig passte. Pastor und Damen fanden sich also bei mir zum Nachtessen ein, ich bewirtete sie mit ausgesuchten Speisen und erlesenen Weinen. Dann führte ich die beiden Cousinen in ein Zimmer, überschüttete sie mit Küssen, bat sie dann aber, einen Augenblick auf mich zu warten. Ich ging zum Pastor und Helenes Mutter zurück und bemerkte, dass sie vollständig in ein tiefes Zwiegespräch versunken waren. Ich bereitete Punsch zu, teilte den beiden Gästen mit, dass Hedwig und Helene am Betrachten etlicher Kupferstiche aus meinem Besitze seien.

Als ich wieder bei den Cousinen auftauchte, waren sie noch erregter als einige Augenblicke zuvor. Wir herzten und küssten und streichelten uns gegenseitig, ich fuhr mit meinen Händen unter ihre Kleider, um ihre Glut noch weiter anzufachen. Aber auch sie blieben nicht untätig und erkundeten meine männlichen Organe ... Was für ein reizvolles Abenteuer, wenn man immer auf der Hut sein musste ... Dann gingen wir zu dritt ins Speisezimmer zurück. Helene konnte ihre Mutter dazu überreden, sich die freizügigen Kupferstiche ebenfalls anzusehen. Ich füllte allen Punsch nach und Hedwig diskutierte mit ihrem Onkel über den geistigen Gehalt sinnlicher Genüsse. «Hätten Sie, Monsieur, meinen Oheim nicht kennengelernt, dann wären mir viele süsse Erfahrungen verschlossen geblieben ...» Helene hörte aufmerksam zu und genoss im Geiste nochmals unsere fleischlichen Erkundungen. Ich versprach ihr gerne, jeden Morgen ihrer Mutter einen Besuch abzustatten, nicht zuletzt, um zu erfahren, wenn unsere finale Nacht über die Bühne gehen sollte ... Denn mir war klar, dass ich mich vor meiner Abreise aus Genf nochmals mit den beiden Cousinen vereinigen wollte. Es ging schon gegen zwei Uhr morgens, als sich meine Gäste fröhlich von mir verabschiedeten.
Und es kam, wie es kommen musste: Drei Tage später verkündete mir Helene, dass ihre Cousine bei ihr übernachten werde. «Du, Giacomo, kannst dich in meinem Zimmer verstecken.» Gesagt, getan; und gegen zehn Uhr an jenem Abend tauchten die beiden Damen mit leuchtenden Augen im Zimmer auf. Helene machte sich zuerst Vorwürfe, weil sie vergessen hatte, mir das gebratene Huhn, das sie extra für mich beiseitegelegt hatte, auch anzubieten. Es befand sich im Schrank und ich machte mich gleich darüber her. Keine zehn Minuten später war es

restlos verzehrt. Dann opferten wir - wie gewohnt - gemeinsam der Liebesgöttin. Hedwig war immer ein bisschen kühler als die hitzige Helene, die sich meinen Schenkeln mit ihren Lenden gierig entgegenwarf. «Komm, nimm mich, Jerôme», hauchte sie mir immer wieder ins Ohr und ich brachte sie ganze drei Mal hintereinander zum Höhepunkt, ehe ich mich ebenfalls in sie ergoss. Und Hedwigs Augen, die uns dabei gespannt und bis in alle Einzelheiten beobachtete, werden mir für immer im Gedächtnis bleiben ...

Leider war dies die letzte Nacht, die uns dreien beschieden war. Denn schon am übernächsten Tag sollte ich Genf verlassen; Frau von Urfé erwartete mich in Lyon und ihr Wunsch war mir Befehl. Die Liebeskunst hatten meine beiden Schönen nun meisterlich gelernt und wir schlummerten alle ermattet um Mitternacht ein und schliefen bis in den frühen Morgen. Doch ehe ich sie verliess, zelebrierten wir nochmals die Riten der fleischlichen Lust und brachten uns gegenseitig in Wallung. «Ihr habt mir wahrlich schöne Kränze gewoben», lobte ich die beiden Cousinen, «ich werde Euch zwei nie vergessen!» Dann verabschiedete mich, um nach den Höhen der Lust nun auch Bruder Schlaf, dem Nebenbuhler des Todes, gehörig zu frönen; ich musste fit für meine Reise sein ...

Am Abend verabschiedete ich mich dann auch vom Syndikus und den drei Schwestern; zu meiner Überraschung fand ich dort auch Helene vor, die sich über meine Wegreise gar nicht zu grämen schien ... Sie küsste mich genau wie den Rechtsgelehrten völlig harmlos und zeigte dabei noch weniger Rührung als die drei übrigen Damen ... Ich trug ihr noch einen Abschiedsgruss für ihre Cousine auf, den sie getreulich überbringen wollte ... Dann verliess ich Genf noch vor Tagesanbruch.

Kapitel 9
Eine Widerlegung, Lugano und ein Wiedersehen

Infolge einer literarischen Tätigkeit meinerseits bereiste ich nochmals Teile der Schweiz. Im Herbst 1769 kamen Turiner Freunde und ich auf die geniale Idee, in ihrer Stadt auf meine Kosten eine klare Widerlegung der Geschichte Venedigs, nämlich jener von Amelot de la Houssaye, diesem französischen Verleumder, auf Italienisch drucken zu lassen. Wir versuchten so viele Subskribenten aufzutreiben wie nur möglich, die uns dann eine bestimmte Anzahl von Exemplaren im Voraus bezahlten. Am Grosszügigsten zeigte sich dabei Graf La Pérouse, der insgesamt fünfzig Stück vorbestellte und uns dafür ganze 25 goldene Louisdor aushändigte. Acht Tage später reiste ich aus Turin ab; in meinen Taschen hatte ich über 2000 Livres aus dem Piemont - und so war ich gerüstet, um mein geplantes Werk «Confutazione della storia del Governo veneto» endlich in Druck zu geben. Es brauchte noch letzte Korrekturen, damit ich die Thesen de la Houssayes mit Thesen von Prokurator Nani widerlegen konnte. In Lugano wollte ich eine Druckerei finden, weil es dort keine Zensur gab. Der Besitzer der Druckerei war - so viel hatte ich erfahren - selber ein gelehrter Mann; ausserdem liess es sich in diesem Städtchen gut leben. Auch die Lage des Ortes kam mir gelegen: In der Nähe von Mailand und Varese, wo mein Freund, der Herzog von Modena, seine Sommer zu verbringen pflegte; auch nicht weit von Chur entfernt, bei Como, Chiavenna und beim Lago Maggiore, den man nicht zuletzt wegen seinen berühmten bo-

romäischen Inseln überall kannte. Kurzum, Lugano war ein Ort, der mir gefiel.
Man hatte mir einen Gasthof empfohlen, der von Signor Taglioretti geführt wurde - dort quartierte ich mich ein und der Wirt gab mir seine besten Zimmer. Schon am nächsten Morgen machte ich mich auf, um Doktor Agnelli aufzusuchen, den Besitzer der Druckerei, der auch noch Theologe, Priester und ein überaus rechtschaffener Mann war. Wir setzten einen Vertrag auf, in dem sich Agnelli verpflichtete, mir vier Bögen pro Woche in je 1200 Exemplaren zu liefern, die ich dann jeweils sofort bezahlte. Er behielt sich allerdings das Recht vor, gewisse Passagen zu zensurieren, was aber unsere Geschäftsbeziehung überhaupt nicht störte. Er legte mir das Papier zur Auswahl vor und ich bestimmte Grossoktav als Ausgabeformat. Dann überreichte ich ihm die Vorrede und mein erstes Kapitel, was ihn eine Woche lang beschäftigen sollte.
Zurück zum Essen im Gasthof, wurde mir vom Wirt Signor Bargello angekündigt, der Chef von Luganos Stadtmiliz, der mich zu sprechen wünschte. Obgleich das Tessin zu den dreizehn Kantonen der Schweiz gehörte, war die Polizeiverwaltung immer noch nach dem Vorbild Italiens aufgestellt. Ich liess Bargello ein, wollte mir diesen seltsamen Vogel aus der Nähe ansehen. Er hatte den Hut gezogen, trat ein und versicherte mir, er könne jedem Fremden hier in der Stadt seinen Schutz anbieten: «Sie haben volle Sicherheit bei uns, Signore, selbst wenn Sie gewisse Händel mit Venedigs Regierung austragen möchten ...» Ich bedankte mich bei ihm und meinte: «Das glaube ich Ihnen gern, denn ich befinde mich ja hier in der Schweiz.» Daraufhin sagte Bargello: «Nun, dieser Schutz bedingt allerdings eine wöchentliche oder monatliche klei-

ne Zahlung an uns.» Ich stutzte: «Und wenn diese Zahlung nicht erfolgt?» Lächelnd erwiderte er: «Nun ja, dann dürften Sie sich nicht ganz so sicher fühlen ...» Aha, daher wehte der Wind. «Aber ich glaube, ich habe hier nichts zu befürchten und fühle mich sicher genug.» Er nickte: «Nun, ja, mag sein, aber gewisse Spannungen mit Venetiens Regierung ...» Ich schüttelte energisch den Kopf: «Sie irren sich, mein Freund!» Aber er beharrte: «Nein, das tue ich nicht, Signor ...» Darauf ich: «Gut, dann suchen Sie jemanden, der mit mir um 200 Zechinen wettet - und zwar, dass ich von der venezianischen Regierung nichts zu befürchten habe; das Geld deponiere ich Ihnen innert einer Stunde.»
Bargello blickte mich verdutzt an. Und der Wirt sagte zu ihm: «Na hören Sie, Signor, auch Sie können sich doch irren.» Da zog der Beamte verlegen ab. Taglioretti gefiel diese Wendung sehr und er meinte lachend: «Signor Casanova, bleiben Sie doch drei oder vier Monate hier in Lugano; und statten Sie doch dem Kapitän, unserem Gouverneur einen Besuch ab. Er ist ein wahrer Edelmann und seine junge Frau ist nicht nur voller Geist, sondern auch noch bildhübsch - ein wahrer Engel.» Das liess sich hören, also antwortete ich meinem Wirt: «Gleich morgen früh mache ich dem Kapitän meine Aufwartung, Signor.»
Gegen Mittag treffe ich beim Gouverneur ein, man meldet mich an, ich trete ein - und erblicke Herrn von Roll! Zusammen mit seiner reizenden Gattin und einem kleinen Knaben von fünf bis sechs Jahren. Wortlos starren wir uns alle an, dies war wohl einer der schönsten Momente meines Lebens! Was für eine Freude, wenn man jemanden so völlig unerwartet, scheinbar nur aus einer Laune des Zufalls heraus, wiedersieht. Herr von Roll fand als erster zur Sprache zurück, begrüsste mich

freundlich und schloss mich in seine Arme. Die alte Freundschaft war sofort wieder hergestellt und wir entschuldigten uns gegenseitig: Ich, weil ich nicht nach dem Namen des Kapitäns und Gouverneurs gefragte hatte; er, weil er glaubte, es gebe noch andere Männer mit meinem Familiennamen ... Er lud mich spontan zum Essen ein und das Mahl verstärkte unsere alte Freundschaft nur noch mehr. Seine Regierung hatte ihm den Posten hier verschafft, und das einzige, was ihn reute, war, dass es nur für zwei Jahre sein sollte. «Was für ein Zufall, Signor Casanova», meinte er; «und ich werde Ihnen behilflich sein, wo ich nur kann. Nutzen Sie Ihre Freiheiten hier aus, ich unterstütze Sie gerne darin.» Als er hörte, dass der Druck meines Werkes wohl mehrere Monate in Anspruch nehmen werde, freute er sich riesig. Er bedauerte es sehr, dass ich seine Gastfreundschaft nur einmal pro Woche in Anspruch nehmen wollte. «Aber Herr von Roll, Sie müssen mich verstehen: Ich habe viele Korrekturen anzubringen, muss die Nächte wohl durcharbeiten und möchte meine Zeit möglichst nutzen ...»

Frau von Roll fiel aus allen Wolken, als sie mich hier wiedersah. Es waren ja schon neun Jahre vergangen, seit ich Solothurn damals verlassen hatte, und hatte ich sie damals wegen ihrer Reize so heftig geliebt, konnte ich es nicht glauben, dass sie in der Zwischenzeit noch reifer und schöner geworden war. Ich machte ihr meine Komplimente darüber und sie begriff sofort, dass ich ihr keineswegs nur schmeicheln wollte, sondern es absolut ehrlich meinte. Voller Stolz stellte sie mir den Sprössling aus ihrer Beziehung mit Herrn von Roll vor, dem einzigen, der vor vier Jahren das Licht der Welt erblickt hatte. Die Mutter liebte ihn über alles und es schien, als ob sie ihn in allen Belangen verwöhnen würde, doch man sagte mir später, aus ihm sei ein liebenswürdiger junger Mann geworden. «Hatte es damals also doch nicht geklappt», sagte ich - fast ein wenig gemein - zu mir selber; und dachte an jene Nacht im Landhaus zurück, als mich die Hinkende um die Liebesnacht meines Lebens brachte ... Doch Frau von Roll verscheuchte alle Gespenster in mir, denn keine Viertelstunde später hatte ich schon sämtliche wichtigen Ereignisse aus Solothurn von ihr erzählt bekommen, darunter auch Neuigkeiten von der Lebel, die sich mit ihrem Gatten in Besançon niedergelassen hatte. «Sie hat es komfortabel und sie lebt dort sehr behaglich, Monsieur», fügte meine ehemalige Angebetete hinzu. Nun, hätte ich ihr von meinem Erlebnissen der letzten Jahre in fast ganz Europa berichten sollen, hätten all die Wochen und Monate meines Aufenthaltes hier in Lugano nicht dafür ausgereicht ...

Als sie mir dann auch nach ganz offen mitteilte, sie fände mich lange nicht mehr so jugendlich wie damals in Solothurn, war dies genau der nötige Dämpfer, der all meine schon angedachten Pläne, unser früheres Verhältnis wieder aufzunehmen und sie sogar zurückzuerobern, auf einen Schlag zunichtemachten. «Umso besser», sagte ich mir, «so kannst du dich ganz auf deine Geschäfte konzentrieren!» Und auch die Freundschaft zu ihrem Gatten würde so bestehen bleiben; auch war mir klar, dass mein Werk keine Zeit zur Zerstreuung zuliess und eine Liebschaft konnte ich mir angesichts all der Mühen und Plagen gar nicht leisten ... Mehr als einmal jedoch versank ich in feurigen Träumen und durchlebte all jene Momente mit Frau von Roll, die in Wirklichkeit gar nie stattgefunden hatten.

Am nächsten Morgen begann ich mit den Arbeiten an meinem Buch und wurde einzig eine Stunde lang von Herrn von Rolls Besuch davon abgelenkt. Schon am folgenden Tag erhielt ich

von der Druckerei den ersten Korrekturbogen, mit dem ich absolut zufrieden war. Einen ganzen Monat lang blieb ich meistens in meinem Zimmer und verliess es jeweils nur am Sonntag - um die Messe zu besuchen, bei den von Rolls zu essen und mit Frau von Roll und ihrem Knaben spazieren zu gehen. Tag für Tag arbeitete ich nun vierzehn Stunden an meinem Werk; und nach einem Monat war der erste Teil bereits vollständig gedruckt, während ich zur selben Zeit das Manuskript des zweiten fertig durchgesehen hatte und in meiner Schublade lagerte. Nochmals vier Wochen später konnten wir das dreibändige Werk fertigstellen und der Drucker lieferte es mir Ende Oktober frei Haus. Es dauerte nicht einmal ein Jahr, bis die ganze Auflage ausverkauft war.
Während der Zeit in Lugano besuchte ich ausser dem Haus der von Rolls kein anderes. Ab und zu begegnete ich dem gelehrten Abbé Riva auf der Strasse, der mit bürgerlichem Namen Francesco Saverio da Riva heisst und der ein Verwandter des berühmten Angelo Querini ist, von dem ich schon einiges über den Abbé gehört hatte. Ich wusste, dass er als Mann von Herz und Verstand galt, einen ungemein guten Ruf hatte und dass man ihn bei vielen Streitigkeiten zum Schiedsrichter erkor und so manchen Prozess verhindern konnte. Sein Neffe, Baptist Riva, erwies sich nicht nur als gewiefter Verehrer der Musen, sondern war auch ein Jünger von Bacchus und Venus - und er wurde mir hier in Lugano zum einzigen wahren Freund, der mich zwar beim Trinken weit hinter sich liess, aber der mein Faible für junge Mädchen ungetrübt teilte. Von diesen herrschte hier keinerlei Mangel und Baptist trat mir öfters eine seiner Gespielinnen ab, denen ich dann einige Batzen zusteckte, was wiederum Baptists Achtung in ihren Augen noch steigen liess.

Zusammen mit Baptist und zwei reizenden Schwestern machte ich einen Ausflug zu den berühmten boromäischen Inseln. Mir war bekannt, dass Graf Borromeo, den ich in Turin öfters traf, selber da weilte; eine Aufnahme bei ihm war uns also gewiss und wir gaben eine der zwei Schwestern als Gattin von Baptist aus. Der Graf hatte zwar praktisch kein Geld mehr, stand also am Rande des Bankrotts, lebte aber trotzdem ungemein fürstlich. Was für kleine Paradiese die beiden Inseln doch waren! Hier schien ewiger Frühling zu herrschen und der Graf bewirtete uns mit vielen Köstlichkeiten, er lud unsere Schönheiten zum Fischen ein und teilte auch andere Vergnügungen mit ihnen. Er war zwar ein wirklich hässlicher Mann, auch alt und gebrechlich, aber sein Charme und Witz rührte an unser Herz. Vier Tage blieben wir auf den Inseln, dann fuhren wir nach Lugano zurück. Als ich einem grossen Wagen Platz machen wollte, strauchelte mein Pferd, glitt in den nahen Graben und fiel dann einige Meter in die Tiefe. Ich schlug mit meinem Kopf auf einen Felsbrocken auf und man glaubte schon, ich sei tödlich verletzt. Doch ein in Lugano herbeigerufener Arzt vollzog einen tüchtigen Aderlass und stellte so meine Gesundheit schnell wieder her. Nur habe ich seither nie mehr auf einem Pferd Platz genommen ...
Zur gleichen Zeit hielten die Syndikatoren der dreizehn Kantone in Lugano eine Versammlung ab; die Einheimischen nannten sie 'Gesandte', Herr von Roll bezeichnete sie als Kantons-Schultheisse. Gleich mir wohnten sie alle bei Taglioretti, der sie fürstlich bewirtete und bei dem ich sie alle kennenlernte. Wir speisten gemeinsam und der Landesbote von Bern, ein Herr Karl Steiger, konnte mir erfreuliche Nachrichten von meinem Freund Herrn von Muralt überbringen. Dessen Toch-

ter, die liebenswürdige frühreife Sarah, die ich ja auch in London getroffen hatte, war nun mit Herrn von Wattenwyl verheiratet und schien ein glückliches Leben zu führen.
Da ich beabsichtige, den Winter in Turin zu verbringen, verliess ich Lugano bald. Auch hatte ich das Ziel, das mich hierher geführt hatte, erreicht: Mein Buch war in vollem Umfang gedruckt. Nun konnte ich versuchen, ein weiteres Ziel damit anzupeilen, nämlich die Aussöhnung mit den staatlichen Inquisitoren in Venedig. Jahrelang hatte ich ganz Europa durchstreift, war von einem Ort zum anderen gereist, als ruheloser Wanderer. Nun spürte ich eine grosse Sehnsucht, meine Heimat wiederzusehen und dorthin zurückzukehren. Ich glaubte, ich könne nirgendwo sonst meinen Frieden finden. Amelot de la Houssaye, dieser französische Historiker, hatte seine Geschichte Venedigs als Feind und Gegner aller Venezianer verfasst. Seine Darstellung war in meinen Augen eine reine Satire. Zwar hatte er darin etliche scheinbar gelehrte Bemerkungen gemacht, in Tat und Wahrheit aber strotzte das Buch vor gemeinen Verleumdungen. Schon über siebzig Jahre kannte man dieses schnöde Machwerk schon, es hatte sich weltweit verbreitet, aber niemand wollte die Mühen auf sich nehmen, es endlich zu widerlegen. Und dies war mein Plan: «Wenn ein Venezianer es schaffen will, die Lügen dieses Geschichtsklitterers durch eine gut fundierte Arbeit zurückzuweisen, muss er dies ausserhalb von Venedig tun, denn dort wird man ihm nicht einmal diese Gunst gewähren; die Regierung verfährt nach dem Grundsatz, weder etwas Lobendes, noch etwas Tadelndes über sich selber schreiben zu lassen. Und genau deshalb hat sich bisher niemand an die Aufgabe gemacht, den Verleumder Houssaye zu widerlegen. Giacomo, du bist dazu berufen! Dir fällt

diese grosse Verantwortung zu! Selbst wenn dich diese Regierung auf illegale Weise hat verfolgen und in die Bleikammern werfen lassen - meine Position ist überparteilich und unverdächtig. Mit aller Klarheit kann ich Amelots Lügen und Irrtümer gnadenlos aufzeigen; und dann, werter Giacomo, dürfte dir eine Belohnung sicher sein, ja, dann kannst du von dieser Regierung einen Akt der Gerechtigkeit gegen deine Wenigkeit erwarten!»

Fürwahr, schon über vierzehn Jahre lang musste ich nun auf die Rückkehr in meine geliebte Heimat hoffen, von der mich eine rechtswidrige Gewalt fern hielt. Durch mein Werk rechnete ich darauf, dass die staatlichen Inquisitoren diese Gelegenheit endlich nutzen würden, ihren damaligen Gewaltstreich durch die längst fällige Begnadigung zu entkräften; meine Vaterlandsliebe musste einfach reichen, um diese Wiedergutmachung endlich erleben zu dürfen. Und siehe da, meine Pläne wurden erfüllt, mein Ziel hatte ich tatsächlich erreicht - nur würde es nochmals fünf lange Jahre dauern, bis sich mein grösster Wunsch endlich erfüllte.

Jonas liebt Stella, vergnügt sich aber zwischendurch mit deren Schwester Astrid, dann kommt auch der junge Domenico mit ins Spiel, der mit beiden Schwestern ein Techtelmechtel eingeht, dann trifft Jonas die Thai Cindy und Stella verliebt sich in Xohol, eine mysteriöse Künstlerin aus der Mongolei; ein bunter erotischer Reigen aus der heutigen Zeit ...
Anonymus: Astrid, Stella und ich - ein erotischer Reigen; ISBN: 978-3-906815-14-5; 232 Seiten; ca. 32.50 SFR / 29.90 Euro

Bai Hsing, ein junger Gelehrter aus reichem bürgerlichen Milieu, ist von klein auf fasziniert vom weiblichen Geschlecht. Er heiratet eine junge Frau aus einer Gelehrtenfamilie, aber bald verlässt er sie und begibt sich auf Wanderschaft. Durch seine Talente als Poet und Kalligraf gelingt es ihm immer wieder, hübsche Frauen zu umgarnen und in seine Fänge zu locken.
Shi Dong-Shan: Der Mitternachts-Scholar; erotischer Roman aus der Ming-Dynastie; ISBN: 978-3-906815-19-0; 314 Seiten; Preis: 32.50 SFR / 29.90 Euro; deutsche Erstausgabe

Sultan Shah-Baham langweilt sich; er schlägt vor, dass reihum jeder eine Geschichte vorträgt. Das Los trifft Amanzéi, einen brillanten Erzähler. Als Hindu glaubt er an die Seelenwanderung und mag sich daran erinnern, aus Strafe für moralische Verfehlungen in ein Sofa gebannt worden zu sein. Erst wenn sich darauf ein junges Paar in aller Unschuld der körperlichen Liebe hingibt, werde er erlöst ...
Crébillon: Das Sofa; Illustrationen: Katja Möltgen; ISBN: 978-3-906815-23-7; 232 Seiten; ca. 29.90 SFR / 26.90 Euro